딸과
   함께한
세계문학
읽기

딸과 함께한 세계문학 읽기

이경준 ─ 지음

우연한지식

책가방을 손에 들고 이른 아침 집을 나서는 딸아이
무심히 손 흔들며 사라지는 모습을 바라본다
이게 그 '사무치는 슬픔'이로군
— 아바, "손가락 사이로 빠져나가네"(1981)

우리는 일을 마쳤다, 사랑하는 내 딸아. 마지막 편지도 끝났구나. 마지막 편지라니! 당치도 않다. 나는 더 많은 편지를 쓸 것이니까.
— J. 네루, 『세계사 편력』(1934)

일러두기
성경 외의 본문 인용은 모두 저자의 번역이다.

차례

첫 번째 편지 — 즐거운 대화를 위하여   009

두 번째 편지 — 사람은 무엇으로 사는가   017

세 번째 편지 — 데미안   031

네 번째 편지 — 파우스트   047

다섯 번째 편지 — 80일간의 세계일주   061

여섯 번째 편지 — 오즈의 위대한 마법사   075

일곱 번째 편지 — 허클베리 핀의 모험   091

여덟 번째 편지 — 아Q정전   107

아홉 번째 편지 — 멋진 신세계   121

열 번째 편지 — 프랑켄슈타인   135

열한 번째 편지 — 작은 아씨들   149

열두 번째 편지 — 올리버 트위스트   165

열세 번째 편지 — 오셀로   179

열네 번째 편지 — 자기 앞의 생   193

열다섯 번째 편지 — 목로주점   207

열여섯 번째 편지 — 좁은 문 221
열일곱 번째 편지 — 야간비행 237
열여덟 번째 편지 — 유리 동물원 251
열아홉 번째 편지 — 고리오 영감 265
스무 번째 편지 — 가난한 사람들 279
스물한 번째 편지 — 변신 293
스물두 번째 편지 — 면도날 307
스물세 번째 편지 — 페스트 321
스물네 번째 편지 — 캉디드 혹은 낙관주의 335
스물다섯 번째 편지 — 6호 병동 349
스물여섯 번째 편지 — 오리엔트 특급 살인 363
스물일곱 번째 편지 — 오이디푸스 왕과 콜로노스의 오이디푸스 377
스물여덟 번째 편지 — 명상록 391
스물아홉 번째 편지 — 빌러비드 405
서른 번째 편지 — 노부인의 방문 419
서른한 번째 편지 — 장크리스토프 433
서른두 번째 편지 — 빵과 포도주 447
서른세 번째 편지 — 바베트의 만찬 461
서른네 번째 편지 — 명작 읽기를 마치며 475

후기 481

첫 번째 편지

즐거운 대화를 위하여

그건 내겐
작은 축복이었다.

2023년 11월 3일 금요일

소율에게

너와 함께 책을 읽은 지 오랜 시간이 흘렀구나. 책 읽기가 가끔은 지겨웠을 네게 먼저 수고했다는 말을 전하고 싶다. 아빠는 단 한 번도 이걸 '수업' 같은 거라고 여겨 본 적은 없구나. 수업이라는 건 교사가 학생에게 뭔가를 가르쳐 준다는 건데, 오히려 내가 네게 많은 걸 배웠으니 말이다. 그러니 너와의 책 읽기를 '대화' 정도로 칭하는 게 좋겠다. 다행히도 너는 나와 대화하는 걸 꺼리지 않았지. 그다지 잘해준 게 없는 아버지로서 늘 감사하고 있어.

아주 어렸을 때부터 책을 읽을 때마다 우리의 대화 주제는 나날이 확장되었다. 인간의 삶과 죽음, 예술,

역사, 우정, 마법과 모험으로 말이다. 종합하면, 그것들은 전부 '이야기'라고 할 수 있겠지. 나는 늘 이야기가 주는 신비로움에 매료됐어. 낯선 시공간 속에 놓여, 여러 사람을 만나고 그들이 겪게 되는 행운과 불운을 따라가다 보면, 과연 이보다 더 재미있는 게 있을까, 싶었단다. 여행을 그다지 좋아하지 않는 성격이 형성된 건, 어쩌면 책 속 이야기로 충분했기 때문일지도 모르겠구나. 너는 아빠와 달라서 책도 여행도 좋아하는 건강한 아이로 자라났다.

돌이켜보면, 너는 호기심이 많은 아이였다. 사물과 세상에 대한 궁금증으로 가득했지. 내 제한된 지식과 정보, 끈기 부족으로 인해 괜찮은 말벗이 되어주지 못해 미안했단다. 그래도 책이 우리의 대화 창구가 되어주었다는 데 고마워해야 하겠지. 우리의 대화가 즐거웠던 건, 다 열심히 책을 읽고 대화를 준비해 준 네 덕분이란다.

어떻게 항상 즐거웠을 수가 있냐고 물을 수 있어. 하지만 아빠에게도 할 말은 있단다. 만약 막연한 의무감으로 책 읽기를 하자고 했다면, 틀림없이 오래가지 못했을 거라고. 너와 나의 대화가 꽤나 길게 지속된 것에 대해서도 감사하고 있다.

한 세대는 필요하다

자, 그럼 우리가 이제부터 새롭게 읽게 될 책들은 어떤 걸까? 내가 선택한 건 주로 고전 세계문학이다. 대체 고전이란 뭘까? 고전이란 책 중에서도 조금 특별한 책을 말하는 것 같아. 특별한 책이 되려면 몇 가지 조건이 있어야 한다고 생각해. 우선, 시간의 두께를 견디고 회자되어 온 작품이어야겠지. 그렇다면 어느 정도의 시간을 견뎌야 할까? 규정된 바는 없지만, 그럼에도 최소한의 기준은 있어야 하지 않을까 싶구나. 한 세대, 그러니까 20년에서 30년 정도의 검증 과정은 필요하지 않겠니? 아, 이건 어디까지나 아빠의 의견이다.

당연히 교훈이라는 것도 있어야겠지. 요즘 들어 이 말이 종종 조롱받거나 무시당하고 있어 안타깝다. 국어사전을 보면 '교훈'의 뜻은 '앞으로의 행동이나 생활에 지침이 될 만한 것을 가르침'이라고 나온다. 우리의 삶이 꼭 지침대로 흘러가는 것은 아니지만, 그래도 최소한의 방향은 있는 게 낫겠지. 네가 오해는 안 했으면 하지만, 그 방향이 모두에게 같게 적용될 수는 없을 것이다. 그래도 윤리적이든 심미적이든, 우리는 고전으로부터 무언가를 배운다. 그리고 전과는 달라질 수 있다. 다른 삶의 양식을 가진 사람으로 말이야.

영국 소설가 찰스 디킨스의 『크리스마스 캐럴』(1843)을 예시로 들어볼까? 사람들이 주목한 드라마는 주인공 스크루지 영감의 개과천선이었지만, 내게 감명을 주었던 사람은 그의 앞에 출현한 유령, 말리였다. 살아있을 당시 스크루지 못지않게 잔혹한 사업가였던 그는 스스로 자신에게 족쇄를 채우고 있었다는 걸 미처 인지하지 못했지. 그랬던 말리 노인이 '진짜 소중한 것들'의 가치를 깨달을 수 있었던 건, 그에게도 일말의 인간애가 있었기 때문이었을 거야. 살 에일 듯한 추위가 몰아닥친 크리스마스이브, 말리가 스크루지 앞에 나타났던 이유를 혹시 기억하고 있니? 바로 자신과 같은 삶을 살지 말라고 부탁하기 위해서였단다. 말리 노인은 죽어서 유령이 되었지만, 뒤늦게라도 타인을 배려하는 사람으로, 잘못된 길로 빠져드는 친구를 제지할 수 있는 사람으로 변했던 것이지. 그 황량했던 겨울밤에 스크루지 영감이 친구의 유령을 만났던 것은, 그의 인생 최고의 하루이지 않았을까. 책을 읽은 모두가 달라진 스크루지처럼 '착한 자선가'가 될 수는 없겠지만, 고전은 이렇듯 '함께 살아간다는 것'에 대해 알려준단다. 그런 가치가 아직은 유의미하다고 아빠는 보고 있어.

함께 살아간다는 것

언젠가부터 사람들이 혼자 있는 것에 대한 두려움을 더 강하게 느끼게 된 것 같다. 그것은 불안정한 사회가 주는 압력 탓일까? 아니면 참을 수 없는 공허 때문일까? 아빠는 사회학자나 심리학자가 아니기에 정확히 그게 무엇인지는 알 수 없어. 사람들은 곳곳에서 사교모임을 만들고자 하지만, 그 속에서 그다지 행복해 보이지는 않는구나. '타인과 함께 살아가는 삶'과 '타인과 붙어 있어야 하는 삶'을 혼동한 탓이지. 현대인들은 혼자 있는 것의 가치를 잃어버렸다. 무의미한 잡담과 허영이 넘쳐나며, 부러움과 시기만이 가득한 저 삶에는 사유가 없다. 책을 읽는다는 행위는, 그로부터 멀리 떨어지는 행위다. 그 어딘가에 너의 자리를 잡는 행위다. 책 읽기를 통해 침묵의 아름다움을, 혼자 사색하는 즐거움을 누릴 수 있기를 아빠는 진심으로 바란다.

덴마크에 키르케고르라는 철학자가 있었단다. 불안, 두려움과 같은 인간의 근원적인 정서에 누구보다 깊은 관심을 기울인 인물이었지. 저서 『현대의 비판』(1846)에서 키르케고르는 "본질적으로 침묵을 유지할 수 있는 사람만이 본질적으로 말하고 행할 수 있는 것이다"라고 썼다. 이 말은 지금도 유용하다고 생각한다.

길게 적었다. 언제나 편지는 처음 구상보다 길어지는 것 같아. 그럼에도 하고 싶은 말을 다 쓰지는 못했다. 그건 차차 하기로 하도록 하자. 우리에게 남은 시간은 아직 많으니까.

얼마 전 너의 생일을 놀이공원에서 함께 보낼 수 있었던 건 내겐 작은 축복이었다. 우리가 언제까지 둘만의 놀이공원에 갈 수 있을지 아직은 확신할 수 없고, 이제부터는 친구랑 가는 게 더 바람직한 거라고 믿지만, 매점 앞에서 함께 옥수수를 먹었던 추억은 아주 오랫동안 아빠에게 남아 있을 거란다.

부디 네가 더 건강하고, 더 자비로운 아이로 자랄 수 있다면.

그리고 앞으로도 계속 이어질 우리의 즐거운 대화를 위해서 이 글을 적는다.

아빠의 모든 사랑을 네게 보내며.

두 번째 편지

사람은 무엇으로 사는가

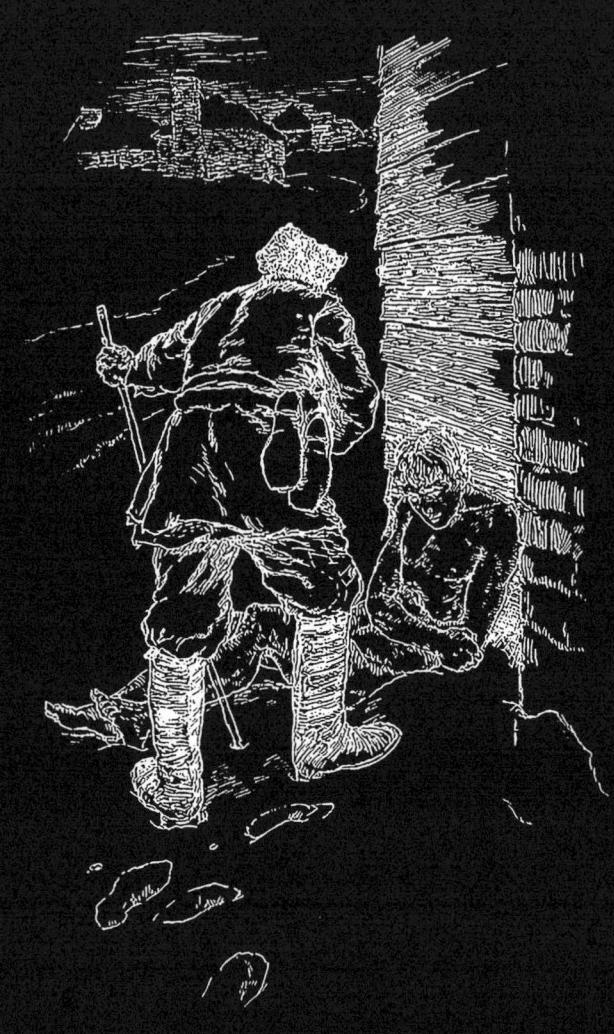

커피숍 사장보다는
회사원이 되고 싶어요.

2023년 11월 6일 월요일
레프 톨스토이 「사람은 무엇으로 사는가」
(1885)

소율에게

저번 편지의 끝부분에 아빠는 '사랑'이라는 말을 적었다. 처음 책으론 당연히 사랑에 대한 책을 고르고 싶었어. 그러자 여러 책이 뇌리를 스치고 지나갔지 뭐야. 그래도 먼저 읽어야겠다 싶었던 게 이거였단다. 저 제목은 톨스토이의 대표 단편을 가리키기도 하고, 그 작품이 수록된 단편집을 말하기도 해. 이 편지에서 나는 저 '단편'에 대해 쓸 예정이다. 아, 앞으로 네게 닿을 편지엔 책의 줄거리를 간략하게 소개하고 넘어갈게.

세몬이라는 가난한 제화공이 새 외투를 짓기 위해 외상값 수금에 나선다. 그의 형편은 너무나도 좋지 않아 아내와 외투를 돌려 입어야 했기 때문이었지. 그날 세몬은 농부들로부터 밀린 외상값을 받아내 양모피를 살 계획이었단다. 하지만 뜻대로 일이 풀리진 않았어. 이웃들에게 돈이 없었기 때문이었지. 고작 장화를 고친 값으로 동전 몇 푼만 받아든 세몬. 그는 신세를 한탄하며 술을 마시기 시작해. 술집에서 나와 예배당 앞을 지나던 순간, 세몬의 시야에 벌거벗은 한 사내가 들어왔어. 성품 착한 세몬은 그를 그냥 지나치지 못했지. 세몬은 사내에게 자기 외투를 입히고 장화를 신겨준 뒤, 그를 집으로 데려왔단다.

그때 아내 마트료나는 세몬을 오매불망 기다리던 중이었지. 그런데 늦게 귀가한 남편에게선 술냄새가 났어. 그녀는 슬슬 화가 났지. 게다가 남편은 혼자도 아니었단다. 낯선 남자가 남편의 외투를 걸친 새 서 있는 게 아니었겠어. 마트료나의 분노가 폭발한 건 "저녁밥을 달라"라는 남편의 말 때문이었지. 그녀는 세몬을 향해 달려들었어. 실랑이가 벌어졌지. 그 와중에 하나뿐인 외투는 찢어지고 말았구나. 그때 세몬은 아내를 향해 이렇게 말했단다.

"마트료나, 당신 안엔 하느님이 계시지 않소?"

그 말을 들은 아내는 거짓말처럼 분노를 진정시켰어. 언제 화를 냈냐는 듯 거짓말처럼 차분해졌지. 그녀는 저 후줄근한 차림의 불청객을 위해 남은 빵을 내

주고는, 남편의 낡은 셔츠와 바지도 입으라며 챙겨 주었단다. 사내가 첫 번째 미소를 지었던 순간이야. 그의 이름은 미하일. 세몬 부부와 함께 살게 된 미하일은 세몬으로부터 구두를 짓고 고치는 일을 배웠고, 솜씨가 좋았던 탓에 동네에서 꽤 인기 좋은 제화공이 되었단다.

미하일이 두 번째 미소를 지은 것은 덩치 큰 관리의 어이없는 요청을 들은 직후였어. 거만한 관리는 최고급 양가죽을 제화공의 눈앞에 내밀며 "1년이 지나도 비틀어지지 않고 터지지 않을 장화를 지으라"라고 명령했지.

과연 손재주 좋은 미하일은 멋지게 성공했을까? 어땠을 것 같니?

돌발 행동

아니야. 오히려 그는 관리의 고급 가죽을 아무렇게나 잘라 망가뜨렸어. 그러고는 망자들이나 신는 목 없는 신발을 만들어 놓았지. 돌발 행동이라고 밖엔 생각할 수 없었어. 그건 관리의 고압적인 태도에 대한 보복이었을까? 그렇게 보긴 어려웠단다. 평소 그런 행동을 하는 사람이 아니었거든. 세몬은 깜짝 놀라 그에게 잔소리를 해댔지.

그때였어. 문을 쿵쿵 두들기는 소리가 들린 건.

아, 이젠 끝이구나, 하고 세몬은 생각했지. 하지만, 놀라운 일이 벌어졌단다. 관리의 하인이 찾아 와 주인이 갑작스레 돌아가셨다며 장례용 신발을 주문하러 왔던 거야. 그러니까 미하일은 일이 이렇게 될 줄 미리 알고 있었던 거지.

그로부터 6년이 더 흘러 두 딸의 구두를 주문하러 온 한 아낙을 보았을 때, 미하일은 드디어 세 번째 미소를 보였어. 책을 다 읽은 너는 잘 기억하겠지만, '두 딸'은 아낙의 친자식은 아니었어. 게다가 그 중 한 아이는 자신을 낳다 죽은 엄마에게 깔린 탓에 한쪽 다리가 불편한 상태였지. 이웃집 부부가 어머니를 잃은 저 아이들을 거두어 길렀단다. 하지만 안타깝게도 부부의 친아들은 두 돌 때 죽고 말았지. 끔찍한 일을 겪었지만, 여전히 부부는 저 두 여자아이를 사랑했어. 그들의 사랑이 고스란히 전해졌던 탓일까? 두 아이는 건강하게 잘 자라났단다.

세 가지 깨달음

손님이 나가자마자, 미하일은 자신의 정체를 세몬 부부에게 밝혔지. 후광이 그를 감싸고 있었기에 도저히 맨눈으로는 쳐다볼 수 없었어. 그러니까 미하일은 평범한 사람이 아니었던 거지. 미하일은 하느님의 천사였어. 그는 하느님으로부터 명을 받고 방금 구두를 지으러 다녀갔던 그 아이 엄마의 영혼을 거두러 갔다가 차마 그렇게 하지 못하고 빈손으로 돌아갔던 거야. 하느님의 명령을 어긴 죄로 미하일은 지상에 떨어지는 벌을 받게 되었지. 하느님은 그에게 아래와 같은 세 가지를 깨닫게 되면 하늘로 돌려보내 주겠다고 말씀하셨단다.

첫째, 사람 안에 무엇이 있는가?
둘째, 사람에겐 무엇이 주어지지 않았는가?
셋째, 사람은 무엇으로 사는가?

미하일이 세 번 미소를 지었던 건, 그가 하느님이 주신 질문에 대한 답을 구했다는 의미였어. 정리하자면 이러했지.

인간에겐 사랑이 있다.
인간에겐 무엇이 필요한가를 아는 힘이 주어지지 않았다.
인간은 사랑으로 살아간다.

그리고 천사의 날개가 펼쳐지며 미하일은 하늘로 올라갔단다. 별안간 불기둥이 치솟았지. 깜짝 놀란 세묜과 마트료나는 아이들과 함께 바짝 엎드려 있어야 했어.

톨스토이라는 작가

그러면 이쯤에서, 소설을 쓴 작가 톨스토이에 대해서도 알아봐야 하지 않을까? 1828년 톨스토이는 남러시아 툴라 지방에서 유복한 백작 가문의 넷째로 태어났지. 청년 톨스토이는 물질적으로 풍요롭게 성장했단다. 부족한 것 하나 없이 카잔 대학교에 입학한 그는 방탕한 학창 시절을 보냈어. 그러다 대학을 중퇴하고 말았지.

그런데 저 방황하던 젊은이의 눈에 들어온 것은 비참한 농노의 삶이었단다. 톨스토이는 민중의 피폐한 삶을 외면했던 교회나 개인의 쾌락에만 몰두했던 귀족의 생활상엔 흥미가 없었어. 편히 살아갈 수 있는 삶으로부터 거리를 둔 셈이었지. 너도 짐작하겠지만, 귀족 집안 자제가 사유재산제도를 비판하며 농민들을 지지한다는 건 절대 쉽지 않은 결정이었단다. 결국 그는 가족과도 불화를 겪게 되었어. 1910년 농민처럼 살기 위해 집을 뛰쳐나온 톨스토이는 그만 폐렴에 걸렸고, 작은 기차역에서 숨을 거두고 말았다. 그의 대표작으로는 『전쟁과 평화』(1869), 『안나 카레니나』(1878), 『부활』(1899)이 꼽힌단다.

아빠가 이 소설을 처음 읽게 된 건 고등학생 때였던 것 같구나. 아마도, 배재서관에서 나온 번역본이었던 것 같은데, 너무 오래된 탓에 기억이 확실하진 않아. 책은 할아버지 서재에 꽂혀 있었는데, 그땐 이 이야기의 비범함을 제대로 알지 못했단다. 그러다 책을 정독하게 된 건, 시간이 흘러 대학생이 된 이후였어. 그땐 학교 수업보다 책 읽기가 더 재미있었거든.

그러면 「사람은 무엇으로 사는가」로 돌아가자꾸나. 앞서 말했듯, 아빠는 이 소설의 주제를 '사랑'이라고 생각해. 그런데 여기서 말하는 사랑이란 연인 간의 로맨스와는 좀 다른 종류의 것이란다. 톨스토이에 따르면 그 사랑은 원래부터 인간에게 있는 것이고, 처음 만난 타인에게도 베풀어야 하는 것이거든. 그러니까 일종의 '윤리적 사랑'인 거지. 톨스토이는 거기에 종교적 메시지를 담았겠지만, 아빠는 꼭 그렇게 협소하게 해석할 필요는 없다고 보고 있다.

원래부터 있다

우선 주목해야 하는 건, 벌거벗은 미하일을 외면

하려다 발길을 돌려 다가간 세몬의 태도일 거야. 그는 거부할 수 없는 내면의 도덕을 따른 것이지. 그걸 '양심'이라고 표현해도 크게 틀린 것 같진 않구나. 인간이라면 누구나 양심의 소리를 들을 줄 안다고 생각한다. 외면하느냐 그러지 않느냐의 차이만 있을 뿐이겠지. 세몬은 가난하기만 한 제화공이었지만, 내면의 음성에 귀 막지 않은 숭고한 사람이었다. 우리는 간혹 좋지 못한 경제적 상황에 놓여 있지만, 무엇보다 정의로움을 우선시하는 사람들을 보곤 한단다. 그들이야말로 인간다움의 고귀함을 아는 사람이자, 그걸 몸소 실천하는 사람들이겠지.

기억나니? 언젠가 너는 커피숍을 열어 불쌍한 사람들에게 빵과 커피를 대접하고 싶다고 말했었다. 그 말을 듣고 웃어넘기긴 했지만, 아빠는 내심 감탄하고 있었단다. 꿈이란 바뀌는 법이라지만, 너의 마음 한구석엔 고귀함이 있을 거라고 나는 의심치 않는다. 톨스토이가 말하고자 했던 건 틀림없이 그런 사랑이었을 것이기 때문이야.

다음으로 눈여겨봐야 하는 건, 사내에게 빵과 옷을 내준 마트료나가 남편에게 한 말이다.

"우리는 베푸는데, 왜 우리에겐 아무도 베푸는 사람이 없죠?"

자, 선행을 베푼 세몬 부부에게 미하일은 보상 하나 주지 않고 휙 하늘로 올라가 버렸어. 그는 부부에겐 아무것도 주지 않았지.

솔직히 아빠도 예전에는 실망했었다. 아니, 왜 저 착한 부부에게 복이 찾아오지 않는 거지? 이런 이야기는 해피엔딩으로 끝나야 공정한 게 아닌가?

사랑은 교환이 아니다

그런데 나중에 생각해 보니 알게 되었어. 톨스토이가 말하고자 했던 사랑은 '교환'이 아니었음을 말이야. 만약 부부가 부자가 되는 것으로 마무리되었다면, 이 소설은 망가지게 될 것이었어. 톨스토이는 그런 뻔한 이야기를 쓰려고 했던 게 아니었겠지.

미하일이 이 세상에서 마지막으로 받았던 손님을 떠올려 볼까? 불의의 사고로 아버지를 여의고 어머니도 떠나보낸, 가련한 두 여자아이를 거두었던 아낙 말이다. 어떻게 보면 아낙은 두 아이와 피 한 방울 섞이지 않은 남이었어. 그녀는 이웃의 아이를 맡아 키웠지만, 정작 자기 아들은 차디찬 땅에 묻어야 했지.

그런데 구둣가게의 문을 나서기 전, 아낙이 했던 말이 기억나니? 그건 "이 아이들을 어떻게 사랑하지 않을 수 있겠어요?"였단다. 조건 없는 헌신과 대가를 바라지 않는 보살핌. 그게 이 책의 핵심인 사랑인 것이지. 비록 세몬 부부가 큰돈을 만지지는 못했지만, 저들은 사랑의 위대한 가치를 모르는 사람들보다는 훨씬 더 행복한 삶을 살았다고 할 수 있을 거야. 아낙도 마찬가지였을 거고.

    비바람이 몰아치는 날이다. 지금 너는 교실에 앉아 수업받고 있을 것이다. 가을이지만 날이 춥지 않아 나무엔 파란색 이파리가 더 많더구나.

    아침 산책을 다녀오다 보니 길이 너무나 미끄럽다. 조심히 집에 오려무나.

사랑하는 아빠가

어떤 책으로 읽을까

워낙 유명하고 많은 사람에게 사랑받은 소설이라 그런지 다양한 판본이 있어. 선택지가 많다는 거지. 우선 눈에 들어오는 것은 문학동네(이항재 역) 번역본이다. 표제작을 포함해 「크로이처 소나타」(1889), 「이반 일리치의 죽음」(1886) 등이 수록되어 있고, 번역가도 믿을 만하다. 현대지성(홍대화 역) 책도 자세한 해제가 있다는 장점이 있어. 어린이에게는 미래엔아이세움(허난희 엮음) 판본이 무난한 것 같구나. 아무래도 삽화가 들어가면 더 쉽게 이해되기 마련이란다.

대화

―― 아빠, 그런데 이제는 꿈이 바뀌었어요. 커피숍 사장보다는 회사원이 되고 싶어요.
―― 회사원이라니, 그것도 너무나 멋진 꿈인데. 언제나 너의 꿈을 지지할게.

세 번째 편지

데미안

두 친구의 우정,
그리고 그들의 슬픈 운명이요.

2023년 11월 15일 수요일
헤르만 헤세 『데미안』
(1919)

소율에게

 삼천포엔 새가 흔하다. 까치, 까마귀도 많지만 이름 모를 산새도 많아. 정말 어딜 가든 새를 볼 수 있지. 겁이라곤 없는 놈들이라 바로 옆에 다가가지 않는 한 도망가지 않아. 저번에 봤다시피 아빠의 작업실은 마당 앞에 있어. 새들이 큰 소리로 지저귈 때면 글을 멈춰야 한다. 귀가 먹먹해지기 때문이야. 그래도 기분이 나쁘지는 않단다. 지금도 몇몇 녀석이 마당에 내려와 재잘거리고 있어.

 오늘 편지는 성장소설에 대한 거야. 문학사에서 가장 유명한 새가 나오는 책이기도 하지. 아빠 세대라면 누구나 자의로든 타의로든 읽어 보았을 그 책은

『데미안』이란다.

주인공 싱클레어는 열 살 무렵의 자신을 회상하고 있어. 그는 소도시 중산층 가정에서 부모의 따뜻한 보살핌을 받으며 자란 라틴어 학교 학생이었지. 그는 전혀 다른 두 세계에 속해 있었어. 한 세계는 학교와 부모, 안락한 가정이었고, 또 하나의 세계는 폭력, 추문으로 가득한 뒷골목이었단다. 각각 '밝음'과 '어둠'에 대응하는 두 세계는 정확히 대립 쌍을 이루었지만, 기실 붙어 있었다고 해야 할 거야. 말하자면 달의 앞뒷면처럼 서로가 서로의 이면이었지. 소년기의 불안에 사로잡혀 있던 싱클레어. 그만 저 어둠의 세계로 이끌리고 말았어. 자랑스럽지 못한 행실을 불량소년들 앞에서 떠들어대게 된 거야. 모범생 싱클레어에게 그런 경험이 있을 리 만무했지만, 열 살 때라면 급우들의 인정이라는 건 목숨만큼이나 귀중한 것이었겠지.

약점이 잡히다

싱클레어는 프란츠 크로머의 눈에 들기 위해 비싼 사과를 자루째로 훔쳤다고 거짓말을 했어. 그런데 그것은 정말로 큰 실수였지. 호시탐탐 먹잇감을 노리고 있던 크로머가 그걸 놓칠 리 없었거든. 크로머는 약점 잡힌 싱클레어를 협박해 돈을 갈취하려고 했어. 공포에 시달리던 싱클레어는 상황을 벗어나기 위해 집 저금통에까지 손을 대고 말았단다. 도둑질을 하게 된 거지.

그 사실을 알게 된 크로머는 더 집요하게 싱클레어를 몰아세워. 심지어는 누나를 자신에게 데려오라고 강압했지. 상대방의 심리 조종에 능숙했던 악당이랄까? 크로머는 단지 휘파람을 부는 것만으로 싱클레어에게 강한 트라우마를 심어줄 수 있었단다. (네게 처음 고백하자면 아빠도 초등학교 시절, 커터칼을 꺼내 든 동급생에게 비슷한 일을 당한 적이 있어. 그때의 트라우마로 아빠는 지금도 커터칼을 똑바로 바라보지 못해.)

한데 크로머의 폭력으로부터 싱클레어를 구해준 사람이 있었지. 그가 바로 데미안이었어. 싱클레어보다 한 학년 위였던 그는 남편을 잃은 한 부유한 여인의 아들이었지. 싱클레어 집 현관에 달린 새 문장(紋章)*에 흥미를 나타낸 데미안은 싱클레어에게 '아벨과 카인' 이야기를 했어. 그건 소년의 상식과 통념을 깨는 것이었지. 그의 말인즉, 아벨의 후손은 카인을 두려워하는 겁쟁이들이고, 카인과 그의 후손은 비범함을 가진 자들이라는 거였으니까. 데미안은 싱클레어에게서

* 어떤 가문이나 국가, 단체를 상징하는 그림을 가리킨다.

자신과 같은 카인의 '표식'을 보게 되지만, 싱클레어가 그게 뭔지 알아채기엔 일렀어. 그가 내면의 자아를 발견하기까진 아직 시간이 필요했단다. 어둠의 세계를 헤매던 싱클레어는 다시 밝은 세계로 도피해 들어갔지. 그를 지켜 주었던 안전한 가정으로 말이다.

유년의 터널을 막 통과하던 싱클레어. 헤세가 "삶의 분기"라고 말한 그 시점에서 그는 데미안으로부터 충격적인 말을 듣게 되는데, 그건 "세계를 반쪽이 아닌 온전한 형태"로 숭상하고 받아들여야 한다는 것이었어. 모든 사물은 대립물을 자기 자신 안에 포함하고 있으니, 신도 악마를 자신 안에 품고 있을 것이다. 우리는 신과 악마에게 모두 예배드려야 한다. 요약하자면 그런 주장이었지. 싱클레어의 신앙심에는 조금씩 균열이 가고 있었어. 하지만 그는 곧 김나지움*으로 전학을 가게 돼. 그렇게 데미안과는 작별이었지.

방탕한 생활에 빠지다

한순간에 삶의 방향타를 상실하게 된 싱클레어. 그는 알폰스 베크라는 연상의 친구와 어울리며 방탕한 생활에 빠져든단다. 만났다 하면 술만 퍼마셨지. 제적되기 직전, 싱클레어는 운명처럼 한 소녀를 만나게

* 독일의 인문계 중·고등학교를 가리킨다.

되었어. 싱클레어는 그녀를 '베아트리체'(단테의 『신곡』(1321)에 나오는 캐릭터)라고 부르고 짝사랑하게 되지만, 마음 한구석에서 데미안을 향한 그리움이 커지고 있음을 알게 되었지.

내면의 급격한 변화를 감지한 싱클레어는 '맹금(猛禽) 문장'을 떠올리고는 거대한 알에서 빠져나오는 새 그림을 그렸어. 그는 그 그림을 데미안에게 부쳤지.

"알은 세계다. 태어나려고 하는 자는 하나의 세계를 파괴해야만 한다. 새는 신을 향해 날아간다. 신의 이름은 아브락사스다." 싱클레어에게 온 데미안의 답장이었어.

대학생이 된 싱클레어는 아브락사스와 새에 대한 꿈을 지속적으로 꾸게 되지. 그는 오르간 연주자 피스토리우스와 친해지게 되고, 그로부터 아브락사스가 "새로운 신앙"이라는 말을 듣게 돼. 그로부터 싱클레어는 날마다 아브락사스에 대해 배우게 되었지. 하지만 인간에게 영원한 스승이란 없었던 법이었어. 자신을 둘러싼 단단한 껍질을 부수고 나아가려면, 그 어떤 것에도 의존해선 안 되었지. 그래, 싱클레어는 구태의연한 신화에 집착하는 스승과 결별해야 했어.

피스토리우스와 헤어져 이곳저곳 돌아다니던 싱클레어. 그는 어느 날 데미안과 마주쳤어. 그를 본 데미안은 "표식을 지닌 네가 올 줄 알았다"라고 환대하고는 어머니 에바 부인과 그를 만나게 해 주지. 싱클레어는 에바에게 기묘한 사랑을 느끼지만, 에바는 그에게 "사랑은 상대에게 간청하는 게 아니라 끌어당기는 것"이라는 말을 전해. 그로부터 얼마 후 싱클레어는 하늘에서 거대한 새의 비행을 목격하게 돼.

큰 전쟁이 발발하자 데미안과 싱클레어는 군인으로 참전했어. 적군의 폭격으로 크게 다치게 된 싱클레어. 그는 병상에서 죽어가던 데미안의 마지막 말을 듣게 되지. "내가 필요해지면 네 내면에 귀를 기울여." 거울을 들여다본 싱클레어는 그 안에서 자신의 인도자였던 데미안과 마주하게 된단다.

헤세라는 작가

헤르만 헤세는 독일계 스위스인으로 1877년 목사 아버지와 신학자 가문에서 자란 어머니 사이에서 태어났어. 엄격한 가정 교육을 받고 자라난 헤세는 자살을 기도해 정신병원에 입원하는 등 불안정한 청소년기를 보냈지. 데뷔작 『페터 카멘친트』(1904)로 단숨에 문단의 별로 주목받게 된 그는 대표작 『수레바퀴 아래서』(1906) 등 문제작들을 내놓으며 명성을 획득했어. 헤세는 1914년 세계 대전이 터지자 자원해서 입대했지만, 군 복무에 적합하지 않다는 판정을 받게 된 단다. 전쟁이라는 정치적 격변은 예민한 심성의 작가에게 강한 영향을 주었을 거야. 『데미안』은 헤세가 심리학자이자 정신과 의사였던 카를 융의 제자 프란츠 랑으로부터 정신과 치료를 받고 난 후 집필한 작품이지. 헤세는 이걸 주인공인 에밀 싱클레어라는 가명으로 발표했어. 그렇지만 특유의 문체란 숨길 수 없었기에, 그가 헤르만 헤세라는 사실은 알 만한 사람들은 다 알고 있었다는구나.

짧지만 그 어느 소설보다 무게감을 가진 이 소설을 아빠는 중학교 2학년 때 읽었어. 문예출판사에서 나왔던 문고판 도서였을 거야. 솔직히 15살 때 이 책을 다 이해했다면 거짓말이었겠지. 큰 줄기 정도는 파악할 수 있었지만, 전편에 깔린 상징과 은유는 도무지 해독하기 어렵더구나. 그럼에도 아빠가 『데미안』을 네게 추천하는 이유는 있어. 굳이 처음부터 책과 관련된 모든 걸 다 이해하려 애쓰지 않아도 되는 책이기 때문이야. 그건 융 심리학에 대한 배경지식이나 종교학을 몰라도 괜찮다는 말이란다. 그런 걸 알고 있다면 도움이 되겠지만, 책을 처음 읽을 때는 아무것도 모르는 채로 그냥 부딪쳐 보는 게 좋아. 『데미안』의 한 구절을 빌려오자면 "캄캄한 어둠 속, 혼자서 한 발짝도 내디딜 수 없는" 상황에서도, 가는 길을 멈추지 말라는 거지. 서서히 앞으로 나아갈수록, 조금씩 빛이 들어오게 될 테니까.

거칠게 말해 『데미안』의 서사란 '진정한 자아를 향한 치열하고도 지난한 탐구 과정'이라 할 수 있을 거야. "나는 끊임없이 무언가를 찾는 구도자였다"라는 말은 인간은 종국에는 자기 자신으로 거듭나야 한다는 암시란다. 물론 거듭나지 않는다고 해서 큰일이 생기는 건 아니야. 단지 자아와의 만남을 무한히 연기한 채 타인에게 비칠 모습에만 신경 쓰는, 그러니까 '이미지' 관리에만 집착하는 사람이 되는 것이지.

우리의 싱클레어도 한때는 그런 친구였어. 그가 크로머에게 거짓말한 이유도 어둠의 세계로부터 인정받고 싶어서였으니까. 사람들은 그런 세계에 적응하려 하지만, 알다시피 그건 진짜 자아라고 할 수 없어. 번지르르한 포장이자 가면에 지나지 않을 테니. 그러니 싱클레어는 필연적으로 의심하고 성찰하는 자신으로 변해야 했던 거야. 그러기 위해서 그는 당연한 것을 당연하지 않게 받아들여야 했어. 규범, 학문, 예술, 제도권, 그 모든 것을 말이지.

참신한 건 오래가지 않는다

그 어떤 참신하고 혁신적인 것이라도 시간이 흐르면 관성화되는 법이란다. 그렇게 질문보다 동의가 중요해지고, 혁명보다 순응이 중요해지는 것이지. 시스템은 그렇게 사람들을 규격화하고, 학교는 예비 관료를 위한 공장이 되며, 회사는 침묵하는 자들의 낙원이 되어버린단다. (이에 대한 더 자세한 이야기는 나중에 조지 오웰 책을 읽게 되면 하도록 할게.)

이런 시스템 안에서 우리가 갖춰야 할 건 이런 태도다. 세계 안에서 지속적으로 문제를 발견하려고 애쓰는 것, 시스템에 갇히지 않게 노력하는 것, 언제나 한쪽을 열어두고 사고하는 것. 그래서 그 무엇도 완전무결하지 않다는 걸 이해하는 것. 자기 자신도 불완전한 사람이라는 걸 깨닫는 것.

그래서 카인의 후예에겐 용기가 필요하고, 배짱이 필요하며, 추진력이 필요해. 그래야 자신의 성장을 가로막는 껍질을 깨고 나올 수 있으니까. 아브락사스를 향해 날아갈 수 있을 테니까. 그는 한자리에 머무르는 자가 아니야. 데이비드 보위라는 예술가에 대해 말해 주고 싶구나. 음악에 관한 글을 쓰는 네 아빠에게 큰 의미가 있는 사람이지. 그는 하나의 정류장에 도착했구나 싶을 즈음, 이내 그곳으로부터 빠져나와 다음

정류장으로 발걸음을 옮겼던 사내지. 'Ziggy Stardust'에서 'Aladdin Sane'으로, 다시 'Thin White Duke'*로 말이다. 이제는 이 땅에 없는 위대한 아티스트를 회상하며 여기 『데미안』의 한 구절을 적어 두도록 할게. "우리에게 인류는 아무도 그 모습을 알지 못하고 법칙조차 쓰여 있지 않은 먼 미래를 향해 여행하는 존재였다."

헤세의 말처럼 새로운 시대의 인류는 여행자야. 여행자는 필연적으로 고독한 존재이기에 언젠가는 동료들을 떠나야 하지. 동료가 늘어나고, 그들에게 집착할수록 미래로 향하는 동력은 후퇴하기 마련이란다. 여행 자체보다 모임이 우선시되는 순간, 여행의 성격은 빠르게 변질되고 말지. 그게 싱클레어가 피스토리우스와 떨어져야 했던 이유야. 한때 싱클레어의 인도자를 자청했던 데미안이 "내면의 소리를 들으라"라는 말을 남긴 채 싱클레어를 떠난 걸 생각해 봐. 홀로 남은 싱클레어는 극심한 고통을 느끼면서도, 굳게 닫힌 자아의 문을 열 수 있는 '열쇠'를 발견하게 되지.

조금은 성장한 사람이 된다는 것

저번 편지에 적었던 말을 반복하자면, 그제야 싱

---

* 언급된 이름 모두 보위의 음악적 페르소나야.

클레어는 주체가 될 거란다. 혼자 사유하고, 혼자 힘으로 설 수 있는 사람 말이지. 그는 껍질에서 빠져나오는 고통을 잘 알기에 타인의 고통에도 잘 공감할 수 있었고, 자신이 완전하지 않다는 걸 잘 알기에 더 겸손해질 수 있었어. 조금은 더 성장한 사람이 될 수 있었던 거지.

편지를 마무리할까 해. 아빠가 가장 좋아하는 『데미안』 마지막 장의 제목은 '종말의 시작'인데, 헤세가 무언가 새롭게 열리기 위해선 먼저 산산이 부서져야 한다는 걸 말하는 대목이야. 말하자면, 끝이 시작이고, 시작이 끝인 셈이지. 이렇게 장 제목만으로 감동을 줄 수 있는 소설은 드물다는 것을 네게 말해 주고 싶구나.

사랑하는 아빠가

추신: 내일은 대학수학능력시험일이다. 해마다 이즈음이면 부쩍 추워지고는 했지. 이것은 물론 과학적인 분석은 아니다. 어쩌면 추워지는 시기에 맞게 시험일이 있으므로, 우리가 그렇게 느끼는 것인지도 모르니까 말이야. 어쨌든, 수능시험이 지나가면 본격적인 연말 시즌이라고 보면 된다. 언젠가부터 '연말'이라는 단어가 주는 설렘의 강도가 약해지고 있는 건 부

인할 수 없지만, 그래도 연말만의 분위기라는 건 있잖아. 올해 크리스마스이브에 너와 같이 케이크를 나눠 먹기로 하지 않았니? 조촐하게 작은 트리도 사서 같이 꾸며 보자꾸나. 식구끼리 그런 작은 행복을 누리고 싶으니까.

어떤 책으로 읽을까

아빠는 이 책을 네 권 가지고 있어. 을유문화사(이영임 역), 민음사(전영애 역), 문학동네(안인희 역), 사계절(박종대 역)에서 나온 번역본이지. 책마다 장점이 있지만, 네겐 이영임 선생 번역과 안인희 선생 번역을 권하고 싶구나. 만약 너무 어렵게 느껴진다면, 아이세움(조혜원 엮음)에서 펴낸 도서로 입문해도 된다.

대화

—— 『데미안』에서 가장 강렬하게 다가왔던 건 뭐였어?
—— 두 친구의 우정, 그리고 그들의 슬픈 운명이요. 아무래도 소설이 즐겁게 끝나지는 않으니까요. 그렇지만 최후의 순간까지 싱클레어와 데미안이 함께하는 모습이 오래 남았어요. 그런 게 친구라는 거잖아요.

네 번째 편지

파우스트

어떤 이유였는지
정신적으로 탈진해 있던
시기였던 것 같아.

2024년 6월 13일 목요일
요한 볼프강 폰 괴테 『파우스트』
(1832)

소율에게

아빠가 머무는 삼천포 산골은 낮에는 영상 30도를 훌쩍 넘고 있어. 아침 여섯 시면 이미 해가 활짝 떠서 더워지는데, 저녁 일곱 시가 넘어야 살짝 열기가 가신단다. 땅에도 지열이 그대로 느껴져. 이런 게 남도의 더위인가 봐. 유월 중순에 이런 더위라면, 한여름엔 과연 어떨지 걱정이 되는구나. 그래도 아빠는 개구리 울고 물까치 지저귀는 이곳이 참 좋단다. 여름 방학 때 놀러 오면 직접 들어볼 수 있을 거야. 이제 서울도 꽤 더워졌다고 들었는데, 열 오르지 않게 물 자주 마셔둬. 체온 조절엔 수분 섭취가 도움이 될 게다.

한데 미안하다는 말로 글을 시작해야겠어. 마지

막 편지가 작년 11월이었다는 걸 알아챘단다. 급히 마무리해야 할 책이 있었다는 걸로 변명할게. 앞으로는 꾸준히 쓰도록 할 테니 용서해 주렴.

한 번쯤 그런 상상을 해 볼래? 누군가 다가와 제안하는 거지. 나를 따라오라고. 그러면 세상의 모든 쾌락을 제공하겠다고. 하인처럼 나를 언제든지 부릴 수 있고, 모든 혜택은 당신의 목숨이 끊어지기 전까지 유지될 거라고. 조건이 하나 있긴 해. 저세상에 가서는 거꾸로 자신에게 봉사해야만 할 거라는 것 말이야.

악마와의 계약

어때? 거절하기 힘든 제안이지? 너라면 이걸 받아들일래? 그런데 그의 정체가 사실은 악마라면 어떻겠니. 자신이 인간을 악하게 만들 수 있다고 신과 내기한 악마 말이야. 더욱이 제의받은 사람은 천상에서의 내기 내용을 전혀 모르는 상황이야. 그런 설정이어야 이야기가 더 흥미진진하겠지. 여기까지만 들어도 확 끌리지 않니? 우리가 읽을 책 『파우스트』란다.

사람들이 고전에 대해 갖는 대표적인 편견은, 분명히 따분하고 지루한 작품일 거라는 추측이란다. 잘못된 생각이지. 오랫동안 생명력을 유지한 고전은 그 속성상 재미없을 수가 없어. 『파우스트』도 예외가 아니지. 이렇게 흥미로운 줄거리는 드문 것이라고 단언할 수 있어. 그러니 긴장 풀고, 페이지를 넘겨도 좋아. 시간은 좀 걸리겠지만 말이야.

줄거리를 정리해 볼게. 곰팡내 나는 낡은 연구실. 모든 학문에 정통한 파우스트 박사가 먼지 덮인 책더미 사이에서 고뇌에 찬 표정을 짓고 있어. 그는 10년이라는 시간 동안 죽을힘을 다해 공부해 왔으나, 제대로 아는 건 하나도 없다는 회의주의적 결론에 이르렀지. 그렇게 스스로 생을 마감하려던 순간, 악마 메피스토펠레스가 나타나 거래하자고 했어. 네게 지상의 모든 쾌락을 주마! 다만 언젠가 "멈추어라! 너 정말 아름답구나!"를 외치면 네 혼을 거두어 가겠다.

거절할 이유가 없었어. 계약 성립이었지.

통상적으로 '그레트헨 비극'이라고 불리는 1부에서 파우스트는 순진무구하고 예의 바른 여성 그레트헨과 만나게 돼. 파우스트는 그녀를 처음 본 순간 마음을 빼앗기고 말았어. 그레트헨도 마찬가지였지. 귀한 가문에서 자라난 것 같은 저 아름다운 청년을 사랑하게 된 거야. 그렇게 두 사람의 연애 감정은 활활 타올랐지. 어느덧 상대를 내 것으로 만들겠다는 욕망의 파도가 넘실넘실 이성의 제방을 넘어서고 있었어. 파우스트의 꼬드김에 넘어간 그레트헨은 그만 어머니의 음료수에 독약을 넣었단다.

윤리도 도덕도 무시하게 된 두 사람은 이제 둘만의 유희를 즐기게 되지. 대가는 컸어. 독을 마신 그레트헨의 어머니는 사망하고 말았으니. 비극은 꼬리에 꼬리를 물었어. 그녀의 오빠 발렌틴마저도 파우스트에게 살해됐고, 그들의 아이 또한 미쳐버린 엄마의 손에 목숨을 잃었으니까 말이야. 그레트헨은 영아살해죄로 감옥에 갇혔단다.

연인이 어떤 고통을 겪는지도 모르고 있던 파우스트는 축제 참가를 위해 산을 올랐어. 그것은 사탄과 마녀들이 벌이는 광란의 축제였지. 그런데 그는 마녀들에게 붙들려 처형당하는 그레트헨의 모습을 보았어. 짐작했겠지만 실제 그레트헨이 아닌 환영이었단다.

하지만 파우스트는 그녀의 비참한 모습을 보고 정신이 퍼뜩 들었지. 그는 연인을 구하기 위해 부리나케 감옥으로 향했어. 그러나 그레트헨은 그를 따라가지 않아. 대신 "하늘의 심판을 받겠다"라는 말을 남기고 숨을 거두고 말지. 그 순간, "그레트헨의 영혼은 신으로부터 구원받았다"라는 음성이 저 위에서 흘러나왔어.

1부와 2부

비교적 한정된 작은 공간에서 전개된 1부와는 달

리, 5막으로 구성된 『파우스트』의 2부는 시대와 장소를 분주히 오가며 진행돼. 비로소 2부에 이르러 '지역' 안에 머물던 파우스트가 비로소 '세계'로 나왔다고 할 수 있지. 그 사이엔 긴 시간적 단절이 있지만 말이야.

2부의 막이 오르면 잠에서 깨어난 파우스트는 메피스토펠레스와 한 황실에 도달해 있어. 저 불쌍한 황제의 나라는 곧 고꾸라질 위기에 처했단다. 재정난으로 인해 군인들은 급료를 받지 못했고, 곳곳에서 절도와 각종 범죄가 일어나고 있었거든. 법은 공정하게 집행되지 못했고, 아첨하는 신하들만 살아남았어.

그야말로 "끝없는 혼돈이 지속되고, 합법적으로 불법이 자행되는 오류투성이 세상"이 된 셈이었지. 그 난리 속에서도 황제는 큰 연회를 열었어. 파우스트는 메피스토펠레스와 손잡고 땅속에 파묻힌 보물을 담보로 지폐를 발행하게 됐지. 충동과 감정에 사로잡힌 청년의 몸을 벗어나 차디찬 합리성이 지배하는 자본주의자 페르소나로 귀환한 거야.

파우스트가 가장무도회에서 부의 신 플루토스로 등장한 건 아주 적절한 타이밍이었어. 그가 뿌린 돈에 사람들이 열광하는 가운데, 분위기에 한껏 취한 황제는 파우스트에게 헬레나를 궁정으로 불러오라는 명을 내리게 된단다. 맞아, 저 헬레나는 그리스 신화의 유명한 미녀야. 파우스트는 이 세계로 헬레나를 데려오는 데 성공하고, 그녀와 결혼하게 돼. 두 사람 사이엔 오이포리온이라는 사랑스러운 아들이 태어나. 그러나 '비상(飛上)의 유혹'에 사로잡힌 오이포리온은 그만 허공에 몸을 던져 죽고 말았어. 1부에서 학문에의 천착이 처참한 실패로 마무리되었듯, 괴테는 헬레나로 상징되는 절대미의 추구도 종국에는 허무함으로 귀결됨을 보여주고자 한 것 같아.

파우스트의 일대기는 마침표를 찍기 직전이었단다. 그는 반란군과 대치하던 황제를 구한 전공(戰功)이 인정되어 넓은 간척지를 하사받았어. 하지만 파우스트는 신의 자리를 대신해 "위대한 일"을 벌이겠다는 강박에서 풀려나지 못했지. 그는 자기 뜻에 반하는 이들을 내버려두지 않았어. 그러던 중, 난개발에 반대하며 조용히 자신의 터전을 지키던 노부부, 필레몬과 바우키스가 메피스토펠레스가 지른 불에 타 사망하는 불상사도 벌어졌지.

열쇠 구멍으로 들어온 것

욕망의 구렁텅이에서 폭주하던 파우스트. 어느덧 노인이 된 그 앞에 '결핍, 죄악, 근심, 곤궁'이라는 네 마녀가 나타나. 다른 마녀들은 궁에 들어갈 수 없었지만,

근심만은 열쇠 구멍을 통해 침입할 수 있었어. 그녀는 파우스트의 눈을 멀게 만들어. 그렇게 시력을 잃었어도 여전히 오만했던 파우스트는 "정해진 목표를 당장 시행하라"라며, 사람들을 몰아세우게 되지.

얼마 후, 자기 손으로 건설한 '천국' 안에서 희열을 맛보게 된 파우스트. 그는 금기어 "멈추어라! 너 정말 아름답구나!"를 읊조리곤 쓰러져. 계약 조항을 잊지 않았던 악마는 재빨리 그의 영혼을 가져가려 하지. 하지만 천사들이 그보다 먼저 파우스트의 영혼을 거두어 갔단다. 그렇게 예술가들에게 너무나 많은 영감을 준 문장과 함께, 총 12,111행의 장대한 비극『파우스트』는 끝을 맺게 되지. 그 문장은 이러했단다. "영원히, 여성적인 것이 우리를 끌어 올린다."

괴테라는 사람

인류사에 남을 지적 유산『파우스트』는 작가 괴테가 60년이라는 기나긴 세월 동안 집필한 대작이란다. 22세에 이 책을 쓰기 시작한 괴테는 인생의 말년을 맞이하고서야 그 지난한 여정을 마감할 수 있었어. 한 책에 60년을 쏟아부을 수 있다니! 작가로서가 아니라 한 인간으로서의 집념이 느껴지지 않니? 괴테는 뭔가 하나에 꽂히면 온 힘을 다해 밑바닥까지 파 내려갈 수 있는 열정을 끝까지 유지했던 사람이었다. 작가이면서 정치가이자 철학자, 화가였고, 광물학, 식물학, 지질학에도 방대한 지식을 보유하고 있었어. 학문이 세부적으로 분화된 근대에는 도무지 어울리지 않았던 다중적 지식인, 요즘 말로는 폴리매스(polymath)였던 거지. 1749년 황실 고문관 아버지와 프랑크푸르트 시장의 딸이었던 어머니 사이에서 태어난 괴테는 1832년 82세로 눈을 감았단다. 시대를 생각하면 꽤 장수한 셈이었지.

20대에 만난 『파우스트』

『파우스트』를 손에 잡게 된 건 20대의 어느 겨울이었어. 어떤 이유였는지 정신적으로 탈진해 있던 시기였던 것 같아. 몸도 마음도 지쳐 있던 순간에 사람이 듣고 본 것들은 잊히지 않는 법이야. 아빠는 어떤 식으로든 위로를 바라고 있었어. 그래서 방에 하루 종일 틀어박힌 채 아빠가 좋아하는 캐나다인 싱어송라이터, 조니 미첼의 음악을 들으며 『파우스트』를 읽어 내려갔단다. 책을 다 읽기까진 1주일 남짓 걸렸어. 뭐라고 말해야 할지 모르겠지만 읽기 전과는 좀 달라져 있었지. 그걸 언어로 옮기기는 좀 어렵지만, 어떤 깨달음의 순간과 마주했던 것 같구나. 그런 게 어쩌면 문학이 우리에게 주는 가치일 수도 있을 거야.

선과 악이라는 주제는 지속해서 반복되어 온 예술의 주제야. 하나 천편일률적으로 악인이 선인으로 개과천선하는 B급 도덕주의 드라마들과 『파우스트』는 근본부터 다른 작품이라 할 수 있지. 언급했듯 파우스트는 여러 악행을 벌였단다. 사랑하는 여인을 배신했고 사람들을 죽였어. 그뿐이 아니지. 사기 행각으로 국고를 텅 비게 만들기도 했고, '천국'의 건설이라는 일념하에서 노동자들이 죽어가는 것을 방관하기도 했어. 죄의식이 간혹 그를 멈춰 세웠지만, 끝없는 야망을 중단시키기엔 미약했을 뿐이었어.

더구나 그 모든 것들의 원흉이었던 악마와의 계약 역시 그가 자유의지로 내린 결단이었지. 그걸 잊어서는 안 될 것 같구나. 연구실 바깥으로 나와 세속적 쾌락에 잠기겠다고 한 건 다른 누구의 결정도 아닌 파우스트의 결정이었거든. 메피스토펠레스의 제안은 어디까지나 유혹이었을 뿐, 강제가 아니었어. 파우스트는 결국 이성의 힘을 통해 잘 사는 국가를 만들지 않았느냐고? 참작 대상은 되겠지만, 그렇다고 평가가 크게 달라질 것 같지는 않구나. 그의 두 손은 늘 피로 물들어 있었으니 말이야.

'천상의 서곡'을 읽으면, 악마와 내기를 한 신은

"선한 인간은 어두운 욕망 한가운데에서도 올바른 길을 잘 안다"라는 대목이 있어. 전지전능한 신은 파우스트가 어떻게든 선한 길로 스스로 들어오게 될 거라고 장담한 것이지. 그렇지만 그 과정이 쉽지 않을 거라는 걸 신은 미리 알고 있었단다. 파우스트가 부정과 회의를 일삼는 저 악령을 떨쳐내고 자신의 두 발로 꿋꿋하게 홀로 설 수 있기까지는 골방 속 사변(思辨)이 아닌 생생한 일상 속 체험이 필요했던 거야.

자, 나도 궁금하구나. 마지막에 파우스트는 성모 앞에서 구원받았을까?

인류는 구원받을 수 있을까

그 질문에는 확답을 내릴 수 없을 것 같아. 파우스트가 구원받았다고 해석하는 사람도 있고, 그렇지 않다고 해석하는 사람도 있으니 말이야. 『파우스트』 안에도 명확하게 어떻게 되었는지 나와 있지는 않아. 오히려 괴테는 파우스트라는 캐릭터를 통해 한 개인이 아닌 인류라는 종 전체가 구원받을 수 있는지 묻고 있는지도 몰라. 타자를 끊임없이 부정하며 파괴하려 드는 지구촌의 현실을 보면, 우리가 메피스토펠레스의 잔영을 완전히 몰아내진 못한 것 같기도 하구나. 인류는 '점진적으로 발전'해 왔다는 소심한 낙관론이 있었지. 하지만 그런 이론은 전쟁과 끔찍한 폭력 앞에 무력하기만 해.

그럼에도 냉소와 회의주의는 해법이 아니라는 걸 우리는 잘 알아. 괴테도 "언제나 갈망하며 애쓰는 자, 우리는 그를 구원할 수 있다"라고 쓰고 있지. 저것은 책 전체를 관통하는 메시지, "인간은 노력하는 한 방황하게 되어 있다"와 공명하는 말이야. 괴테는 인간의 의지가 발동하는 한, 방황이 멈추지 않는 한, 내일은 오늘보다 더 나을 수 있다는 걸 말하고자 했던 게 아닐까 해. 우리에게 비판적 이성과 양심, 그리고 사랑이 존재하는 한 말이지. 그러니 아직은 그런 가치들을 조금은 더 믿어 보기로 하자꾸나.

네게 줄 수 있는 건 오직 사랑뿐이니까.

사랑하는 아빠가

추신: 아쉬운 소식을 전할게. 저번에 부탁했던 보리수 열매가 얼마 남지 않았거든. 윗가지엔 몇 개 매달려 있긴 한데, 그건 새들에게 양보하는 편이 나을 것 같아. 대신 모레 서울 올라갈 때 네가 좋아하는 블루베리를 사 가도록 할게.

어떤 책으로 읽을까

아빠는 세 가지 번역본을 갖고 있어. 민음사(정서웅 역) 본, 을유문화사(장희창 역) 본, 길(전영애 역) 본. 개인적으로는 을유문화사와 길에서 나온 번역서를 좋아하는데, 더 리듬감 있는 텍스트는 전영애 선생 쪽인 것 같고, 하나의 이야기로 술술 읽히는 건 장희창 선생 쪽인 것 같아.

대화

네가 궁금해했던 질풍노도(Strum und Drang)에 대해 설명해 줄게. 질풍노도는 18세기 후반 독일에서 일어난 문학 운동이야. 감정과 개인주의에 초점을 맞추어 기존의 합리주의에 대항하고자 했던 운동이지. 대표 주자로는 괴테와 실러를 꼽을 수 있어. 60년에 걸쳐 쓰인 대작 『파우스트』의 1부를 쓴 젊은 시절 괴테는 확실히 이 질풍노도의 화신이라 할 수 있지. 텍스트를 읽어 내려가다 보면, 곳곳에서 격정이 느껴지지 않니?

다섯 번째 편지

80일간의 세계 일주

여행에 아무 일도
일어나지 않았다면
심심했을 거야.

2024년 6월 20일 목요일
쥘 베른 『80일간의 세계 일주』
(1873)

소율에게

방황에 관한 책을 끝냈으니, 이번엔 '행복'에 대한 책을 읽어 보면 어떻겠니? 내가 추천하는 책은 『80일간의 세계 일주』란다. 독자에 따라 여러 해석이 나올 것 같긴 해도, 아빠는 이 소설이 그 어떤 책보다 행복에 대해 잘 설명해 주고 있다고 생각해.

『80일간의 세계 일주』는 한 편의 즐거운 소동극이다. 소동극이란 여러 사람이 등장해 시끌벅적하고 우스꽝스럽게 전개되는 이야기를 말해. 배경은 1872년 영국 런던. 강박증에 사로잡힌 신사 필리어스 포그가 주인공이지. 부자들의 사교모임 '혁신 클럽'의 일원인 그는 얼마 전 하인을 해고했어. 면도용 물의 온

도를 잘못 맞췄다는 게 이유였지. 어떻게 그런 어이없는 이유로 한 사람의 밥줄을 끊을 수 있냐고 물을 수 있지만, 포그는 지극히 자기중심적인 인간이었어. 저 까다로운 주인 앞에 새 하인이 나타나는데, 저 이름을 잘 기억해 두렴. 그가 이 책에서 엄청난 활약을 보이게 될 프랑스인 장 파스파르투란다. 장을 고용한 건 여행을 싫어하고 규칙을 좋아하는 기계 같은 사나이, 필리어스 포그의 운명을 완전히 돌려놓게 될 테니까 말이야.

그날도 혁신 클럽에 모여 사람들과 담소를 나누던 포그는 우연히 사흘 전 영국 은행에서 5만 5천 파운드가 도난당했다는 뉴스를 접하게 돼. 도난 금액이 워낙 컸던지라 영국 곳곳으로 형사가 파견되었지. 그런데 회원들 사이에 의견이 갈렸어. 도둑은 곧 잡힌다는 쪽과 그렇지 않을 거라는 쪽으로. 그러면 우리의 주인공은 어느 견해를 지지했겠니? 과학 기술의 힘을 낙관하고 있던 포그는 도둑이 저 넓은 세상 어딘가로 도망칠 수 있다고 생각했단다. 도둑을 붙잡기 어렵다고 본 거지.

여기서 토론의 불씨는 다른 방향으로 튀게 되는데, 포그는 80일 만에 기선과 기차를 이용해 세계를 한 바퀴 돌 수 있다고 주장했어. 자신감에 찬 그는 2만 파운드를 걸고 80일 이내에 세계 일주를 해내겠다는 약속을 하게 되지.

그 말 한마디로 내기 성립! 그날이 10월 2일 수요일이었으니, 포그는 12월 21일까지 런던 혁신 클럽으로 돌아와야 했던 것이었어. 당장 짐을 싸라는 주인의 말에 파스파르투는 아마도 화들짝 놀랐겠지? 그래도 저 수더분한 하인은 묵묵하게 맡은 바 임무를 수행했단다.

신사인 체하는 도둑?

충동적으로 실행되긴 했지만, 예상 밖으로 포그 일행의 여행은 제법 매끄럽게 흘러갔어. 포그가 은행 절도범이라는 의혹을 지우지 못한 형사 픽스가 끈질기게 그들의 뒤를 밟았다는 것만 뺀다면 말이지. 픽스는 저 겉만 번지르르한 녀석이 실은 신사인 체하는 대도라고 믿어 의심치 않았거든. 바로 등 뒤에서 자신들을 쫓는 추격자가 있다는 건 상상조차 못 한 채로 포그와 장은 인도를 거쳐 싱가포르, 홍콩, 일본, 미국으로 이어지는 기나긴 일정을 이어 갔어.

아까 이 책이 소동극이라고 말했잖니? 이들의 여행에 아무 일도 일어나지 않았다면 심심했을 거야. 그 어디를 가든 뭔가가 벌어졌지. 초반부 가장 큰 비중을 차지하는 인도에선 두 가지 사건이 있었어. 우선 철로가 끊겨(인도 반도를 관통하는 철도가 개통되었다는 소식은 거짓이었어) 비싼 값을 치르고 코끼리를 잡아타야만 했지. 하지만 다음 사건에 비할 바는 아니었단다. 한 시골 마을에서 남편이 죽었다는 이유로 그와 함께 묻힐 뻔했던 한 여인*을 목숨을 걸고 구해 냈던 거지. 파스파르투의 기지가 없었다면 그녀를 구하는 건 불가능했을 거야. 그렇게 죽음의 문턱에서 살아난 여인 아우다가 동료로 합류하게 되었지. 이후 저들의 좌충우돌 여행기는 더 긴장감 넘치게 될 예정이었어.

홍콩과 요코하마

포그를 감옥에 처넣고자 했던 픽스의 계획은 번번이 수포가 되었단다. 아, 홍콩에선 거의 체포할 수 있었지. 픽스는 아편굴에서 저 영리한 하인을 꼬드겨 마약 파이프를 빨게 했어. 목적은 배의 출항이 당겨졌다는 정보가 전달되지 않도록 하는 것이었지. 아편의 약효는 탁월했어. 파스파르투는 축 늘어져 버렸으니까.

하지만 픽스는 원했던 바대로 포그를 잡아넣지

* 이를 사티라고 하는데 남편의 장례식에 부인을 함께 순장하는 옛 인도 풍습이었단다. 현재는 폐지됐어.

는 못했어. 그는 어느새 새로운 배를 섭외해 요코하마에 닿을 수 있었지. 거기서 곡마단 구경을 하던 포그와 아우다는 인간 피라미드를 쌓고 있던 파스파르투와 재회했어. 어떻게든 주인을 만나고 싶었던 저 하인은 자신을 미국에 데려다주는 대가로 힘든 곡예를 자처했던 거지.

감격스러운 상봉이었지만, 미국에 닿은 뒤에도 소동은 끊이질 않았어. 정치 집회에 휘말리기도 했고, 기차 여행 중 다리가 끊기는 경험을 하기도 했거든. 기적이 그들을 구해 주지 않았다면 틀림없이 죽고 말았을 거야. 하이라이트는 원주민 무리와의 총격전이었어. 겨우겨우 역경을 헤치고 헨리에타 호를 잡아탄 주인공 일행은 간신히 리버풀에 도착할 수 있었지. 하지만 호시탐탐 표적을 노리던 픽스에게 붙잡히고 말았단다. 어떻게 조처를 한 탓에 곧 풀려나긴 했지만, 약속 시각에 도착할 수는 없었어. 그것도 단 5분 차이로 말이야. 포그는 억울했지만 그래도 승복해야 했지. 승부는 승부였으니까.

이쯤에서 독자들은 고구마를 잔뜩 먹은 기분이었을 거야. 그렇지만 섣불리 책을 덮으면 안 돼. 깜짝 반전이 있거든. 책을 다 읽은 너는 그게 뭔지 알고 있을 테지만 말이지. 포그는 지구를 '동쪽으로' 돌았기 때문에 경도 1도를 지날 때마다 자신도 모르게 4분을 벌게 된 것이었어. 그땐 아직 날짜변경선이 제정되기 전이었단다. 결국 포그는 내기에 이겼던 거야. 어깨가 한껏 올라간 그가 아우다와 결혼하는 것으로 책은 끝을 맺는단다. 2만 파운드를 상금으로 획득했지만 이미 1만 9천 파운드를 경비로 썼으니 큰 돈을 번 건 아니었어.

쥘 베른이라는 작가

자, 너는 이 멋진 소설을 쓴 프랑스인 소설가가 궁금해질 거다. 쥘 베른은 어렸을 때부터 호기심이 강했던 탓에 모험과 여행을 좋아하는 사람이었단다. 사촌 누이에게 줄 목걸이를 구하기 위해 인도행 상선에 몰래 탔다가 아버지에게 한 소리를 듣기도 했지. (딸아, 첫사랑의 힘이란 그런 것이란다) 그는 대학에서 법학을 전공했지만, 딱딱한 법학 공부는 적성에 맞지 않았어. 베른을 매혹한 건 이야기였지. 열심히 글을 써서 발표했지만, 안타깝게도 그의 작품은 사람들의 시선을 전혀 끌지 못했단다. 계속해서 실패했고 좌절했어. 하지만 그는 아픈 경험조차도 소중히 간직했고 한발 더 나아가기 위한 발판으로 생각했단다.

마침내 그의 재능을 알아본 출판사 편집자의 도

움으로 베른은 30대 중반의 나이에 『기구를 타고 5주간』(1863)을 내놓고 대중의 인기를 얻게 되었어. 그 후엔 탄탄대로였지. 『지구에서 달까지』(1865), 『해저 2만리』(1869), 『15 소년 표류기』(1888) 등 20년 넘게 걸작을 쏟아냈으니까. 1905년 3월 24일 77세를 일기로 사망할 때까지 베른이 남긴 소설은 무려 80여 편에 달했고, 각국 언어로 번역되어 전 세계적으로 사랑받는 작가가 되었지. 베른은 전형적인 '천재형 작가'와는 거리가 멀었어. 어쩌면 그 반대였을 거야. 그의 문학을 완성한 것은 모험에 대한 열정과 집요함이었지.

이 소설을 처음 본 건 초등학교 5학년 때, 친구 집에서였어. 아빠 어렸을 적엔, 세계 명작 문고 시리즈라는 게 있었단다. 그 친구네도 예외는 아니었지. 그날 아빠의 눈에 들어왔던 책이 『80일간의 세계 일주』였단다. 표지엔 검은 양복을 입은 포그와 파스파르투가 어딘가로 급히 뛰어가는 모습이 그려져 있었어. (그로부터 30년이 훌쩍 지난 지금도 그 표지가 생생하구나.) 그런데 안에 담긴 이야기는 더 감동적이어서, 책을 펼친 김에 다 읽어버리고 말았어.

모쪼록 이 이야기가 재미있었기를 바라. 앞서 아빠는 이 책이 행복에 대한 책이라 썼어. 행복, '생활에서 충분한 만족과 기쁨을 느껴 흐뭇함'이라는 뜻이야.

그렇기에 행복은 본질적으로 주관적이고, 객관적으로 측정 불가능한 것이지. 충분한 만족과 기쁨이라는 건 개인마다 다를 것이기에, 절대적 지표를 들이대며 비교할 수 없는 게 당연할 거야.

하지만 19세기 유럽에 자본주의가 정착되면서 행복은 효율성이라는 단일한 기준으로 평가되게 된단다. 이 책의 출간 연도가 1873년인데, 1850년을 넘어서면서 유럽은 엄청난 변화의 물결 속에 들어서게 되거든. 베른의 조국 프랑스에도 1852년 세계 최초로 백화점이 들어서지. 자본주의적 향유의 상징물 말이야. 간단히 말해, 소비하려면 돈이 필요했고, 돈을 벌려면 노력 대비 더 많은 성과를 올려야만 했던 것이지. 즉, 모든 사람을 경쟁상대로 여기고 쉴 틈 없이 질주해야만 했던 거야.

달리고 달려도 제자리

소설가 루이스 캐럴은 『이상한 나라의 앨리스』(1865)의 속편 『거울 나라의 앨리스』(1871)에서 그 점을 예리하게 꼬집은 바 있단다. 달리고 또 달려도 겨우 제자리에만 머무르게 되는 나라로 말이야. 그곳에서 사람들은 쉴 틈도 없이 계속해서 뛰고, 뛰고, 또 뛰어야만 했던 거야. 더 많이 얻게 된 효율로, 고작 '제자리'

를 지키려고 말이지. 그게 자신의 성취고, 또 행복이라 위안 삼으면서. 그게 과연 행복인 걸까? 이 책이 『80일간의 세계 일주』보다 1년 빨리 나왔다는 건 흥미로워. 과연 베른은 캐럴의 책을 읽어 보았을까? 누구도 알 수 없어. 하지만 두 사람이 같은 문제의식을 느꼈던 것만은 확실해 보여.

소설의 도입부가 떠오르니? 포그는 효율성의 화신이었어. 감정이 없던 그는 매일 같은 시간표대로 움직였고, 수온이 1도 다르다는 이유만으로 냉혹하게 하인을 해고했지. 즉흥적으로 결정된 여행을 준비하느라 가스등 끄는 것을 깜박한 파스파르투에겐 가스 요금을 부담하라고 말하기까지 했어. 포그가 신봉하던 가치는 '합리성, 절약, 속도'였으니까. 세계 일주 내기를 흔쾌히 수락한 것도 궁극적으로는 80일 동안에 전 세계를 수학적으로 오차 없이 돌 수 있다는, 치밀한 계산과 판단의 결과물이었던 거야.

그렇게 로봇 같던 포그가 변모한 이유는 무엇이었을까? 경제적으로 아무것도 얻은 게 없었던 남자가 저 긴 여행을 끝냈을 때, 작가는 이렇게 책을 마무리했단다. 그는 세상에서 가장 행복한 남자였다고. 어쩌면 그가 화장되어 죽기 직전이었던 아우다와 원주민에게 포로로 잡혀간 파스파르투를 목숨을 걸고 구하지 않앉다면, 그는 더 빨리 세계 일주를 마칠 수 있었을 거야. 하지만 포그는 그렇게 하지 않았지. 냉혹한 이성의 자리엔 연민과 공감이 끼어들게 되었고, 자신보다 타인을 먼저 배려하게 되었거든. 어느 순간엔 승부 자체에 연연하지 않는 모습을 보이기도 했지. 그는 내기에서 이기는 것보다 자신에게 더 중요한 게 뭔지 깨닫게 된 거야.

그것은 이 약 석 달 동안의 세계 일주가 그에게 준 선물이었지. 행복이란 남들을 앞질러 성취해야 할 목표 같은 게 아니라, 이 순간을 좋은 사람들과 함께 보내는 것이라는 점 말이다. 이제 너도 알았을 거야. 행복은 출발하기 전부터 포그의 눈앞에 주어져 있었던 거란다. 유한한 존재인 우리는 언제나 행복의 의미를 늦게 발견하는 법이다. 그렇지만 그걸 발견한 사람과 그렇지 못한 사람은 엄연히 다르다는 걸, 베른은 우리에게 말해 주고 싶었던 것 같구나.

오늘 편지는 이것으로 줄이마.

사랑하는 아빠가

어떤 책으로 읽을까

언젠가 이 책을 열림원에서 나온 쥘 베른 컬렉션(김석희 역)으로 다시 읽어 보길 바란다. 가장 신뢰 가는 번역가의 손길을 거친 책이기도 하지만, 본문 뒤에 붙은 해설도 읽을 가치가 충분한 명문이란다. 참고로 우리가 전에 읽었던 책은 삼성출판사(이영옥 역)에서 펴낸 청소년용 판본이었어. 아동문학가가 번역했기 때문에 더 친숙했을 거고, 쉽게 읽을 수 있었을 거야.

대화

쥘 베른 트로피가 뭐냐고? 그게 궁금했구나. 그것은 바로 요트를 타고 가장 빨리 세계일주를 한 사람에게 수여되는 트로피의 이름이란다. 선원 수에는 제한이 없는 대신, 보트는 바람과 선원들의 자연적 힘만으로 움직여야 한다는 규정이 있어. 모터와 같은 동력 기관을 사용할 수 없다는 제약을 둔 거지. 참고로 세계 기록은 2017년 프란시스 조이얀이 세운 40일 23시간 30분 30초라고 하는구나.

여섯 번째 편지

오즈의 위대한 마법사

우리는 각자의 소망을
존중해야 해요.

2024년 6월 26일 수요일

L. 프랭크 바움 『오즈의 위대한 마법사』

(1900)

소율에게

얼마 전, 너와 그레고리 맥과이어의 소설 『위키드』(1995) 이야기를 했었지. 이 소설이 어느 오래된 동화에 기대고 있다는 건 다 아는 사실이야. '오즈의 마법사' 말이야. 출간 120년이 넘은 동화가 현재까지도 힘을 발휘한다는 게 놀랍지 않니? 잘 짜인 이야기의 생명력은 그만큼 대단하다는 걸 느끼게 돼.

그런데 '오즈의 마법사'가 긴 시리즈물이라는 걸 아는 사람은 많지 않은 것 같아. 자신이 쓴 책이 폭발적인 인기를 끌자, 고무된 작가 라이먼 프랭크 바움은 1920년까지 총 14권의 '오즈 시리즈'를 써냈어. 그가 죽은 후에도 숱한 작가들이 '후속작'에 달려든 탓에 마법사 이야기는 계속해서 이어질 수 있었단다. 그렇게 모두 40권에 이르게 되었지. 오늘 우리가 읽을 책은 이 '오즈 시리즈'의 출발점이자 대표작인 『오즈의 위대한 마법사』야.

끝없이 뻗은 캔자스 대평원. 이곳에서 소녀 도로시는 애완견 토토, 양부모 엠 아주머니, 헨리 아저씨와 살았어. 세 식구의 작은 목조 주택에는 지하 대피소가 마련되어 있었단다. 캔자스는 토네이도가 빈번하게 발생하는 곳이었기 때문이었지. 강력한 토네이도는 지상 위의 모든 것을 파괴할 수 있을 만큼 엄청난 위력을 가진 자연재해였어. 지역 사람들이라면 모두 방비를 철저히 해 두었을 만큼. 하지만 그날의 토네이도는 상상 그 이상이었단다. 위협을 느낀 아저씨가 가축을 살피러 가고, 아주머니가 지하실로 내려간 사이, 도로시의 집은 하늘로 솟아올랐어. 거대한 회오리바람이 도로시와 토토를 집어삼켰고, 저 멀리 날려 보냈지.

기절해 버린 도로시가 눈을 뜨자, 자신을 북쪽 마녀라고 소개한 한 여인이 감사 인사를 하는 게 아니겠어. "네가 사악한 동쪽 마녀를 죽였단다."

주위를 둘러보니 정말 마녀가 싸늘한 시체가 되어 있었어. 동쪽 마녀는 도로시가 타고 온 집에 깔려 죽고 말았던 거야. 어떻게 하면 캔자스로 돌아갈 수 있는지 묻는 도로시에게 마녀는 마법사 오즈가 살고 있는 에메랄드시로 가 보라고 말해. 그곳의 위대한 마법사가 네 고민을 해결해 줄 거라고 말이지. 도로시에게 은 구두를 선물한 북쪽 마녀는, 여행자의 신변을 지켜 준다는 입맞춤을 남겼지.

노란색 벽돌 길

그렇게 도로시의 모험은 시작되었어. 다행히도 에메랄드시까지는 노란색 벽돌 길이 나 있었지. 싱어송라이터 엘튼 존의 명곡 "Goodbye Yellow Brick Road"(1973)에 영감을 준 바로 그 '노란색 길'이었단다. 길을 따라 마법사의 도시로 가던 중, 도로시는 허수아비, 양철 나무꾼, 사자와 만나게 돼. 각각 뇌, 심장, 용기를 원했던 저들은 위대한 마법사를 찾아간다는 도로시의 말을 듣곤 기꺼이 동행이 되었어.

모험가들에게 필연적으로 따르게 되는 어려움을 극복한 도로시 일행. 그들은 무사히 에메랄드시에 입성할 수 있었지. 도시 상황을 잘 아는 초록빛 남자의 충고대로 도시의 광채로부터 눈을 보호하기 위해 녹색 안경도 썼어. 마법사의 궁에 들어간 일행은 하루에 한 사람씩만 만나겠다는 오즈의 명을 따라야 했지. 신기하게도 그들이 목격한 오즈의 생김새는 제각각이었어. 큰 머리였다가는, 왕관 쓴 여인이었고, 거대한 괴물이 되었다간, 활활 타오르는 불덩이로 변했으니까.

드디어 네 여행객 앞에 등장한 오즈. 그는 "사악한 서쪽 마녀를 죽여야만 소원을 들어주겠다"라고 못을 박았지. 그의 말에 타협안이나 절충안이라는 건 존재하지 않았어. 선택의 여지가 없었던 도로시와 친구들은 즉시 서쪽 마녀의 땅으로 향했지.

불청객들과 마주한 서쪽 마녀. 그녀는 어떻게든 침입자들을 막아내려 했지만 여의찮았어. 최후의 수단으로 마녀는 황금 모자로 날개 달린 원숭이 부대를 소환하게 되지. 원숭이 부대는 모자 주인의 명령이라면 어떤 것이든 복종했고, 주인의 세 가지 소원을 이뤄줄 수 있었어. 마녀의 분부에 따라 원숭이들은 양철 나무꾼을 절벽에서 떨어뜨렸고, 허수아비를 망가뜨렸단다. 이어 사자를 우리에 가두고는 마침내 목표 도로시를 생포해 마녀 앞에 대령했지. 도로시의 구두를 탐냈던 마녀는 어떻게든 훔쳐내려고 했지만, 도로시가 그걸 호락호락하게 넘겨줄 리 없었지. 잔뜩 화가 난 도로시가 물을 끼얹자, 마녀의 몸이 점점 녹아내렸어. 마녀의 치명적 약점이 바로 물이었거든. 도로시가 약점을 알고 물을 뿌린 건 아니었지만 말이야.

마법사의 정체

어렵사리 마녀를 물리치고 오즈에게 돌아온 도로시 일행은 희망에 부풀어 있었어. 그러나 그 희망이 꺾이기까지는 그다지 오랜 시간이 걸리지 않았지. 저명한 마법사로 알려진 오즈의 정체는 사기꾼이었으니까. 큰 머리도, 여인도, 괴물도, 불도 모두 무대 연출을 위한 소품에 지나지 않았던 거야. 실망한 일행들을 본 오즈는 자신의 권위를 지키기 위해 저들이 원했던 뇌, 심장, 용기를 보상으로 만들어 주었지. 사실 그 모든 건 다 가짜였지만 말이야. 어쨌든 받는 상대가 만족했으니 그걸로 된 게 아니었겠어?

하지만 도로시를 집으로 보내는 방안만큼은 구상하지 못했던 것 같아. 결국 오즈는 열기구를 타고 에메랄드시에서 달아나는 선택을 했단다. 유일한 희망이었던 마법사가 도망치면서 이제 도로시가 돌아갈 수 있는 방도는 영영 사라진 듯했어.

그렇지만 굳센 의지의 도로시는 포기하지 않았단다. 소녀는 어떻게든 집으로 갈 방법을 찾기 위해 남쪽 나라로 향했어. 도로시는 그곳에서 착한 마녀 글린다와 대면하게 돼. 도로시로부터 황금 모자를 받아든 글린다는 원숭이 무리에게 세 가지 명령을 내려. 남쪽 마녀는 허수아비, 양철 나무꾼, 사자를 모두 통치자로 바꾸어 놓지. 글린다는 어렵사리 얻은 세 가지 소원을 그런 식으로 소진해 버렸어.

그렇다면 도로시는? 그녀는 어떻게 자신을 집으로 데려다 줄 것인지 물었어. 마녀의 답은 다음과 같았단다. "신고 있는 구두의 굽을 세 번 땅에 맞부딪치고, 구두에게 가고 싶은 곳을 말하면 소원이 이루어질 것이다."

도로시는 글린다의 말대로 행동했어. 그러자 소녀의 몸이 하늘로 떠올랐지. 어느덧 도로시는 광활한 캔자스 평원에 도착하게 되었어. 눈앞엔 낯선 집 하나가 놓여 있었지. 그것은 도로시를 누구보다 예뻐하는 부부가 새롭게 지은 집이었단다. 긴 여행의 끝이었지. 도로시가 새 집 앞에서 엠 아주머니와 재회하며 이 흥미진진한 판타지는 막을 내리게 돼.

늦게 데뷔한 작가

이 가슴 훈훈해지는 동화를 쓴 작가 바움은 1856년 제법 부유한 집안의 9남매 중 일곱째로 태어났어. 안타깝게도 무사히 성인이 된 아이는 자신을 포함해 단 다섯이었다고 해. 바움은 육군사관학교에 입학했지만, 쓸데없는 공상을 한다는 이유로 중도에 그만두어야 했어. 이후 우표 대리점 사업, 가금류 사육, 연극배우 등 다양한 직업을 거쳤던 그는 나이 마흔을 넘기고 서야 첫 책을 내놓았단다. 그러니까 꽤 늦게 작가로 데 뷔했던 거지. 자신의 글이 사람들로부터 괜찮은 반응을 얻자, 바움은 삽화가 윌리엄 W. 덴슬로와 같이 『오즈의 위대한 마법사』를 발표했는데 이게 대박이 터졌어. 전 세계적인 베스트셀러가 되었으니까. 그러니까 바움은 대기만성형 인간이었던 거야.

아빠는 '오즈의 마법사'를 책보다 영화로 먼저 봤단다. 「바람과 함께 사라지다」(1939)로 잘 알려진 빅터 플레밍 감독이 선보인 이 뮤지컬 영화는 아빠 연배에겐 별다른 설명이 필요 없는 작품이야. 한때 텔레비전만 틀면 나왔기 때문이지. 아빠가 영화에 해박한 사람은 아니지만, 도로시 역을 맡은 주디 갤런드의 연기와 노래는 '대체 불가'가 아닐까 싶어. 주디가 불러 영화에 삽입된 "Over the Rainbow"(1939)는 클리프 리처드, 에바 캐시디 등 유명 가수들의 커버곡이 되었고, 팝 역사상 가장 위대한 노래로 손꼽히고 있지. 전혀 과장이 아니야. 매체 리스트에서 이 곡은 최상단을 이탈한 적이 없으니까.

그러면 우리는 이 책으로부터 무엇을 느끼고 배울 수 있을까? 우선 말할 수 있는 건 이거야. 당신에게 최고로 소중한 건 당신이 지금 가지고 있다는 것 말이야. 작가는 책 곳곳에 힌트를 주고 있어. 뇌를 갖고 싶은 허수아비가 지혜를 통해 일행을 구하고, 심장이 없는 양철 나무꾼이 눈물을 펑펑 쏟는다거나, 용기를 갈구하던 사자가 위기에 처한 친구들을 위해 무서운 적에게 덤벼들었던 것 말이야. "너희들은 이미 자신이 원하는 바를 갖고 있다"라는 오즈의 말은 놀랍게도 진실이었던 거지. 어떻게 보면, 도로시도 진작 집에 돌아갈 수 있었어. 다만 구두 사용법을 몰랐을 뿐이었지.

가장 소중한 건 지금 가지고 있다

중요한 건 이거야. 캐릭터들이 깨달음을 얻기 위해서는 기나긴 모험이 있어야 했다는 것. 다시 말해, 조언은 어디까지나 남이 해 준 조언일 뿐이라는 거지. 스스로 부딪쳐 깨우치는 과정이 없다면, 우리가 찾던 보물은 평생 구할 수 없다는 거란다. 그게 동화 『오즈의 위대한 마법사』가 독자들에게 '위대한' 교훈을 주는 순간이야.

다음으로 언급해야 하는 건 이러해. 당신은 자신에게 가장 고귀한 것을 타인을 위해 포기할 수 있는가? 마법 모자를 훔쳐쥔 글린다는 그게 어떤 것이든 자신의 소원을 이룰 수 있었어. 그것도 세 가지나 말이지. 그렇지만 글린다는 그렇게 하지 않았어. 그녀는 허수아비를 에메랄드시를 다스리는 사람으로, 양철 나무꾼을 서쪽 나라 윙키들의 지도자로, 사자를 머리를 쏘는 망치들의 언덕 너머에 있는 오래된 숲의 왕으로 만들었거든. 그로부터 어떤 대가도 요구하지 않았지. 혹시 그 장면에서 어떤 노인이 생각나지 않니? 예전에 감상했던 프레데리크 바크의 애니메이션 「나무를 심은 사람」(1987)의 주인공, 엘제아르 부피에 말이야.

부피에는 황폐해진 산에 도토리를 심었지. 씨앗은 야생동물의 먹이가 되거나 제대로 크지 못할 수 있었기에, 도토리가 떡갈나무로 자랄 확률은 10퍼센트가 되지 않았어. 하지만 노인은 성공률 같은 건 계산하지 않았단다. 흔들림 없이 매일매일 자신이 해야 할 일을 제대로 수행해 나아갔을 뿐이지. 정치가들이나 공무원 부서도 해내지 못한 걸, 한 개인이 일궈 낸 모습이 뭉클한 감동을 주는 장면이었단다. 사람들이 성공 여부를 고민하면서 셈을 하고 있을 때, 용기 있는 자는 그냥 행하는 법이야.

부피에는 자신에게 주어진 가장 중요한 것, 그러니까 자신의 시간을 아낌없이 후손들을 위해 쏟아 넣었어. 모두가 그렇게 할 수 있는 것도 아니고, 반드시 그렇게 해야 하는 것도 아니야. 그렇지만 이걸 생각해 주었으면 해. 내 손으로 이뤄 낸 것처럼 보이는 성취나 결과 뒤엔 필경 다른 사람들의 노력이 있다는 걸 말이야. 몇몇 사람들은 자신이 잘났기 때문에, 자기 능력이 남보다 탁월해서 뭔가를 이뤄냈다고 여기지.

하지만 단언컨대 그럴 리 없어. 부모님의 경제적 지원, 친구의 정신적 보살핌, 연인의 사랑, 코치의 멘토링, 부피에처럼 정체를 꼭꼭 숨긴 사람들의 도움이 없었다면 그는 그런 성과를 낼 수 없었을 거야. 장담할 수 있단다.

『오즈의 위대한 마법사』로 돌아가 볼게. 자신의 통치 구역을 도로시 일행에게 넘기고, 오마하로 날아가는 오즈의 마지막은 어때? 그는 사기꾼이었고, 한때는 손 하나 까딱하지 않고 경쟁자 서쪽 마녀를 제거하려는 나쁜 마음을 품었었지. 그러나 아빠는 이 대목에서 권력이란 특정인의 전유물일 수 없다는 메시지를 읽을 수 있었단다. 시민들이 자신보다 허수아비를 더 원한다는 걸 알게 되자, 오즈는 미련 없이 에메랄드 시를 떠났던 거지. 물론 고향에도 가고 싶었을 것이고. 적어도 저 마법사는 양심을 완전히 저버린 사기꾼은 아니었던 거야.

사랑하는 아빠가

어떤 책으로 읽을까

어린이책 출판사 비룡소에서 '비룡소 클래식'으로 엮은 번역본(김영진 역), 마찬가지로 어린이책 출판사인 시공주니어에서 '네버랜드 클래식'으로 펴낸 번역본(김석희 역), 얼마 전 지식을만드는지식에서 나온 번역본(강석주 역) 등을 추천할 만해. 지식을만드는지식의 책은 풍부한 해설과 윌리엄 W. 덴슬로의 원본 삽화 148점을 빠뜨리지 않고 수록했다는 장점이 있어.

대화

── 이 책이 인상 깊었던 이유는 뭐야?
── 다 떠나서 이야기가 흥미롭잖아요. 이야기가 탄탄하고 재미있다면 그걸로 충분하다고 생각해요.
── 너는 어떤 장면이 가장 기억에 남아?
── 도로시 일행이 서쪽 마녀를 무찌르기 위해 떠난 장면이요. 소녀가 씩씩하게 낯선 땅으로 향한 모습이 인상 깊었어요. 오즈의 왕국에 떨어진 지 얼마 되지도 않았는데, 다시 모든 주민이 무서워하는 서쪽 마

너를 물리치러 간다는 건 쉬운 일이 아니잖아요? 끝내 두려움을 이겨낸 도로시가 대단하단 생각이 들어요.

── 가장 마음에 드는 캐릭터는 있어?

── 남쪽 마녀 글린다를 좋아해요. 그녀는 일면식도 없는 낯선 이들의 소원을 들어주었잖아요. 그건 말처럼 쉬운 게 아닌 것 같아요.

── 네가 글린다였어도 그렇게 했을 것 같아?

── 음…… 그럴 자신은 없어요. 그래도 소원 한두 개 정도는 다른 사람을 위해서 사용하고 싶어요. 특히 보살핌이 필요한 사람들을 위해서요.

── 함께 관람했던 영화 「위키드」(2024)에 대한 감상을 말해 줄래? 아빠는 어서 2탄을 보고 싶어.

── 이건 동화와는 달리 서쪽 마녀 엘파바랑 남쪽 마녀 글린다의 이야기예요. 엘파바는 유년 시절부터 따돌림당하는 캐릭터잖아요. 그런데 글린다는 그녀와는 정반대 캐릭터예요. 모든 친구가 좋아하는 퀸카로 나오니까요. 둘은 더없이 친한 사이가 되었지만, 마지막 장면에서는 헤어지고 말죠. 처음엔 왜 그런 설정을 넣었을까 싶었어요. 그런데 다시 생각해 보니 그런 선택은 필연적이었던 것 같아요. 글린다가 원했던 건 위대한 마법사가 되는 것이었고, 엘파바가 원했던 건 자유롭게 살아가는 것이었으니까요. 그게 두 사람

의 소망이었죠. 그리고 우린 그런 각자의 소망을 존중해야 해요.

일곱 번째 편지

허클베리 핀의 모험

닥칠 수 있는 불이익보다 짐의
권리와 자유를 먼저 생각했다.

2024년 6월 28일 금요일

마크 트웨인 『허클베리 핀의 모험』

(1885)

소율에게

　6월 말, 어느덧 한 해의 반환점에 도달했구나. 이 맘때쯤이면 연초에 세운 계획이 잘 지켜지고 있는지 점검하게 된단다. 운동은 꾸준히 하고 있는지, 사람들에겐 친절하게 대하고 있는지, 충분한 휴식을 취하고 있는지 말이다. 어젯밤, 과연 내가 그러고 있는지 차분히 되짚어 봤단다. 어떤 항목은 열심히 하고 있는 것 같지만, 어떤 항목은 기대에 미치지 못했더구나. 그래도 아직 하반기가 남았으니 희망은 버리지 않고 있다. 왜 지키지 못했을까 자책하지는 않으려고 해. 잘 지키고 있는 것도 있으니 말이야. 딸아, 너의 상반기는 어땠는지 궁금하구나.

"『톰 소여의 모험』(1876)이 『호빗』(1937)이라면, 『허클베리 핀의 모험』은 『반지의 제왕』(1954)이다." 미국 온라인 커뮤니티 레딧에 누군가 이렇게 썼더구나. 순간 웃음이 나왔지만, 이내 고개가 끄덕여지더라고. 어떻게 보면, 『허클베리 핀의 모험』은 가장 위대한 스핀오프(본편에서 파생된 번외작)라 해도 틀리지 않으니까.

오해를 피하기 위해 덧붙이자면, 『톰 소여의 모험』이 평범한 책이라는 건 아니야. 그만큼 『허클베리 핀』이 대단하다는 거니까. 이 흥미진진하고 감동적인 소설이 아동 문학이나 가벼운 모험물 정도로만 소비되는 게 아쉬울 따름이지. 물론 마크 트웨인이 이런 말을 좋아했을 것 같지는 않아. 도입부에 친히 적어 둔 경고문을 읽는다면 말이야. "이 이야기로부터 어떤 동기를 찾으려 하는 자들은 기소당할 것이다. 교훈을 찾고자 하는 자들은 추방될 것이다. 플롯을 찾고자 하는 자들은 총살당할지어다."

남북전쟁 20년 전

소설의 배경은 1830~40년대 미국 남부, 미시시피강 유역이야. 노예제 존속을 둘러싸고 벌어진 남북전쟁 발발 시점이 1861년이니, 대략 그 20년 전을 다루고 있다고 보면 돼. 줄거리 파악을 위해 잠시 전작을 언급하자면, 허클베리(이하 헉)는 절친 톰 소여와 동굴에서 보물을 발견했고 그걸 절반씩 나눠 갖기로 해. 하루아침에 벼락부자가 된 거지. 헉의 재산은 존경받는 마을 어른 새처 판사가 맡아 관리하기로 했단다. 성인이 될 때까지는 헉은 1주일에 1달러씩 용돈을 받기로 했어. 그 시절 1달러라는 돈은 현재 가치로 환산하면 꽤 큰 금액이라고 하더구나. 하지만 저 헉이란 아이는 그런 것엔 도통 관심이 없어 보였어. 대자연에서 보내는 하루하루가 즐거울 뿐이었으니까.

동굴 탐험 이후, 헉은 더글러스 부인의 양자로 들어갔어. 아버지란 작자가 있긴 했지만, 도저히 알코올 중독자에게 양육권을 줄 수 없다는 판단이 내려졌기 때문이야. 헉을 맡게 된 더글러스 부인과 그녀의 동생 왓슨 부인은 생각보다 나쁜 사람들은 아니었어. 다만 헉과 맞지 않았을 뿐이었지. 강제되는 식사 예절, 성경 강독 같은 건 헉에겐 강압적이기만 하고 따분하게 느껴졌거든. 본인은 담배를 즐기면서 자신에겐 흡연을 금지하는 이중적 태도도 참기 어려웠을 거고. 소위 중산층의 교양이라는 건 자연인 헉에겐 속박처럼 느껴졌을 거야.

그러던 어느 날, 헉의 아버지가 불쑥 나타났어. 아

들에게 돈이 있다는 냄새를 맡은 거였지. 처음부터 자식 같은 건 안중에도 없었던 저 사내는 아들의 유일한 핏줄임을 강조했고, 헉의 재산이 자기 것임을 요구하고 나섰지. 야금야금 판사로부터 푼돈을 타내던 그는 계획대로 일이 풀리지 않자 급기야는 아들을 유괴했어. 이윽고 헉을 외딴 오두막에 감금하기에 이르렀지. 그건 명백한 범죄 행위였어. 게다가 수가 틀리는 날엔 채찍으로 마구 때리기까지 했단다.

그런데 아이러니하게도 헉은 그런 감금 생활이 썩 나쁘지만은 않았던 것 같아. 이제 자신에게 이래라저래라 할 사람들이 없어졌기 때문이었어. 그렇지만 자유인의 피를 억누를 수는 없었단다. 하루하루 갈수록 헉은 아버지의 손아귀에서 벗어나고 싶어졌지. 결국 그는 오두막에 돼지 피를 뿌려 자신이 살해당한 것처럼 위장하곤, 강 중턱에 있는 잭슨 섬으로 달아나 숨게 돼.

쫓기는 노예 짐

그곳에서 헉은 왓슨 부인의 노예 짐을 만나. 짐은 우연히 주인이 자신을 팔아넘긴다는 말을 엿듣고는 깜짝 놀라 그곳으로 피신을 온 것이었지. 그러니까 그는 도망 노예(fugitive slave) 신분인 셈이었어. 통상적으로 도망 노예에겐 현상금이 내걸리는데, 현상금 사냥꾼들이 그를 추적하고 있었던 거지.

홍수가 내리던 날, 두 사람은 강물에 떠내려온 집 안에서 시체 한 구를 발견해. 그리고 그 신원을 알 수 없는 시체를 뒤로한 채 적당히 챙긴 물건들을 뗏목에 싣게 되지. 이후 두 사람은 미시시피강을 따라 긴 여행을 떠나게 된단다. 본문 18장에 나오는 것처럼 뗏목 위에서의 삶이란 "그 이상의 집이란 없는, 다른 곳에서는 갑갑해 숨이 막히는데 너무나 자유롭고 편안하고 안락한" 것이었단다.

하지만 여정이 꼭 유쾌한 것만은 아니었어. 가는 곳마다 말썽이 생기고 악당이 출현했으니 말이지. 그들은 돈 분배를 빌미 삼아 동료를 살해하려던 범죄자들을 봤어. 앙숙 관계인 두 집안의 총격전을 바로 옆에서 목격하기도 했지. 그중에서도 압권은 자기가 명문가 귀족이고 루이 16세의 아들이라고 주장한 두 사기꾼, '가짜 공작' 및 '가짜 왕'과의 만남일 거야. 한눈에 서로의 '사기꾼 역량'을 알아본 저들은 즉석에서 한 팀을 이루었지. 두 사람은 눈물 어린 호소, 돈값 못하는 부실 연극 등 온갖 사기 행각을 벌이며 사람들의 돈을 뜯어냈어. 하지만 꼬리가 길었단다. 사망한 동네 유력자의 혈육을 자처하며 그의 유산을 가로채려다 그만 정체가 드러났던 거지.

목적 달성에 실패하고 눈이 뒤집힌 두 불한당은 짐을 다른 이에게 팔아넘기고 말아. 둘도 없는 친구를 잃어버린 헉은 짐의 행방을 수소문하다 파이크스빌이라는 마을에 이르게 되었지. 우연하게도 짐이 붙잡히게 된 그곳은 톰 소여의 친척 샐리 부인의 집이었단다. 마침 톰이 그곳에 오기로 약속이 되었던 탓에 그녀는 그만 헉을 톰으로 오해해 버렸어.

뒤늦게 도착한 톰과 함께 헉은 짐을 구출하기 위한 작전에 돌입해. 여기가 마크 트웨인의 상상력이 분출하는 지점이라 할 수 있지. 짐을 쉽게 구할 수 있었음에도, 모험 이야기 중독자 톰은 굳이 어려운 길을 고집하거든. 숟가락으로 땅 파기, 이불로 만든 탈출용 밧줄을 숨긴 마녀 파이 굽기, 거미·뱀·쥐 풀어놓기, 피 글씨가 새겨질 엄청나게 무거운 숫돌 들여놓기 등등. 이 대목을 읽고 있자면 "반드시 독자, 너를 웃겨 주겠다"라는 작가의 다짐이 엿보이는 것만 같아. 톰의 기괴한 설정 놀이는 "살인자 무리가 오늘 밤, 귀댁의 노예를 훔쳐 가려고 모의했다"라는 편지에서 정점을 찍어. 마침내 그들은 짐 빼내기에 성공하게 돼. 하지만 그 과정에서 톰은 다리에 심한 총상을 입고 말지.

하지만 톰은 짐이 해방되었음을 진작부터 알고

있었어. 왓슨 부인이 숨을 거두며 짐을 풀어 주겠다는 유언을 남겨 놓았으니 말이야. (톰은 그걸 알면서 무리한 설정극을 계속했던 거지.) 짐은 톰의 회복을 위해 성심성의껏 그를 간호했고, 톰을 치료한 의사의 입을 통해 그 사실이 주민들에게 알려지게 돼. 이제 보복 폭행이나 살해에 대한 걱정 없이, 무사히 밖을 다닐 수 있게 된 거지. 자유를 찾은 짐은 헉에게 홍수가 나던 날, 떠내려온 변사체가 실은 헉의 아버지였다고 털어놓아. 방해물 아버지가 죽게 되면서, 헉 역시 완전한 자유를 얻게 된 거야.

미국 문학의 탄생

한 작가를 찬양하는 방법 중 가장 수월한 건 다른 작가들이 쓴 찬양을 끌어오는 것이란다. 이건 좀 게으르고도 구태의연한 방식이지만, 대상이 마크 트웨인이라면 이 방식도 나쁘지 않겠구나. 언젠가 소설가 헤밍웨이는 이렇게 말한 적이 있어. "모든 현대 미국 문학은 『허클베리 핀』으로부터 탄생했다." 하지만 문학가들만 그를 좋아했던 건 아니었어. 아빠가 좋아하는 캐나다의 전설적인 록 트리오 러시는 톰 소여의 캐릭터를 가지고 곡을 쓰기도 했단다.

과장 하나 없이 본명 새뮤얼 롱혼 클레멘스, 필명

마크 트웨인은 '작가들의 작가'였음이 틀림없어. 유머, 풍자, 상징으로 가득한 그의 문학 세계는 여전히 발굴을 기다리고 있는 것 같구나. 국내에 번역도 된 작품이지만 네겐 사람들이 잘 모르는 「캘러베러스 카운티의 유명한 뜀뛰는 개구리」(1865)를 추천하도록 할게. 트웨인이 왜 최고의 재담꾼인지를 보여 준 단편이야.

장난꾸러기 헉의 존재를 알았던 건, 어린 시절 TV(틈만 나면 텔레비전 앞에 앉던 시기였어)에서 보았던 애니메이션 덕분이었어. 지금도 주제가가 드문드문 떠오르는구나. 그걸 보았을 때 세상에 이렇게 재미있는 이야기가 또 있나 싶을 정도였단다. 그 후 헉과 톰이 주인공인 두 소설을 모두 읽게 되었지. 한 번뿐이었던 소중한 유년 시절. 그 어딘가 분명히 헉과 톰이 있었으니, 개인적으로도 참 고마운 캐릭터들이라 말해야겠구나.

『허클베리 핀의 모험』을 너와 함께 읽을 고전으로 꼽고 편지를 쓰는 데는 나름의 이유가 있어. 미국 개척 정신을 담은 책이라거나, 사실주의 문학을 대표하는 소설이라는 평가는 고려 대상이 아니었단다. 그보다는 인간을 고뇌하게 만드는 상황과 양심의 문제를 그 어떤 작품보다 잘 반영하고 있기 때문이었지.

이런 말을 미리 할 필요까지는 없겠다만, 살아가

다 보면 우리는 때로는 인간 최후의 성채인 양심과 마주하는 상황에 놓이게 된단다. 그때, 우리는 어떤 선택을 할 수 있을까? 이렇게 되면 꽤 윤리적인 질문이 된다. 이 소설 안엔 주인공 허클베리 핀이 엄연한 윤리적 주체였음을 보여 주는 몇몇 대목들이 있어.

허클베리 핀의 양심

31장. 헉은 '도망 노예 짐의 탈주를 자신이 도와주는 것이 옳은가?'에 대해 고민하고 있지. 그는 자신에게 말을 걸어. 노예 짐은 왓슨 부인의 소유이다. 그런데 나는 자신에게 그 어떤 해악도 끼친 적이 없는 노파에게 죄를 범하고 있는 것이다. 신이 나를 지켜보고 있다. 더 이상 마음의 죄를 감출 수 없다는 것을 알았던 헉은 곧장 왓슨 부인 앞으로 편지를 쓰게 되지. "왓슨 아주머니께. 아주머니의 도망 노예 짐은 파이크스빌 아래 2마일 부근에 있어요."

그런데 헉은 그토록 정성껏 썼던 편지를 북, 찢어 버리게 돼. 그렇다면 대체 무엇이 그를 변화하도록 했을까? 내면의 양심이었어. 헉은 여행 내내 그를 곁에서 지키며, 배려해 주었던 짐을 도저히 배신할 수 없었던 거야. 그에게 짐과의 우정은 세상의 그 어떤 규칙보다 우선하는 것이었지. 그래서 그는 기꺼이 죄를 짓기로 해. "그래, 그렇담 나는 지옥으로 가겠어!"

그 결정을 내린 순간, 헉은 누구보다 용감한 아이였어. 도망 노예와 항해하며 닥칠 수 있는 불이익보다 짐의 권리와 자유를 먼저 생각했으니까 말이야. 설마 신이었다고 해도 저런 사유를 하는 아이를 지옥으로 보내지는 않았겠지.

양심은 잔인하다

33장. 왕과 공작이 온갖 사기를 치고 다니다 마을 사람들에게 붙들려 린치*를 당하는 장면이야. 막대에 대롱대롱 매달려 타르와 깃털을 뒤집어쓴 죄인들의 모습은 참혹하기 그지없었지. 헉은 사람들에게 끌려가는 왕과 공작을 보며 읊조려. "인간이란 타인에 대해 끔찍할 만큼 잔혹해질 수 있는 것이다……. 인간의 양심이란 건 이치에 닿지 않는다 해도, 어쨌든 인간을 책하게 될 뿐이다. 만약 인간의 양심만큼 분별을 모르는 잡종 개가 있다면 나는 그놈을 독살해 버릴 테다. 양심은 인간의 내장 전부보다 더 많은 공간을 차지하고 있으면서도 아무런 소용도 없는 녀석이다."

거기서 두 사기꾼의 범죄가 덮어진다고 생각할 필요는 없어. 그것과는 별개로 헉은 평소 도덕적인 삶

---

* 정당한 법적 절차 없이 상대방에게 마구 폭력을 휘두르는 것.

을 산다고 자부하는 사람들의 위선적 행태를 꼬집고 있는 것이니까 말이야. 비록 헉은 어린애였지만 사적 폭력을 정당화하고 묵인하는 사람들의 양심은 올바르게 작동할 수 없음을 꿰뚫고 있어. 마을 사람들이 두 사람에게 가했던 '타르와 깃털 바르기'는 악명 높은 인종차별 집단 쿠 클럭스 클랜이 즐겨 사용했던 고문이었단다. 트웨인은 흑인에 대한 백인들의 폭력을(덧붙여 인종차별을) 비꼬고 있는 것이지. 사법 절차를 무시한 채 폭력을 행사하는 마을 사람들의 행태를 봐. 광기에 휩싸인 집단 속에서 개인의 양심이란 참으로 무력했을 것 같구나.

이번에도 유익한 독서였다. 아빠도 간만에 헉을 만나 좋았어. 참고로 주인공 헉이 뗏목으로 이동한 거리는 자그마치 880킬로미터나 된다고 해. 십대 초반 아이가 서울-부산의 2배 거리를 헤쳐 나간 것이지. 놀랍지 않니?

사랑하는 아빠가

어떤 책으로 읽을까

아빠가 읽은 건 범우사 판(김병철 역)과 민음사 판(김욱동 역) 두 가지인데, 솔직히 둘 다 추천할 수 있는지는 잘 모르겠어. 찾아보니 상세한 주석이 붙은 현대문학사 판(박중서 역)이 가장 낫다는 평이 있는데, 이제는 절판 상태라 구하기 힘들구나. 참고로 『허클베리 핀의 모험』은 저작권이 만료된 책이기에, 프로젝트 구텐베르크(Project Gutenberg)를 통해 원문을 찾아볼 수 있단다.

대화

아, 쿠 클럭스 클랜이 셜록 홈스가 등장하는 탐정소설 「다섯 개의 오렌지 씨앗」(1891)에 나온 단체 KKK와 같은 것인지 궁금했구나? 답부터 말해 주면, 맞아. 둘은 동일한 단체야. 1865년 미국 남부에서 결성된 KKK는 흑인들과 그들을 도와주던 백인들을 상대로 살인, 폭력, 방화를 일삼던 극우 테러리스트 집단이었어. KKK는 자신들의 범죄 행각이 담긴 문서를 가진 오펜쇼 가문을 표적으로 삼았고, 집안사람들을 차례 차례 살해해 나가지. 너도 읽어봤다시피, 이 에피소드는 홈스의 처절한 실패로 끝나. 의뢰인 존 오펜쇼가 살해당했을뿐더러, 범인은 잡지도 못했으니 말이야. 탐정이 항상 승리할 수는 없다는 걸 보여주는 굉장히 현실적인 작품이지.

여덟 번째 편지

아Q정전

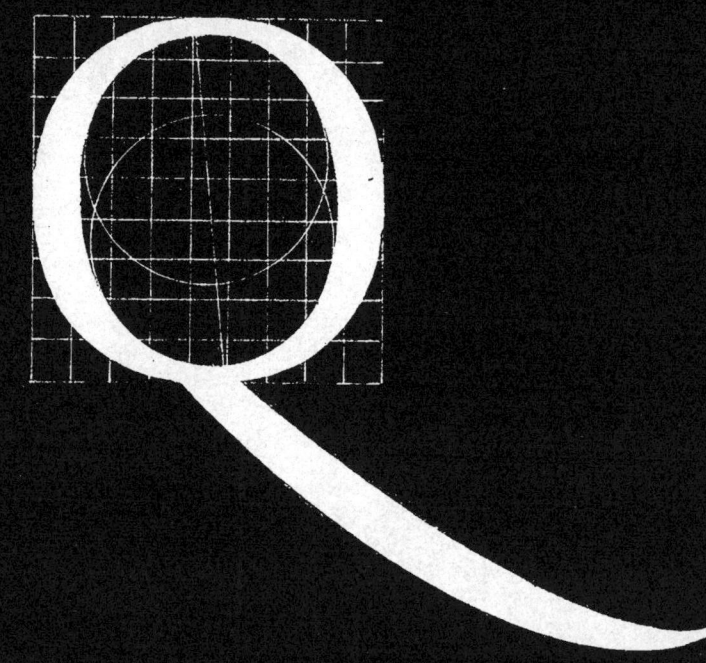

정신 승리법에 따르면,
최종적으로 승리하는 건
언제나 '자기 자신'이 되는
거야.

2024년 7월 4일 목요일

루쉰 『아Q정전』

(1921)

소율에게

안개가 피어올랐다. 갑자기 시야가 뿌옇게 변하더니, 산책로가 회색으로 물들어 버렸다. 운치 있는 아침이라 생각하며 작업실로 돌아오니, 언제 그랬냐는 듯 햇볕이 쨍쨍하구나. 거짓말처럼 안개는 사라졌다. 산, 장마철, 바다가 합작한 기상의 조화다. 오후부터는 비가 온다고 해. 빨래는 하루 미루려고 한다. 어차피 잘 마르지 않을 테니.

어느덧 우리의 독서가 열 권에 근접하고 있구나. 함께하는 공부란 혼자만 열정적이라고 잘 되는 게 아니지. 다 네가 열심히 독서하고 참여해 준 덕이다. 너와 책을 읽고 대화하는 동안 아빠도 아주 즐겁고 재미

있었어. 영국 작가 데이비드 허버트 로런스는 어떤 시에서 뭔가를 하려면 "웃으면서 즐기면서 하라"라고 조언한 적이 있는데, 지금까지는 그래도 잘 해 온 것 같네. 나의 동료여, 앞으로도 잘 부탁해.

그런 오늘도 즐겁게 시작해 보자. 처음으로 동양인 작가의 책을 준비해 봤어. 중국인 문학가 겸 혁명가 루쉰의 소설 『아Q정전』이란다. 아빠가 이 책을 처음 읽었던 건, 금색으로 치장된 두툼한 세계문학 전집을 통해서였어. 그때는 그저 주인공이 어리석고 우스꽝스럽게 보이기만 했지. 책이 어떤 배경에서 쓰였고, 또 작가가 뭘 이야기하고자 했는지 몰랐거든. 그로부터 시간이 많이 흐른 뒤, 작품을 두 번째로 읽게 되면서 가볍지 않은 메시지가 담겨 있음을 알게 되었지. 자, 그러면 이 짧지만 묵직한 소설 안으로 들어가 볼까?

존재감 없지만 자존심 강한

청나라 말기, 웨이좡이라는 마을에 아Q라는 남자가 살았어. 그는 이렇다 할 집도 직업도 없이 사당에서 기거하며 날품을 팔았지. 아Q는 전혀 눈에 띄는 인물이 아니었어. 누구도 그에게 주목하지 않을 만큼 말이야. 진짜 이름과 가문을 아는 사람도 없었지. 거리에서 방금 스쳐 지나간다 해도, 족히 몇 초 뒤엔 아무도 그에 대해 설명하지 못했을 거야. 아Q는 그만큼 존재감 없는 사람이었단다.

한데 아Q는 자존심이 너무나도 강했어. 누군가와 시비라도 붙게 되면 자신이 네놈보다 더 뛰어나고, 더 잘살았다는 말을 입에 달고 살 만큼. 그는 과거 자신이 얼마나 잘나갔는지, 얼마나 대단한 사람이었는지를 과시하지 않고는 견디지 못했어. 문제는 그런 게 다 거짓말이었다는 것이지. 거짓 행각이 들통난 아Q는 그야말로 탈탈 털리고 말았어. 마을 유지인 자오 나리의 친척 행세를 하다 얻어맞기도 했고, 자기보다 못해 보이는 남자 왕 털보에게 욕을 퍼붓다 머리채를 잡히곤 망신을 당하기도 했거든. 하지만 한 번도 자신의 패배를 인정하지 않았지. 그의 태도를 '정신 승리법'이라고 해. 정신 승리법에 따르면, 최종적으로 승리하는 건 언제나 '자기 자신'이 되는 거야. 더 옳고 정당한 쪽은 타인이 아닌 내 쪽이니까.

참으로 비루한 전략이었지. 그러나 아Q에게 자기반성 같은 건 있을 수 없었고, 고독한 인정 투쟁은 지속되었어. 그의 일상은 위태위태했지. 자오 나리 댁 여자 하인을 희롱한 사건은 결정타가 되었어. 크게 망신을 당한 그는, 얼마 남지 않았던 재산(그래 봐야 보잘것없는 잡동사니뿐이었지만)을 모두 잃게 되었단다.

하나뿐인 일자리도 평소 무시하던 샤오 D라는 녀석에게 넘겨주게 되었지. 분개한 아Q는 절간의 무를 훔쳐 먹으며 이렇게 다짐했어. "그래, 성안으로 가자. 그곳에 가면 일자리가 있을 거야."

한동안 사람들의 시야에서 사라졌던 아Q. 그가 웨이쫭에서 목격된 건 가을 무렵이었어. 그런데 놀라운 일이 벌어졌지. 무시당하던 아Q는 매일 사람들의 입에 오르내리고 있었으니까. 거의 유명 인사라 할 만했어. 그는 자신이 성안에서 과거에 급제한 거인(擧人) 나리의 집안일을 거들며 큰돈을 만졌다고 거드름을 피웠단다. 남자들은 그의 성공담을 듣기 위해 몰려들었고, 규방의 여인들은 그에게 서양식 옷을 사고 싶어 안달이 났지. 사람들이란 저렇게 간사한 법이란다. 후에 아Q가 거인 나리의 하인이 아닌 일개 좀도둑이었다는 진실이 알려진 후엔, 다시 그를 멀리하게 되었지만 말이야.

마음만은 혁명당원

1911년 11월 4일, 작은 마을 웨이쫭엔 폭풍이 밀어닥쳤어. 혁명당이 벌써 마을에 당도했다는 소문이 파다했지. 혁명군의 총구 앞에 기득권층이 벌벌 떠는 모습을 본 아Q는 자신도 혁명에 가담하고 싶다는 결심을 하게 된 거야. 혁명이 무엇인지 아는 것도 아니었고 혁명당원들에게 동조해서도 아니었지. 단지 자신을 무시했던 자들이 두려워하는 모습을 봤기 때문이었고, 동네 사람들의 경솔한 입방아에 조금 솔깃해졌기 때문이었어.

단 한 사람도 그에게 입당을 권유하지 않았지만, 아Q는 그때부터 이미 마음만은 혁명당원이었어. 『이솝 우화』에 나오는 '우유 짜는 소녀'의 일화를 떠올릴 수 있을 거야. 우유를 팔아서 달걀을 사고, 병아리가 나오면 닭으로 키우고, 닭을 팔아치운 돈으로 드레스를 살 거라는, 어느 순진한 시골 소녀의 이야기가 생각나? 아Q도 그에 못지않았어. 혁명과 더불어 부를 축적해 아름다운 여자들을 옆에 끼고, 꼴 보기 싫던 사람들을 해치워 버리겠다는 상상을 했으니. 아니, 그런데 그에겐 우유조차 없었다니까.

당연히 일이 그의 뜻대로 되지는 않았어. 암자로 향한 혁명당원들이 황제의 위패를 박살 내 버렸거든. 그 자리에 아Q는 없었지. 당원들이 그를 끼워주지 않았으니까. 심란해진 아Q는 혁명이 큰 변화를 몰고 오지는 않았다고 생각하게 돼. 모두가 새롭게 출발할 수 있다던 시기였지만, 자신에게 주어진 기회 같은 건 없었으니까 말이야.

그러던 어느 날, 아Q는 체포되었어. 자오 나리 집이 혁명당 당원들에게 털린 직후였지. 아Q는 그 절도와 관계가 없었지만, 자신이 혁명의 핵심 인물이었다는 걸 어떻게든 부각하고 싶었지. "죄를 실토하라!"라는 협박 앞에, 그는 그만 죄를 자백하고 말았어. 물론 자백은 허위였지. 그대로 그는 사형 선고를 받게 돼.

아Q의 형이 집행되던 당일, 동네를 잔뜩 메운 구경꾼 앞에서 아Q가 자아를 한껏 드러내며 노래하는 장면은 꽤 기괴하게 보여. 아Q는 총살되었고, 늘 그러했듯 그 누구에게도 기억되지 않는 사람이 되었단다. 이를 지켜본 마을 사람들은 하나같이 아Q가 악인이었다고, 총살당한 것이 그 증거라고 입을 모았어. 그러나 비참한 최후를 맞이한 건 아Q만이 아니었어. 권세가들도 혁명의 불길을 피해 갈 수는 없었으니까.

루쉰이라는 작가

요약만으로도 뭔가 떨림이 전해지지 않니? 그러면 이 작품을 쓴 루쉰이 어떤 사람이었는지 잠깐 알고 가자꾸나. 루쉰은 부유한 지주 집안서 태어났지만, 집안의 계속된 불행으로 그다지 행복하지 못한 유년기를 보냈어. 하지만 열심히 공부한 끝에 마침내 국비 유학생으로 선발되어 일본에서 의학을 전공하게 되었지. 그렇게 엘리트 코스를 밟은 지식인이었지만 루쉰은 개인의 영달만을 좇지 않았어. 그는 위태로운 조국을 재건하기로 마음먹었지. 1909년 중국으로 돌아온 그는 새로운 문학으로 중국의 정신을 일깨우겠다는 믿음으로, 낡은 봉건제, 엇나간 현실 인식, 비겁함, 나약함을 통렬하게 꼬집었어. 말하자면 루쉰은 비틀거리던 중국에 절실히 필요했던 참 스승이었던 거지. 그의 대표작으로는 『아Q정전』, 「광인 일기」(1918), 「고향」(1921)이 있단다.

아Q라는 인간에 대해 어떤 생각이 드니? 바보 같은 자 같으니라고! 그 바보가 무례한 행동과 발언을 일삼다가 혁명에 휘말려 죽은 것처럼 보이지? 옳은 지적이야. 그런데 루쉰은 독자들이 중국의 역사와 함께 아Q라는 캐릭터를 읽어내기를 원하는 것 같아.

19세기 중반과 말엽을 거치며 청나라는 전쟁이 일으킨 소용돌이의 핵심부에 있었어. 제1차 아편전쟁(1840-42)과 제2차 아편전쟁(1856-60)을 통해 중국은 영국과 불평등조약을 체결했고, 서구 자본주의 경제에 종속되고 말았어. 청일전쟁(1894-95)은 결정타가 되었지. 한 수 아래로 취급했던 일본에게도 코가 납작해지는 경험을 하면서 청나라는 자존심에 치명적인 타격을 입었어.

그렇게 전쟁에서 연속적으로 패배하게 되면, 자신의 결점을 정확히 알고 보완할 점이 무엇인지 고민하는 게 순서일 거야. 그러나 소설에 잘 나타난 것처럼, 아Q로 표상된 청나라 사람들은 그런 식으로 대처하지 않았어. 여전히 그들은 거만했거든. 과거의 환상에 붙들려 있었지. '정신 승리'였어.

나는 너와는 다른 사람이다. 너와 같은 대접을 받을 사람이 아니다.

아무도 고칠 수 없는 병

자격지심이었지. 자격지심은 계속해서 사람을 아래로 끌어당겨. 그것은 마치 저주와도 같거든. 끊임없이 남을 탓하고 증오하게 되는 그 질병엔 마땅한 치료제가 없었어. 속박으로부터 풀려나기 위해 스스로 노력하는 것밖에는 말이지. 그렇지만 아Q는 그렇게 하지 않았어. 술과 도박에 빠져들었고, 어떻게든 현실을 부정하려 들었지. 약자 앞에 강했고, 강자 앞에 나약했던 강약약강 캐릭터 아Q를 옹호하기는 어려울 것 같아.

물론 루쉰이 아Q만을 비판적으로 그리는 것은 아니야. 책에 등장하는 거의 모든 인물이 부정적으로 묘사되고 있거든. 자오 나리 등 지주 계층은 자신의 권세를 지키는 것에만 관심이 있지. 그렇다고 태도가 일관적이지도 않아. 성안에 다녀온 아Q가 최신 유행품을 판매한다는 정보를 접수하곤 물건을 팔라면서 비굴하게 구는 대목을 봐. 기회주의자였고 사태 파악에 둔감했던 지주들의 쇠락은 정해진 수순이었다고 할 수 있었어.

그렇다면 세상을 바꾸겠다는 저 혁명당원들은 어때? 그들에게 민중이 우선이었니? 그런 것 같지는 않아. 가짜 양놈과 생원 같은 엘리트 계층이 주도했던 혁명. 그 속에 평범한 사람들이 설 자리는 없었어. 그들은 '은복숭아 배지'와 같은 '완장'만을 탐냈고, 건달을 동원해 아Q를 쫓아 버렸지. 그들은 늘 배타적인 자세를 견지했어. 더구나 아Q에게 누명을 씌우고는 어처구니없는 절차(글을 모르는 아Q에게 동그라미를 그리게 했음)를 통해, 한 사람의 인생을 끝장내 버렸지. 아Q를 잡아들인 혁명당 대장이 판결을 앞두고 한 말을 들어 봐. "내가 혁명당원이 된 지 채 이십 일도 안 되었는데 벌써 사건이 열 건 넘게 터지고, 하나도 해결된 건 없으니 당최 내 체면이 뭐가 되는가?"

그래. 혁명당 대장에게는 한 사람의 목숨보다 자신의 체면이나 위신이 더 중요했던 거야. 루쉰은 혁명이 특정 개인이나 계층을 위한 전유물이 되는 상황을,

혁명이 그들의 명성을 위한 도구로 전락했을 때 생기는 폐단을 말하고자 했던 거야. 안타깝게도 지구상에서 벌어졌던 많은 혁명들이 동일한 잘못을 되풀이했어. 민중이 배제된 채 혁명가들의 명예만 덩그러니 남은 혁명이 대체 어떤 의미를 남길 수 있겠니? 그렇다면 아Q가 "아무것도 바뀐 게 없었다"라고 말한 것도 이해가 가.

이 책을 읽을 때마다 아빠는 독일의 극작가이자 시인 베르톨트 브레히트의 시 「어느 책 읽는 노동자의 의문」(1935)이 떠올라. "성문이 일곱 개 있는 테베를 건설한, 몇 차례나 파괴된 바빌론을 재건한, 만리장성을 완공한" 사람들은 모두 어디로 갔을까? 역사책엔 그들의 이름이 나오지 않아. 두꺼운 책을 아무리 들춰보아도 거기 쓰여 있는 건 몇몇 영웅들과 혁명과 같은 거대한 사건들뿐이지. 어쩌면 혁명가들 앞에 놓였던 지상 과제는 혁명으로부터 자신들의 이름을 지우는 것이었을지 몰라. 체 게바라가 그랬던 것처럼 말이야.

그러면 편지는 이렇게 마무리할게.

사랑하는 아빠가

어떤 책으로 읽을까

『교수신문』이 선정한 최고의 번역본으로는 창비에서 나온 전형준 선생의 번역본이 뽑혔어. 창비 판본으로 읽지는 않았는데 독자들의 평가가 워낙 좋으니 고려해 다오. 아빠가 갖고 있는 건 문학동네에서 출간된 이욱연 선생의 번역본이야. 이 판본은 중국의 판화가 자오옌녠의 삽화가 삽입되어 있어 몰입감이 높다는 장점이 있단다.

대화

사람들이 완장에 집착하는 이유를 알고 싶다고? 그건 윤흥길의 소설 『완장』(1982)의 캐릭터, 종술을 보면 알 수 있단다. 감옥까지 다녀온 동네 건달이었던 그는 우연한 계기로 저수지 관리인으로 취직하게 되었지. 급료라 해 봐야 변변치 않았지만, 종술은 선망하던 완장을 찰 수 있다는 말에 주저하지 않았단다. 드디어 바라고 바라던 완장을 두른 그는 저수지를 찾은 사람들을 향해 온갖 갑질을 하며 권력을 휘두르게 돼. 심지어 얼차려를 주고 폭행을 가하기도 했지. 물론 종국에는 몰락하지만 말이야. 자, 사람들은 타인보다 어떻게든 자신이 낫다는 걸 과시하고 싶어 하는 것 같구나. 인격이 아니라 돈으로, 자동차로, 그리고 완장으로 말이지. 그런 게 그들의 '존재 증명'이니까.

아홉 번째 편지

멋진 신세계

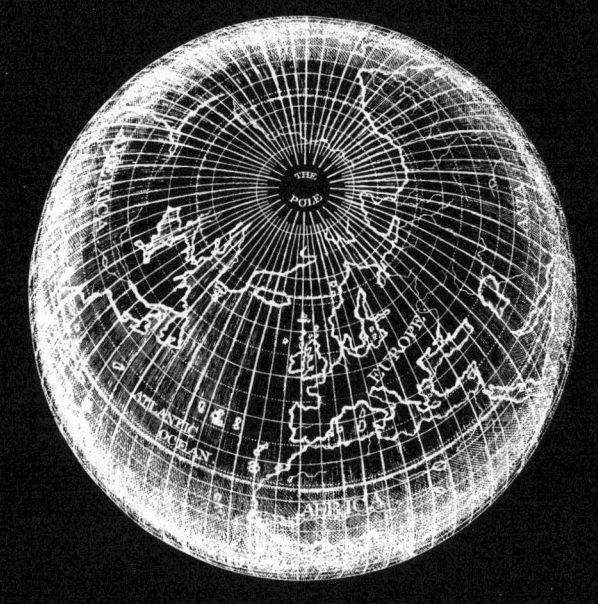

선택에는 항상 대가가 따르기 마련이다.

2024년 7월 5일 금요일
올더스 헉슬리 『멋진 신세계』
(1932)

소율에게

'유토피아'라는 곳을 알고 있니? 유토피아는 영국의 철학자이자 인문주의자 토머스 모어가 자신의 책 『유토피아』(1516)에서 제시한 가상의 섬나라야. 모어는 유토피아를 "현명하고 훌륭한 제도 아래, 아름다운 마음씨를 가진 사람들이 행복하게 살아가는" 이상 사회로 그려내지.

그러면 유토피아의 반대 개념은 뭘까? 그건 '디스토피아'라고 해. 케임브리지 영영사전은 디스토피아를 "끔찍한 일을 겪은 뒤 수많은 고통이 도사리는 험악하고 불공정한 사회, 특히 상상 속 미래 사회나 그런 사회에 대한 묘사"라고 정의하지. 그런데 디스토피아를 다룬 작품을 볼 때마다 아빠는 궁금했어. 왜 작가들은 미래를 저토록 부정적으로 표현하는 것일까, 하고 말이야. 오늘 우리가 읽을 작품 『멋진 신세계』도 그런 책이란다. 쓸쓸한 여운을 남기는 소설이지.

서기 2540년(포드력 632년) 세계국의 도시 런던. 표준화 시스템을 도입해 자동차 대중화를 이룩한 사업가 헨리 포드의 출생 연도가 기준이 되었다는 것에서, 이 국가의 방향성이 엿보이는 것 같구나. 세계국의 모토는 '공동체, 동일성, 안정성'이야. 달리 말하자면 사람들의 자유나 다양성 같은 건 등한시된다고 할 수 있지. 첫 챕터에 상세히 나오는 부화-습성 훈련국의 모습을 봐. 주민들은 남녀 간의 결합이 아닌, 인공 부화기 안에서 대량 생산되고 있어. 거대한 공장 속에서 하나의 난소로부터 평균 72명, 최대치 96명의 배아를 찍어내는 과정을 통해서 말이지. 그걸 '보카노프스키 절차'라고 해.

한데 저 절차를 거친 인간들이 모두 평등하게 태어나는 건 아니야. 그들은 '알파, 베타, 감마, 델타, 엡실론'이라는 다섯 계층으로 분화되거든. 계급이 낮을수록 산소가 적게 공급되기 때문에 하위 계층 아이들은 지적으로 열등하고 작은 신체를 가져. 반면 최상위 계층인 알파 계층 아이들은 똑똑하고 큰 몸집으로 태어나게 되지. 이 국가에서 부모라는 개념은 더 이상 존재하지 않았어. 심지어 세계국 정부는 아이들을 최면 학습을 통해 자신의 사회적 지위에 만족하도록 훈련을 시켜. 가령 베타 계급 아이들은 "그렇게까지 열심히 일하지 않아도 되어서 베타가 된 것이 굉장히 기쁘다"라고 세뇌되는 거야.

고전은 금지되었다

그래도 비판 의식을 가진 사람이 있을 것 아니냐고? 오감을 자극하는 영화와 각종 스포츠가 사람들의 불만을 억누르는 쾌락 기제로 작동한단다. 혹 남아 있을지 모를 부정적인 감정은 소마라는 마약이 다스리지. 극소량만으로도 기분을 좋게 하는 환각제야. 종교와 고급 예술은 사라진 지 오래지. 셰익스피어의 희곡과 같은 작품은 금서가 되었고, 성스러운 감정은 불필요한 것으로 간주되었어. 독자적인 사상의 소유자들이나 자아의식이 강한 사람들은 외딴섬으로 보내진단다. 질서 유지와 사회 안정이 무엇보다 중요하게 여겨지기 때문이야.

주인공인 심리학자 버나드 마르크스는 알파 플러스 계급이지만 왜소한 체격과 좀 독특한 사고 회로 탓에 사람들로부터 무시당하는 캐릭터야. 그는 베타

계급의 간호사 레니나 크라운을 사랑하고 있어. 그렇지만 '자유연애'가 강제되는 이 나라에서 그런 감정이란 경멸당하기 딱 좋은 것이었지.

어쨌든 버나드는 레니나와 함께 원주민 보호구역에서 휴가를 즐기게 되었어. 문명 세계와는 격리된 그곳에서 그들은 '야만인' 존과 그의 어머니 린다와 만나게 돼. 린다는 원래 세계국 국민이자 버나드의 상사 토머스의 연인이었단다. 그녀는 보호구역으로 여행을 떠났다 실종되어 오지에 홀로 남겨지게 되지. 그곳에서 린다는 금기를 넘어 죄악으로 여겨지는 '임신'을 하게 되고(아이의 아버지는 토머스야), 보호구역 안에서 존을 키우며 살아가게 돼. 그곳에서 자라난 존은 언어 학습을 위해 셰익스피어 전집을 부지런히 읽었고, 그 결과 셰익스피어의 모든 작품을 암송할 수 있게 되었어. 존은 보호구역 안에서 성장한 탓에 원주민들의 의식과 세계관을 따랐지만, 가슴 한구석에서는 문명 세계에 대한 은밀한 동경도 가지고 있었지. 그게 함께 런던으로 가자는 버나드의 제안을 따른 이유였어.

육체만 남은 사랑

런던에 도착한 존은 미디어의 집중 조명을 받으며 하루아침에 유명 인사로 부상하게 돼. 그는 점점 레니나에게 반하게 되었지. 레니나 역시 존의 매력에 이끌리고 있었어. 하지만 그녀는 어디까지나 존을 육체적으로만 사랑했던 거야. 어떻게 보면 당연했어. 그게 이 국가의 사랑 방식이었으니까. 하지만 구세계에서 온 존은 레니나의 사고방식을 도무지 이해할 수 없었던 것 같아. 그렇게 두 사람 사이엔 돌이킬 수 없는 금이 가고야 말지.

어쩌면 존을 진정으로 격분하게 한 건 린다의 죽음이었어. 어머니가 병원에서 소마 중독으로 사망하고 나자, 존은 문명 세계에 대한 환멸감에 사로잡히게 돼. 존은 "노예로 살아가는 삶이 좋은가, 자유를 찾으라"라고 외치며 소마 정제를 창밖으로 마구 집어 던지기 시작하지. 이에 소마 배급을 기다리던 사람들은 폭동을 일으키는데, 진압을 위해서는 경찰력이 투입되어야 했을 정도였단다.

그 과정에서 존은 연락받고 달려 온 버나드와 동료 강사 헬름홀츠와 함께 체포되었지. 그들은 세계국 총통 무스타파 몬드 앞으로 끌려갔어. 버나드와 헬름홀츠에겐 섬으로 가라는 판결이 내려졌지. 그렇담 존은 어떻게 되었을까? 총통과 치열한 토론 끝에 존은 "늙을 권리, 병에 걸릴 권리, 고통으로 괴로워할 권리"를 주장하며 자신은 이곳을 떠나겠다는 의사를 확고히 해.

하지만 문명인들은 존이 혼자 조용히 살아가도록 내버려 두지 않았어. 언론 매체들은 그를 두고 치열한 취재 경쟁을 벌이게 되지. 한 영화감독은 그의 일거수일투족을 몰래 촬영해 촉감 영화를 제작하기까지 했어. 원시인 존을 구경하러 몰려든 사람들은 마치 동물원에 온 것처럼 그에게 과자를 던져주었지. 분노한 존은 이성을 잃고, 자신을 찾아온 레니나를 채찍질해 죽이게 돼. (그녀가 죽었다는 말은 나오지 않지만, 맥락상 죽었다고 보는 게 맞을 거야.) 다음 날 관광객들은 목을 매 자살한 존의 시신을 발견하지. 『멋진 신세계』의 결말이야.

학자 집안에서 태어난 소설가

이 책의 작가 올더스 헉슬리는 대단한 학자 집안에서 나고 자랐어. 할아버지는 저명한 생물학자 헨리 헉슬리, 아버지 레너드 헉슬리도 뛰어난 전기 작가였지. 형 줄리언 헉슬리는 진화론을 옹호했던 생물학자였고, 동생 앤드루 헉슬리도 노벨의학상을 수상한 생물학자였단다. 올더스는 영국의 사학 명문 이튼 칼리지를 졸업한 뒤, 옥스퍼드 대학교에서 영문학을 전공했어.

천재 집안에서 태어난 올더스 헉슬리는 틀림없이 천재의 자질이 있었지만, 어딘가 괴짜 기질도 있던 사람이었단다. 그는 1950년대 '메스칼린'이라는 환각제를 투약하고는 현실과는 다른 세계에서 자유와 해방을 느낄 수 있다고 떠들고 다녔어. 환각제의 경험을 구체적으로 설명한 책 『인식의 문』(1954)은 너무나도 유명한 책이 되었지. 1960년 구강암 진단을 받고 투병하던 헉슬리는 1963년 11월 22일, 69세를 일기로 세상을 떠나. 공교롭게도 같은 날 존 F. 케네디 미국 대통령이 텍사스에서 암살되면서 그의 부고는 묻혀버렸지만.

아빠가 『멋진 신세계』를 읽게 된 건 일어나지 않은 범죄를 예측해 치안을 관리한다는 내용의 영화 「마이너리티 리포트」(2002)를 다시 보게 된 후였어. 아마 러시아인 작가 예브게니 자먀틴의 디스토피아 소설 『우리들』(1924)을 읽은 것도 비슷한 시기였을 거야. 그땐 무슨 바람이 불었는지, 한동안 디스토피아 작품들만 몰아서 감상하곤 했단다.

헉슬리는 저 제목을 셰익스피어의 희곡 『템페스트』(1611)의 한 구절, "오오, 멋진 신세계여!"로부터 빌려 왔어. 주인공 존의 말 중 상당수가 셰익스피어 작품에서 따왔다는 점을 고려해 보면, 그의 무한한 셰익스피어 사랑을 확인할 수 있어. 그러면 도대체 왜 '멋진 신세계'로 제목이 붙었는지 궁금할 거야. 그건 반어를 통한 풍자로 보는 게 타당하겠지. 과학 기술의 힘으로 건설한 저 새로운 세상은 일견 휘황찬란해 보이지만, 사실은 언제 붕괴될지 모르는 위험천만한 건물이라고 말이야. 그것들을 하나하나 곱씹어 보면, 헉슬리의 탁월한 식견에 탄복하게 된단다. 헉슬리는 소설가이기 전에 미래학자였어.

사람을 길들이는 사회

너는 '맞춤아기(designer baby)'라는 단어를 기억하고 있을 거야. 맞춤아기란 질병을 일으킬 수 있는 유전자를 배제하거나, 특정한 형질이 발현되도록 유전자를 조작한 아기를 말해. 2018년엔 중국의 한 과학자가 에이즈에 면역력을 가진 아기를 탄생시켰다고 해 사회적으로 큰 파장이 일기도 했지. 법적·제도적으로만 금지되었을 뿐 이미 맞춤아기는 현대 과학 기술로 충분히 가능하다는 게 과학자 커뮤니티의 중론이야. 그런데 맞춤아기 기술이 허용된다면 우수한 유전자를 물려받은 이른바 유전자 귀족들이 사회의 권력 집단으로 부상할 거란 예상도 있어. 그런 예상들을 본다면, 헉슬리의 부화 공장이 꼭 이야기 속 허구만은 아닐 수 있겠다 싶어.

헉슬리의 세상 속 사람들은 끊임없이 소비하며 살아가고 있어. 그들은 전기 충격을 받고 자본가들이 만든 상품을 사도록 유도되지. 마치 "너는 소비하라"라는 신탁을 내리는 것과 같아. 인간의 뇌를 집중적으로 연구하고, 그에 따른 맞춤 마케팅까지 시도하는 현대 자본주의 사회를 예견한 것 같지 않니? "소비 증가에 아무런 기여도 하지 않는 스포츠를 용납하는 건 우매하다"라는 토머스 국장의 말을 떠올려 보렴. 주민들은 사회적으로 인정받는 존재가 되기 위해 지속적으로 돈을 쓰는 존재가 되어야만 하지. 어때, 지금과 크게 다르지 않지?

그래서 사람들은 현실에 순응하도록, 생각은 적게 하도록, 지갑은 활짝 열도록 길들여져. 누가 원하는 삶일지 조금만 고민해도 답은 나와. 체제가 바라는 삶이 그렇겠지. 체제는 시끄러운 사람들보다는 조용한 사람들을 좋아할 테니까. 고등학교 교과서에 실린 희곡 『파수꾼』(1974)에도 유사한 사례가 등장해. 이리 떼가 나타났다는 소문에 주민들은 두려움에 떨지. 자연스럽게 마을을 다스리는 촌장을 위한 질서가 만들어져. 주민들에게 거짓을 알리려는 파수꾼은 촌장에게 설득되고 말아. 그렇게 지배자를 위해 역사는 윤색되고, 진실은 왜곡되지. 그런 게 지배층의 의도야. 『멋진 신세계』에서 세계국 건국자 포드는 이런 말을 남겼어. "역사란 허풍이다."

그렇다면 우리에게는 두 가지의 길이 있는 것 같아. 허풍의 세상 속에서 안락한 유희를 즐기거나, 거센 파도 속을 뚫고 지나가거나. 존이 선택한 건 후자였어. 어째서 존은 문명에 대한 동경을 버리게 되었을까? 어쩌면 그는 이렇게 판단했을 거야. 고통을 알약 하나로 없앨 수 있는, 노화 같은 건 몰라도 되는, 역사가 지워져 버린 세상을 살아간다는 건 인간의 조건이 송두리째 박탈된 기계 덩어리와 다를 바 없는 삶이라고. 오히려 진실을 알기 위해 사유하고, 슬퍼하고, 아픔을 느낄 수 있는 건 우리가 인간이기 때문에 누릴 수 있는 축복이라는 걸 말이야. 그걸 포기한다는 건 노예 되기를 자처하는 거라고.

헉슬리가 전하는 메시지는 이러해. 부디 자유롭게 행하고 스스로를 책임지는 인간이 되라고. 하지만 너의 "선택에는 항상 대가가 따르기 마련"이라고 말이지. 쉽지는 않겠지만, 그럼에도 우리는 항상 그런 존재가 될 수 있게끔 노력해야만 해. 주체이자 인간이고 싶다면 말이야.

사랑하는 아빠가

어떤 책으로 읽을까

『멋진 신세계』는 평론가들이 꼽는 불멸의 고전이지만, 의외로 유명 출판사들의 세계문학 전집에는 빈번히 누락되었던 책이야. 여러 이유가 있는데 아직 저작권이 소멸하지 않아서 현재는 해외 출판사와 계약했을 때만 출판할 수 있다는 게 가장 큰 이유야. 소담출판사(안정효 역)와 문예출판사(이덕형 역)에서 나온 번역본이 사람들에게 가장 많이 읽히고 추천도 많이 받는 책이라 할 수 있어. 일단 이 두 권 중 하나로 읽으면 될 것 같고, 나중에 기회가 된다면 원서로도 한 번 읽어보기를 바라.

대화

'brave'의 해석이 '용감한'이 아니라, 왜 '멋진'으로 되는지 의아했을 거다. 통상적으로 이 단어가 '용감한'의 의미로 더 많이 쓰이는 건 맞아. 그런데 영영사전을 보면, '탁월한(excellent)', '훌륭한(splendid)'이라는 뜻도 있단다. 그래서 'Brave New World'라는 저 제목은 맥락상 '멋진 신세계'로 번역하는 게 옳지.

열 번째 편지

프랑켄슈타인

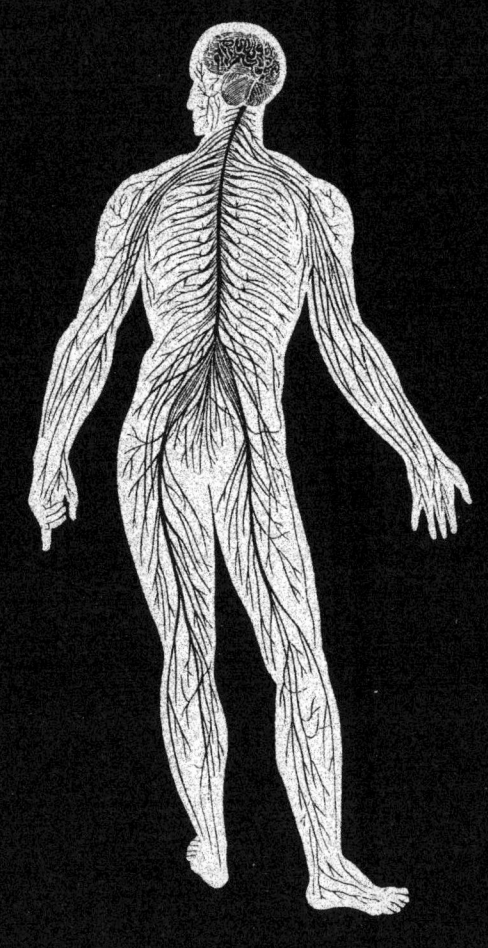

앞으로 얼마나 더 멋진 것들이 나올까요?

2024년 7월 11일 목요일
메리 셸리 『프랑켄슈타인』
(1818)

소율에게

혹시 진흙으로 인간을 빚었다는 프로메테우스의 이야길 들어 봤니? 그리스 신화를 좋아하는 너라면 그 이야기를 알고 있을 거야. 신화에 따르면 프로메테우스는 곧 인류의 창조자였던 셈이지. 그가 제우스 몰래 전해준 불 덕분에 인류는 독자적인 문명을 건설했고, 눈부신 발전을 이룩할 수 있었어.

그런데 그 과정에서 우리가 마냥 행복했을까? 꼭 그렇지만은 않았을 거라 생각해. 낙오에 대한 두려움, 실존적 불안감, 소멸에의 공포를 본질적으로 끌어안고 있어야 했거든. 욕망도 기하급수적으로 커져만 갔지. 인류는 주어진 것에 만족하지 못해 끝없이 전쟁을 벌였어. 그러고는 다른 편에 선 인간들을 살육하거나 포로로 삼았지. 이제 인간은 자신이 저지른 일에 대한 모든 대가를 스스로 책임져야만 했어.

아빠는 두 가지 의문이 떠올라. 죄를 범한 피조물을 바라보는 창조자의 입장은 어땠을까? 인간은 자신을 그렇게 창조한 누군가를 원망하지는 않았을까?

인간이 신이 된 이야기

『프랑켄슈타인』의 원제가 실은 『프랑켄슈타인: 현대의 프로메테우스』라는 건 흥미롭게 보이는구나. 작가 메리 셸리는 신화 속 일화를 비틀어, 인간이 피조물이 아닌 창조자가 된 세계관을 펼쳐 보여. 이미 충분히 유명한 책이지만, 세상 사람들에겐 여전히 공포 소설적 측면만 주목받는 게 안타깝구나. 오늘은 그와는 조금 다른 이야기를 하려 해.

책은 북극으로 떠난 탐험대 대장 로버트 월턴이 잉글랜드에 있는 누이 사빌 부인에게 보낸 몇 통의 편지로 문을 연단다. 여행 초반, 탐험대의 여정은 순탄하기만 했지. 어느 날, 그들이 얼음판 위에서 무언가를 보기 전까지는 말이야. 그들이 목격한 것은 틀림없이 괴물이 탄 썰매였어. 따라잡는 게 불가능할 만큼 빨라서 추적은 포기해야 했지. 그런데 그게 끝이 아니었어.

다음 날 아침, 탐험대는 유빙에 실려 표류하던 의문의 사내를 발견하게 되었거든. 사내는 겨우 목숨만 붙어 있었지. 남자를 끌어 올린 월턴은 점점 그에게 연민을 느끼게 되는데, 사내의 말은 너무나도 충격적이었어. 액자소설* 『프랑켄슈타인』의 본격적인 막이 오르는 순간이야. 월턴은 내레이터가 되어 자신이 구한 남자, 빅터 프랑켄슈타인의 삶을 뒤바꾼 사건을 독자들에게 전하는 역할을 맡아.

프랑켄슈타인의 집안은 스위스에서도 명망 높은 가문이었어. 유복한 집안에서 자라난 그의 관심사는 학문 탐구였지. 열일곱이 되던 해 독일 잉골슈타트로 유학을 떠난 빅터는 발트만 교수로부터 시대정신을 견인하던 현대 과학을 소개받아. 이게 그의 운명을 결정하는 계기가 되지. 그는 과학을 통해 인간의 신체적 한계를 넘어, 발생과 생명의 원인을 파악할 수 있겠다는 확신을 가졌단다. 브레이크 없는 기관차처럼 폭주하던 빅터. 그는 묘지에서 인간의 뼈를 들고 와 그것에 생명을 부여하기에 이르러. 몇 개월 후 비밀 작업은 결실을 보게 되는데, 그의 피조물은 2미터가 넘는 키에 무서운 얼굴을 가진 생명체였어. 프랑켄슈타인은 그걸 '괴물'이라고 불렀단다.

* 이야기 속에 하나 이상의 내부 이야기를 품은 소설을 가리켜.

호기심을 누르지 못해 괴물을 만들어 냈지만, 빅터는 내내 죄책감에 시달렸어. 자신이 선을 넘은 것은 아닌지 자문하곤 했지. 그러던 어느 날 아버지로부터 날아온 서신 하나가 그의 모든 일상을 망가뜨리게 돼. "네 동생 윌리엄이 살인자로부터 목 졸려 죽었다. 어서 오거라." 그는 단번에 자신이 탄생시킨 생명체가 윌리엄을 살해했음을 직감해. 그런데 엉뚱하게도 범인으로 지목받은 사람은 집안의 하녀 유스틴 모리츠였어.

연인 엘리자베스와 떠난 여행으로 어느 정도 마음을 추스른 주인공은 혼자 오른 산에서 마침내 자기 괴물과 대면하게 돼. 크레바스를 뛰어넘으며 쏜살같이 다가오는 녀석의 정체는 자신이 창조한 피조물임이 틀림없었어. 둘 사이에 어떤 일이 벌어졌겠니? 윌리엄을 교살한 괴물은 형도 쉽게 죽일 수 있었어. 하지만 괴물은 아주 뜻밖의 제안을 했단다. "나와 종이 같은 동반자를 만들어 주시오." 말을 마친 괴물은 그간 인간 세상에 적응하려 했던 자신의 이야기를 들려주기 시작해. 작가 메리 셸리의 천재성이 한껏 발휘된 지점이지. 대체 왜 괴물은 그런 말을 하게 된 걸까?

연구실에서 빠져나간 괴물은 산골 오두막에 숨어들었어. 괴물은 그곳에서 평화롭게 살아가는 것처럼 보이는 노인과 남매로 구성된 가족을 보게 돼. 한 줌의 사랑도 받지 못했던 저 생명체는 어느새 가난한 환경에도 불구하고 웃음을 잃지 않았던 저들의 삶을 동경했지. 인간 세계에 들어오고 싶었던 괴물은 '불', '우유'와 같은 인간 세상의 낱말을 익혔고, 어느새 『실낙원』(1667), 『젊은 베르테르의 슬픔』(1774)과 같은 고전 문학도 척척 읽어낼 수 있게 되었어.

인간과 어울리고 싶었던 괴물

그러면 저 단란한 가족은 인간의 언어를 구사하고 교양까지 갖춘 괴물을 순순히 받아들였을까? 애석하지만 그렇지 않았어. 괴물의 외양에 놀란 오빠는 경악에 찬 표정으로 둔기를 휘둘렀지. 그의 여동생은 혼절하고 말았어. 뭔가 잘못됐다 싶었던 괴물은 급히 그 자리를 떠야 했단다. 인간 세상에서 도망치는 와중에도 괴물은 급류에 휘말린 소녀를 구해 주는 등 따뜻한 마음을 드러내. 그러나 그에게 돌아온 건 총알 세례였지. 마침내 괴물은 호의를 악으로 갚는 인간에게 분노하고 말았어. 괴물은 인간을 파멸시키기로 하고 창조자의 동생을 살해하게 된 거야.

다급해진 프랑켄슈타인은 괴물의 요청을 받아들여 외딴섬에 비밀 실험실을 꾸리게 돼. 자신에게 짝을 만들어 준다면 인간의 손길이 닿지 않는 먼 곳으로 떠나 숨어 살겠다는 제의를 받아들인 것이지. 그렇지만 막상 괴물과 닮은 또 하나의 생명체를 목도한 순간, 프랑켄슈타인은 분노를 이기지 못한 채 그를 찢어 버리고 말았어. 그런데 괴물은 그의 배신을 똑똑히 지켜보고 있었지. 그 후 괴물은 빅터의 주변인들을 하나씩 제거해 나가기 시작해.

모든 것을 잃은 프랑켄슈타인. 그는 자기 손으로 괴물을 없애기 위해 북극으로 향했어. 목표는 오직 복수! 하지만 빅터는 그 복수를 완성하지 못했단다. 앞서 늙고 쇠약해진 빅터 프랑켄슈타인이 월턴 탐험대에게 구조되었다고 이야기했었지? 구조되기 전, 그가 보았던 마지막 장면은 차가운 바닷속으로 몸을 날린 괴물의 최후였어. 괴물은 스스로 사라져 버렸던 거야.

본명을 숨기고

북극의 빙하만큼이나 싸늘한 기운을 전해주는 소설 『프랑켄슈타인』은 영국인 여성 소설가 메리 셸리가 1818년 익명으로 출판한 작품이야. 왜 그녀는 이 대단한 작품을 이름 없이 선보여야만 했을까? 그것은 여성 작가에게 우호적이지 않았던 당시의 풍토 때문이었어. 19세기 초만 해도, 여성 작가가 이렇게 어둡고 불길한 작품을 내놓고 활동한다는 건 쉬운 일이 아니었단다. 자칫하면 대중을 자극하고 분노하게 만들 수 있었거든. 그렇게 출간 당시엔 자기 이름도 꼭꼭 숨겨야 했던 『프랑켄슈타인』. 하지만 지금은 최초의 SF 중 하나로 간주되며, 세상으로부터 널리 인정받고 있지. 현대의 시각으로 읽어도 참신한 이 소설이 벌써 출간 200년이 넘었다는 게 믿기지 않을 정도야.

아빠는 이 책을 2010년에 뒤늦게 읽었어. 청소년기엔 줄거리만 겉핥기식으로 알고 있었던 거지. 소설의 명성이야 오래전부터 들었지만, 선뜻 손이 가질 않았던 것 같아. 그러다 한 대형서점에서 책을 집어 들었단다. 임종기 선생이 번역한 흰색 커버 책이었지. 그 후로도 출판사들이 여러 번역본을 내놓았던 것으로 기억하고 있어.

이 작품은 여러 관점으로 참으로 다양하게 해석됐어. 여기서 그 모든 시각을 다 다룰 수도 없고, 내게 그런 역량이 있는 것 같지도 않구나. 그래서 그냥 개인적인 느낌만 몇 가지 적어 볼게. 너도 너만의 독후감을 써 볼 수 있다면 좋겠구나.

내가 책을 읽으면서 궁금했던 건 괴물의 정체야. 과연 괴물의 정체는 뭐였을까? 책을 자세히 읽다 보면 메리 셸리가 괴물을 악당으로만 묘사하지 않는다는 걸 확인할 수 있어. 정말 괴물은 끔찍한 인간의 적일까? 아니, 그렇지는 않을 거야.

어쩌면 괴물이라는 존재는 이미 인간 안에 있었던 것이었을 지도 모르겠구나. 인간의 역사를 공부하던 괴물이 "한 인간이 어떻게 동족을 죽일 수 있고, 심지어 법과 정부가 왜 존재하는지 이해할 수 없었다"라고 말하는 대목을 보면 잘 알게 돼. 지배계급이 피지배계급을 억압하고, 귀족은 노예를 부리고, 침략자가 원주민의 땅을 갈취했던 저 역사를 봐. 승리와 영광이라는 훈장이 주렁주렁 달려 있을 거야. 그렇지만 다른 각도에서 보면 그건 자기합리화 및 정당화의 흔적이겠지. 그렇게 질서가 잡힌 사회는 그 질서에 편입되지 못한 자들에게 괴물이라는 낙인을 찍게 된단다. 대체로 사회 제도라는 건 소수자의 편이 아니야. 선의를 품고 사람에게 접근했지만, 그 안에 들어갈 수 없었던 괴물을 보면 명확해지잖니.

꼭 역사적 시각을 대입하지 않더라도 이런 시각은 우리의 편견을 교정하는 데 필요해. 저번에 읽었던 이재문 작가의 소설 『몬스터 차일드』(2021)를 떠올려 볼래? 책의 주인공들은 돌연변이 종양 증후군을 앓고 있어. 외형이 짐승처럼 변하고 발작을 일으키는 병으로 인해, 하늬는 멀리 전학을 가야만 했단다. 하지만 그곳에서도 노골적인 차별과 마주하게 되지. 주민들이 환자에게 괴물이라는 표찰을 붙여 놓았기 때문이야.

누가 괴물인가

이제 누가 더 괴물 같은지 답은 쉽게 나오지 않니? 괴물이라는 특성이 독립적으로 존재하는 게 아니야. 단지 특정 대상을 괴물이라고 호명하는 집단과 사회만이 있을 뿐이지. 우리는 그런 끔찍한 이분법이 차별과 배제를 낳았다는 걸, 참혹한 폭력으로 연결되었다는 걸 상기해야 한단다. 어쩌면 이재문 작가는 이런 메시지를 전하고 싶었던 것 같아. 누구라도 괴물이 될 수 있다는 것, 우리는 자신도 모르게 괴물로 변할 수 있다는 것 말이야.

시대의 화두와 관련해서도 『프랑켄슈타인』은 생각할 거리를 던져주는 것 같아. 질문을 하나 구상해 보자. 만약 인간보다 더 뛰어난 존재를 맞닥뜨리게 되었을 때, 인간은 그에 어떻게 대처할 수 있는지 말이야. 아빠가 어떤 이야기를 꺼낼지 짐작이 되지? 그래, 인공지능(AI)이야. 세계적인 석학들도 이 문제에 대해 경고를 보내고 있어. 2024년 노벨물리학상 수상자 제프리 힌턴 교수는 한 외국 언론과의 인터뷰에서 이렇게 말한 바 있단다. "이것은 산업 혁명과 비슷할 것이다. 하지만 신체적 능력에서 인간을 능가하는 대신, 지적인 능력에서 인간을 능가하게 될 것이다."

힌턴은 인공지능의 지적 역량이 인간을 초월하는 게 임박했으며, 확실히 인공지능이 인간을 넘어설 거라 단언한 셈이지. 현시점에 우리가 사용하는 챗지피티(ChatGPT)와 같은 인공지능은 괴물의 21세기 버전이라고 해도 과언이 아닐 거야. (아직은 약한 인공지능이지만 곧 강한 인공지능이 될 날이 머지않았다고 봐.) 창조자 인간으로부터 나왔지만, 창조자를 자신의 손아귀에 둘 수도 있는 존재 말이야. 인공지능의 발전에 따라 우리는 빅터 프랑켄슈타인이 처했던 상황에 놓이게 될지도 몰라. 이제 인간은 인공지능에 대한 책임과 윤리를 고민해야 할 문턱에 와 있으니까. 이건 합리적인 예측이자 필연이야.

자, 그러면 오늘 이야기를 마칠게.

사랑하는 아빠가

어떤 책으로 읽을까

아빠는 문예출판사(임종기 역)에서 나온 번역본과 문학동네(김선형 역)에서 나온 번역본을 가지고 있어. 아빠의 눈엔 영문학 전문번역가가 옮긴 문학동네판이 더 잘 읽히는 것 같구나. 그렇다고 문예출판사 번역본도 나쁘진 않은 것 같아. 여러 판본을 읽어 본 사람들에 따르면 휴머니스트(박아람 역)에서 나온 번역본도 훌륭하다고 해.

대화

—— 아빠, 챗지피티가 지브리 스타일 그림체를 만들었어요.
—— 그래, 아빠도 SNS를 보고 알았단다. 아주 난리더구나. 지브리 애니메이션 애호가로서 어떻게 생각하니?
—— 그림체가 신기하고 귀여워요. 앞으로 얼마나 더 멋진 것들이 나올까요?
—— 맞아. 인공지능 기술이 어떤 특이점에 도달했다는 것 틀림없어 보이는구나. 설레는 마음 반, 조심

스러운 마음 반으로 지켜보도록 하자. 부디 멋진 것들만 나왔으면 좋겠어.

열한 번째 편지

작은 아씨들

가족은 함께 있어야 행복하고
사랑할 수 있다는 거요.

2024년 7월 26일 금요일

루이자 메이 올컷 『작은 아씨들』

(1868)

소율에게

　지난 2023년 5월, BBC는 '위대한 아동 도서 100'을 선정하며 이 책을 『어린 왕자』(1943), 『이상한 나라의 앨리스』와 더불어 높은 순위에 포함시켰어. 그런데 아동 도서라는 말은 빼도 괜찮을 거야. 셋 다 고전 중의 고전이니까. 이런저런 수식을 걷어내도, 『작은 아씨들』은 대단한 생명력을 가진 책이야. 영화나 드라마로도 여러 차례 제작되었고, 서점에는 취향대로 고를 수 있을 만큼 많은 번역본이 나와 있지. 그만큼 시장성과 작품성을 두루 갖췄다는 방증일 거야. 『텔레그래프』는 "루이자 메이 올컷이 조지 엘리엇, 제인 오스틴과 나란히 설 만한 이유를 드러내는 책"이라고 평하기도 했어.

이유가 그것뿐이지는 않아. 문단이 여성 작가의 시각을 애쓰지도 존중하지도 않았던 19세기 중반, 여성 예술가의 삶과 정체성에 대한 고민을 본격적으로 다룬 책이기 때문이지. 시대적 제약을 완전히 벗어날 수는 없었다는 한계도 있어. 그러나 그건 작품 활동을 지속해야 했던 당대의 여성 작가에겐 불가피한 전략이었다고 봐야 할 거야.

『작은 아씨들』은 루이자 메이 올컷이 1868년 발표한 소설이야. 미국 남북전쟁 시기를 배경으로 한 이 소설은, 영국의 신학자이자 작가 존 버니언의 『천로역정』(1678)을 모델로 하고 있단다. 소설에 '겸손의 골짜기', '허영의 시장'과 같은 『천로역정』의 장 제목이 따라붙는 건 그런 까닭에서야. 출간 이후 대중의 반응을 확신하지 못했던 루이자는 책 끝에 "이 이야기의 막이 다시 오를 수 있을지는 1막에 대한 독자 여러분의 평가에 달렸다"라는 문구를 달아 놓기도 했어.

그건 괜한 걱정이었지. 12주 만에 쓰인 책은 큰 성공을 거두었고, 작가 올컷은 출판사로부터 속히 속편 집필에 들어가라는 요청을 받게 되었으니까. 우리가 통상적으로 말하는 『작은 아씨들』은 이 속편까지를 함께 가리켜. 자매들의 아이들 이야기를 다룬 『작은 신사들』(1871), 『조의 아이들』(1875)까지 묶어 한 편으로 취급하는 경우도 있어. 하지만 엄연히 별개의 스토리로 분류하는 게 맞다고 봐.

화목한 집안

미국 매사추세츠의 마치 가(家)엔 어머니와 네 딸이 살았어. 군종 목사로 참전한 아버지는 긴 시간 부재중이었지. 자매들은 서로 의지하며 미래를 가꾸었어. 메그는 부유한 사람과의 결혼을, 작가의 페르소나 조는 소설가를, 베스는 가족 모두 건강한 삶을, 에이미는 화가를 꿈꿨지. 한때 잘살았던 집은 아버지의 실수로 인해 가세가 기운 지 오래되었어. 그렇지만 마치 가족은 자신보다 어려운 사람들을 도우면서 살아가고 있었지. 그것은 버니언이 제시했던 소박한 기독교인의 삶이었어.

한적한 시골 마을을 그린 소설을 보면 이렇게 저렇게 얽히는 이웃이 있기 마련이지. 이 책도 예외가 아니야. 부유한 로런스 가가 대표적이지. 로런스 씨에겐 아들이 자신의 반대를 무릅쓰고 이탈리아인 음악가랑 결혼한 뒤 죽은 아픔이 있어. 이후 그는 손자 로리의 삶을 통제하고 옥죄려 하지. 그러나 로리가 조와 둘도 없는 친구가 되면서 노인은 서서히 마음을 열어가게 돼. 이후 그는 마치 가문의 든든한 후견인 역할을 하게 되었지. 베스에겐 손녀가 치던 피아노까지 선물로 주었단다.

여러 식구가 복작복작 모여 살던 집에 아무 일이 생기지 않는다면, 영 재미가 없을 거야. 루이자의 이야기는 네 자매가 주변 사람들 혹은 식구들과 벌이는 소동을 중심으로 흘러가게 돼. 절인 라임을 학교에 가져간 에이미는 선생님으로부터 잔뜩 혼이 난 채 풀이 죽었어. 무도회에 초대된 메그는 세속적인 유혹에 빠져들게 되지. 에이미가 조의 원고를 불사른 적도 있었어. 조가 로리와 함께 강물에 빠진 에이미를 구조하면서 사이는 더 돈독해지지만 말이야. 유일하게 말썽을 피우지 않았던 사람은 조가 "말 없고 숭고한 이"라 표현했던 베스뿐이었어.

이후 전개되는 내용은 자매들의 꿈이 향후 어떻게 펼쳐졌는지에 대한 거야. 메그는 로리의 가정 교사인 존 브룩과 혼인하게 되었어. 브룩은 비록 부자는 아니었지만 성실한 사람이었기에, 부부는 가족의 축복 속에 가정을 꾸릴 수 있었지. 글쓰기를 하고 싶었던 조는 로리의 청혼을 뿌리치고 뉴욕으로 떠났어. 그녀는 돈을 벌기 위해 통속적인 소설을 썼지만, 이후 유명한 잡지사에 기고할 만큼 유명한 작가가 되었지. 막내 에

이미는 숙모의 지원으로 유럽 일주에 동행했고, 예술가로서의 시야를 넓혀 가게 돼. 그곳에서 로리와 만난 에이미는 부부의 연을 맺고, 남편과 가난한 예술인들을 후원하는 삶을 살기로 결정했단다.

그러나 허약했던 베스는 더 이상 피아노를 칠 수 없었어. 성홍열에 걸린 옆집 아이를 돌보다 같은 병에 걸리고 말았거든. 베스의 병세는 일시적으로 회복되는 듯했지만, 끝내 후유증을 이겨내지 못했어. 베스는 조에게 자신의 죽음을 예견하고 세상을 떠나. 훗날 에이미는 자신의 딸 이름을 '베스'라 지었어. 그건 언니를 영원히 기억하겠다는 의미였지.

그런데 독신으로 살겠다던 조의 결심은 막판에 와서 다른 방향을 향하게 돼. 뉴욕에 머물던 시절 알게 된 바에르 교수와 갑자기 사랑에 빠지면서 부부의 연을 맺게 되었으니까. 그 후 조-바에르 부부는 누구보다 자매들을 아꼈던 마치 숙모 할머니의 저택을 물려받아 기숙 학교를 세웠어. 그 학교는 조의 이상적인 교육을 위한 터전이 된단다.

마치 부인의 예순 번째 생일. 모든 딸과 사위, 손자 손녀들이 모처럼 모여 떠들썩한 잔치를 벌이게 돼. 그렇게 식구들을 품에 안은 마치 부인의 흐뭇한 미소로 『작은 아씨들』은 끝을 맺지.

독립적인 여성으로 살다

『작은 아씨들』은 루이자 메이 올컷의 자전적인 이야기를 담은 소설이라 할 수 있어. 그녀의 자매였던 애나, 엘리자베스, 메이가 각각 소설 속 메그, 베스, 에이미에 대응했지. 사회운동가였던 어머니 애비게일은 문학적 재능을 가진 딸 루이자를 적극적으로 보살펴주었어. 그런데 초월주의자(이상주의 정신에 기초한 19세기 뉴잉글랜드 지방의 작가와 철학자들이 펼쳤던 운동)였던 아버지 브론슨만큼은 루이자에게 양가적 감정을 안긴 존재였단다. 아버지를 통해 루이자는 에머슨과 같은 초월주의자 문인들과 친분을 쌓으며 문학적인 영감을 얻기도 했지만, 그는 재능을 가진 딸이 '말 잘 듣는 자식'으로 자라기만을 기대했던 것 같아.

그러나 그녀는 그런 족쇄를 받아들일 순종적인 딸이 아니었어. 독립적인 여성으로 살아가기로 마음먹은 루이자는 전업 작가의 길을 택했거든. 그녀는 익명으로 로맨스물과 스릴러물을 썼어. 불운하게도 대중의 이목을 끈 작품은 없었지만 말이야. 그렇지만 『작은 아씨들』이 거두어들인 엄청난 반응은 출판사를 놀라게 했어. 원래 그녀에겐 '작은 아씨들'의 결혼 이야기를 쓸 생각이 없었다고 하는데, 독자들은 끊임없이 로맨틱한 후일담이 나오기만을 고대했다고 해. 현재 우리가 보고 있는 게 그 타협의 결과물이지. 노예제 폐지론자이기도 했던 진보주의자 루이자는 평생을 독신으로 살았고, 1888년 3월 6일 뇌졸중으로 사망했어.

1980년대에 초등학교를 다녔던 사람이라면 외판사원들의 손에 들려 있던 세계문학 전집에 대한 추억 하나쯤은 있을 거야. 금성출판사에서 나왔던 30권짜리 세계문학 전집에 이 소설이 수록되어 있었지. 지금은 버려졌는지 어딘가로 사라지고 말았지만 말이야. '칼라('컬러'라 쓰는 게 어법에 맞겠지만, 그땐 '칼라'라는 글씨가 더 강렬하게 다가왔단다) 명작'이라는 선전문구를 내세운 이 전집은, 예쁜 삽화가 같이 실려 있어 꽤 흥미롭게 읽었단다. 아빠의 첫 『작은 아씨들』이 바로 그 책이었어. 기억을 더듬어 보니 이 책엔 해리엇 비처 스토의 노예 제도 비판 소설 『톰 아저씨의 오두막』(1852)도 실려 있었던 것 같구나.

서로 연결된 자매들

『작은 아씨들』의 대단한 지점은 캐릭터들의 성장에 있어. 그런데 저들의 성장은 서로 연결되어 있어서, 결코 한 사람만의 성장으로 그치지 않는단다. 남성 문학가들처럼 명성을 떨치고 싶었던 조는 후에 남성 작가들이 만든 위계질서 속에 편입되기를 거부한 채 대안 교육으로 눈을 돌리게 되지. 그랬던 조에게 영향을 준 사람은 예술가가 아니었던 셋째 베스였어. "이 땅에서 자신만의 욕심을 전혀 가지지 않은 가장 겸손한 사람"이었던 베스는 조의 변화에 가장 큰 영향을 준 사람이었던 거야.

그저 화려하게 살고 싶었던 막내 에이미는 어때? 사실 그녀에게 그럴 기회가 없진 않았던 것 같아. 유럽 유학을 떠났을 당시, 에이미는 자신을 줄줄 따라다니던 부잣집 도련님 프레드의 구혼을 승낙할 수 있었으니 말이야. 하지만 더 이상 에이미는 충동과 감정의 지배 아래 놓인 철부지가 아니었어. 차분히 앞날을 계획할 수 있는 어른으로 거듭나 있었거든. 어머니께 보내는 편지에 자신이 이제 '신중한 에이미'가 되었다고 적어 넣기도 했지. 말만 그랬던 게 아니라 실제로도 그랬어. 성급하게 프레드를 배우자로 삼지 않았으니까. 그녀의 짝이 된 사람은 조에게 딱지를 맞고 방탕하게 살아가던 로리였어. 에이미는 그의 난잡해진 생활을 따끔한 충고로 바로잡았고, 그가 본래 궤도로 돌아갈 수 있도록 이끌어 주었지. 자매들은 그렇게 성장했고, 가끔은 성장시켰어.

"엄마와 딸들이 만나는 데 무슨 말이 필요할까?"

문장 하나로부터 뜻하지 않은 감동을 받게 되는

순간이 있어. 예전에 보았을 때는 무심코 지나쳤던 문장 말이야. 시간이 흘러 저 문장을 읽게 되니, 말로는 다 하기 힘든 느낌이 드는구나. 그래. 가족이 서로 만나겠다는데 구구절절한 사연을 끌고 올 필요는 없겠지. 루이자의 저 말은 "사랑하는 관계란 무엇인가?"라는 어리석은 물음에 대한 훌륭한 답변이라고 할 수 있을 거야.

어리석은 물음, 훌륭한 답변

"그냥요 …… 그냥 찾아왔어요." 아빠의 인생 드라마 「네 멋대로 해라」(2002)에서 여자 주인공(이나영)은 자기를 찾아왔느냐고 묻는 남자 주인공(양동근)의 말에 이렇게 답해. 마치 저 대답은 '우리가 사랑하는 데 별다른 이유 같은 건 없다. 이곳에 네가 있고, 내가 있는 게 그 증거다'라는 것처럼 보였지. 같은 맥락에서 마치 부인은 부자 사위를 통해 집안을 일으켜 보겠다거나, 딸의 금전적인 성공을 강요하는 모습을 보이지 않아. 모든 딸을 수단이 아닌 목적으로 대하고 있기 때문이지.

도입부에 적어 두었듯 『작은 아씨들』에 약점이 없는 건 아니야. 갑작스럽게 세월이 휙 지나간 마지막 장에서의 연출은 작가가 시간에 쫓기고 있었음을 보여주고 있으니 말이야. 그 장면은 예전 주말 저녁마다 방영되곤 했던 '○○네 사람들' 유의 가족 드라마를 연상시켜. 장면 하나 바뀌고 나서는 바로 "몇 년 후"라는 자막이 흘러나오며 식구들의 화합을 강조하던 그런 식의 드라마 말이야. 하지만 어떻게 보면, 그런 것조차 『작은 아씨들』이 누린 인기를 증명하는 것 같기도 하단다.

가능하다면 이 책은 그레타 거윅 감독의 영화 「작은 아씨들」(2019)과 함께 보는 게 좋을 것 같아. 감독은 우리에게 너무나 잘 알려진 이 이야기를 변주해, 원작자 루이자에게 "시대라는 장애물이 없었다면 과연 어떻게 작품을 썼을까?"에 대한 나름의 답을 내리고 있어. 그건 멋진 원작에 대한, 더 멋진 대답이었지. 영화를 보면 알게 되겠지만, 감독은 조의 미래에 대해 정답을 내리고 있지는 않단다. 우리네 인생처럼 말이지.

사랑하는 아빠가

어떤 책으로 읽을까

정말 많은 번역본이 있어. 가장 추천하고 싶은 건 프린스턴 대학 영문과 교수 일레인 쇼월터의 해설이 들어가 있는 펭귄클래식 판(유수아 역)이야. 알에이치케이 양장본(강미경 역)도 좋은 평을 얻고 있어. 만약 『작은 신사들』, 『조의 아이들』까지 연결된 관련 작품을 다 읽고 싶다면 더스토리(박지선, 공민희, 서나연, 문세원 역)의 번역본을 보면 될 것 같구나.

대화

―― 책에서 가장 인상 깊었던 에피소드는 뭐였어?

―― 연극 관람 때문에 조와 에이미가 싸운 사건이 가장 인상에 남아요. 자신이 언니로부터 따돌림을 당했다고 생각한 에이미는 단단히 골이 났고, 조의 소중한 원고를 불태워 버렸어요. 그렇게 두 자매는 서로를 잡아먹을 듯 싸우게 되죠. 며칠 뒤, 얼어붙은 호수에서 스케이트를 타던 조의 눈앞에서 에이미가 물에 빠지는 일이 발생했어요. 로리와 조가 막대로 재빨리

끌어내지 않았다면 큰일이 날 만큼 위급한 상황이었죠. 그러자 둘의 사이는 그 일을 계기로 더 돈독해졌어요. 피는 물보다 진한 법이니까요. 전 언니가 없지만, 에이미의 조를 향한 마음을 잘 알 것 같아요.

—— 가장 좋아하는 캐릭터는 누구야?

—— 물론 조예요. 조는 끝까지 작가에 되기 위해 열심히 노력하잖아요. 그 열정이 너무 멋있지 않나요? 그렇게 자신의 꿈을 위해 달리면서도 늘 가족을 생각할 정도로 성숙한 인물이에요. 어머니의 여비 마련을 위해 아끼는 머리카락을 자를 만큼 결단력 있기도 하고요. 조는 그렇게 가장 어른스럽고 책임감도 강한 캐릭터로 묘사되고 있어요. 그런 모습이 참 당차고 좋아요.

—— 로리와 조가 이어지지 않은 것에 대해서는 어떻게 생각해?

—— 『작은 아씨들』은 남녀 간의 사랑을 다룬 이야기라기보다는 가족 간 사랑에 중점을 둔 책이잖아요. 두 사람은 좋은 친구로 남았고 그걸로 충분하다고 생각해요. 만약 둘이 사귀었다고 하면, 평범한 로맨스 소설과 똑같아졌을 거예요. 그러면 이렇게 명작으로 꼽히진 못하지 않았을까요?

—— '작은 아씨들'은 잘 지은 제목 같니?

―― 네, 잘 지은 제목 같아요. 소설은 성장하는 여자아이들의 모습을 담고 있잖아요. 네 자매의 성장 스토리가 주를 이루는 소설이니, 책 내용에 꼭 어울리는 제목인 것 같아요.

―― 작가 루이자 메이 올컷이 이 소설을 통해 말하고자 하는 바는 뭐였을까?

―― 사랑과 행복이요. 가족은 함께 있어야 행복하고 사랑할 수 있다는 거요. 때로는 너무 붙어 있어서 사이가 안 좋아질 때도 있지만요. (웃음).

열두 번째 편지

올리버 트위스트

어른 중 절반 이상이 용서받지 못할 악인이다.

2024년 8월 16일 금요일
찰스 디킨스 『올리버 트위스트』
(1838)

소율에게

땅에선 귀뚜라미 등에 업혀 오고, 하늘에선 뭉게 구름이 타고 온다는 처서가 가까워졌네. 저녁은 제법 선선해졌어. 무심한 바람 한 줄기에도 가을의 기운이 느껴진단다. 우리 조상들은 계절의 운행과 시간의 흐름에 정통했던 모양이야. 요즘 아빠는 시원한 록 음악이나 영화를 즐기며 시간을 보내고 있어.

얼마 전, 아빠는 이스라엘이 포격하는 가자 지구에서 아이들이 굶어 죽고 있다는 외신 기사를 봤어. 의사들은 우유를 구걸하는 사람들을 돌려보내기 바쁘고, 식량 공급마저 끊긴 가운데 부모들은 배고픔을 호소하는 자식들을 지켜볼 수밖에 없다는 내용이었지.

말하자면 그것은 시스템이 무너져 내린 비극이었어.

그런데 시스템이 붕괴한 사회에서 아이들의 생명은 위협받을 수밖에 없다는 걸, 무려 200년 전에 경고했던 작가가 있었단다. 찰스 디킨스였어. 한국 독자들에게도 잘 알려진 작품 『올리버 트위스트』에서 그는 빠르게 공업화되던 19세기 영국 사회에서 아동 인권이 어떻게 유린당하는지, 빈민층의 삶이 얼마나 위태로운 지반 위에 있는지를 고발하고 있어. 그래서 이 작품은 흥미로운 소설이면서 동시에 하나의 르포르타주(탐방 기사)라고 봐도 무방할 거야. 오늘 우리가 읽을 책이지.

시스템이 붕괴한 사회

교구 의사의 손에 끌려 나온 뒤에도 살아남을지 의심스러웠다던 아이 올리버 트위스트. 그는 영국의 한 구빈원에서 태어났어. 그의 엄마는 길에 쓰러져 있다 구조되었지만 아이가 태어난 직후 목숨을 잃었지. 올리버는 엄마 얼굴도 보지 못하고 고아가 된 거야. 곧바로 올리버는 이웃 구빈원으로 옮겨졌는데, 수십 명의 아이들이 영양실조, 추위, 학대로 죽어가던 그곳은 생지옥 그 자체였단다. 빈민 구호를 위해 건립된 공간에서 어떻게 그런 일이 벌어질 수 있었을까 궁금하지 않니?

구빈원 아이들에겐 식비 명목으로 소액이 지급되었고, 따로 보살피는 사람들도 있었어. 하지만 그들을 관리하는 어른들이 문제였지. 직원들은 아이들의 식비를 가로챘고, 자신의 주머니를 부풀렸거든. 그래서 아이들에겐 희멀건 죽 한 사발만 배급되었단다. 죽이라고 부르긴 했지만 그건 그루얼(gruel)이라는, 가축에나 먹일 법한 형편없는 국물이었지. 간혹 구빈원 이사회 사람들이 시찰을 돌기도 했지만, 그렇다고 달라진 건 없었어. 어차피 그들도 한통속이었으니까 말이지.

어느 날, 배고픔을 견디지 못한 올리버는 죽을 한 국자 더 달라고 요청했어. 하지만 그에게 돌아온 것은 가혹한 매질뿐이었지. 그 일로 이사회의 눈 밖에 난 올리버는 5파운드에 장의사 소어베리의 도제로 팔려 나가게 돼. 낯선 장의사 집에서 올리버가 당한 학대를 여기 다 쓰려면 논문 분량이 필요할지도 몰라. 음식 찌꺼기나 겨우 얻어먹을 수 있었고, 매질·감금은 기본인 데다, 잠은 관 틈바구니에서 자야만 했어.

그게 끝이 아니었지. 소어베리의 밑에 먼저 들어와 있던 노아 클레이폴이라는 녀석이 올리버를 사사건건 괴롭혔으니까. 선배 대접을 받고 싶었나 봐. 그럼에도 올리버는 잘 견뎌냈지만, 어머니에 대한 모욕만은 참을 수 없었어. 올리버는 이성을 잃고 클레이폴에게 덤벼들었지. 그런 못된 말을 들으면 아마 누구라도 그러지 않았을까?

올리버는 결국 그곳을 떠나 무작정 런던으로 향했어. 런던까진 70마일이었으니 100킬로미터가 넘는 거리를 걸었던 거야. 불쌍한 아이에게 빵과 치즈를 나눠 준 몇몇 사람들이 없었다면 시골 소년은 그대로 굶어 죽고 말았겠지. 저 비정한 사회 속에서도 휴머니즘은 살아 있었단다.

소매치기가 되다

런던에 도착한 올리버를 맞이한 사람은 페이긴이라는 장물아비 겸 소매치기 집단의 리더였어. 그는 허름한 건물에서 갈 곳 없는 아이들을 통해 장물로 돈을 벌어들이던 악덕 범죄자였지. 이제는 거의 사라져 버린 저 범죄 집단에 관해 설명해 주어야겠구나. 소매치기는 1970~80년대 한국에서도 흔하디흔한 범죄였단다. 소매치기단은 버스나 시장 등 사람들이 많은 곳에서 두세 명이 한 조를 이뤄 활동하곤 했어. 속칭 '바람잡이'가 시비를 걸거나 주의를 끄는 사이에, '기계'라고 불리는 전문 털이범이 목표물의 지갑을 털어가는 수법이었지. 그 손놀림이 너무나 교묘한 나머지 피해자는 무슨 일이 일어났는지 전혀 알아차리지 못하는 게 보통이었어. 올리버는 그렇게 소매치기단원이 되었단다. 냉혹한 대도시에서 어떻게든 살아남아야 했던 거지.

어느 날, 올리버는 동료 도저와 함께 소매치기를 나섰다가 본인만 붙들리게 돼. 정작 범행은 도저가 모두 저질렀는데도 말이야. 경찰에게 체포된 올리버는 치안판사 앞에 끌려가는 신세가 되었지. 올리버는 자칫 중노동형에 처해질 뻔했지만, 피해자인 브라운로의 증언으로 간신히 풀려날 수 있게 되었단다.

자애로운 브라운로 덕분에 올리버는 그의 집에 머물 수 있게 되었어. 상류층 브라운로의 저택은 어떻게 보아도 구빈원이나 소매치기 굴에 비할 바가 아니었지. 올리버 트위스트는 행복한 시간을 보냈어. 그런데 이 긴 소설이 이렇게 평화롭게 마무리될 거라 생각한 독자는 아마 없었을 거야. 포기란 몰랐던 저 소매치기단이 낸시를 이용해 올리버를 납치하게 되면서, 그는 다시 악당 페이긴의 손에 넘겨지게 되거든. 올리버는 이제 잔혹한 범죄자 빌 사이크스의 지시 아래 강제로 강도단의 절도 행각에 가담해야만 하는 상황에 놓여. 강도단에겐 저택의 문을 열어줄 수 있는 몸집 작은 아이가 필요했으니까. 하지만 양심을 저버릴 수 없었던 올리버는 집안 식구들을 깨우게 되는데, 그 과정에서 발사된 총에 다치고 말아. 극적으로 구출된 올리버는 로즈의 극진한 보살핌 속에 건강을 회복하게 되었지. 그렇지만 기구한 운명은 올리버를 가만히 내버려두지 않았어.

출생의 비밀

『올리버 트위스트』가 흥미로운 이유는 작품이 진행되면서 갈등 해결의 열쇠가 하나씩 꺼내지기 때문일 거야. 막장 드라마에서 흔히 볼 수 있는 '출생의 비밀' 같은 기법도 이 책에서 먼저 사용되었단다. 명작치고는 지나치게 뻔한 설정이 아니냐고 하겠지만, 디킨스는 그 뻔함에 생동감을 불어넣어 어서 다음 페이지를 열어보고 싶은 소설로 변모시켰단다. 그런 게 1류 작가의 필력이자 재능이라 할 수 있는 것이지.

결말부는 추리물에서 나올 법한 '해결 파트'야. 우리는 올리버의 아버지가 올리버와 죽은 그의 엄마에게 큰 유산을 물려주고자 했다는 것을 알게 돼. 이복형 멍크스가 페이긴과 결탁해 올리버를 악의 구렁텅이로 내몰았으며, 아버지의 재산을 가로채 독차지하려는 것도 말이야. 모두 올리버를 친자식처럼 아낀 브라운로의 예리한 눈썰미 덕택이었지. 그는 소매치기 올리버가 죽은 자기 친구 아들이라는 것을 알아차렸고, 멍크스의 음모를 분쇄해 친구의 유산이 제대로 된 곳에 돌아갈 수 있도록 했어. 그 와중에 로즈가 올리버의 이모였다는 사실도 밝혀졌단다. 그렇게 올리버는 빼앗긴 돈도, 가족도 모두 되찾게 되었지. 자, 이렇게 네가 좋아하는 해피엔딩이야.

찰스 디킨스는 영국을 대표하는 작가 중 하나야. 그의 위상을 보여주는 자료가 있지. 영국의 유명 방송사 BBC는 새 밀레니엄을 앞둔 1999년, 홈페이지를 통해 지난 1천 년을 대표하는 작가에 대해 투표하게 했어. 윌리엄 셰익스피어가 1위, 제인 오스틴이 2위를 차지한 이 투표에서, 찰스 디킨스는 4위에 올랐단다. 아무래도 영국인들을 대상으로 한 투표이니만큼 완전히 공정하다고 말할 수는 없겠지만, 그럼에도 다수가 참여한 결과를 무시할 수는 없겠지. 디킨스가 쓴 『데이비드 코퍼필드』(1850), 『두 도시 이야기』(1859), 『위대한 유산』(1861) 같은 소설은 앞으로도 계속 읽힐 불멸의 걸작이라 할 수 있어.

아빠가 『올리버 트위스트』를 처음 접한 건 지금 너 정도의 나이였어. 이 작품에 대해선 정말 여러 차례 2차 창작이 이루어졌는데, 아빠가 본 건 애니메이션이었단다. 그 시절 지상파에선 참 수많은 세계 명작을 볼 수 있었지. 연휴 기간에는 거짓말 좀 보태 TV를 틀기만 하면 나올 정도였으니까 말이야. 지금처럼 오락거리가 많은 시기가 아니었으니, 그만큼 아이들의 관심도 많이 끌 수 있었을 거야. 애니메이션을 보면서 아빠는 무엇보다 소년 올리버가 겪는 고난에 눈물이 핑 돌았단다. 매 맞고 굶주리는 저 아이들의 하루를 조사하고 싶어질 정도로 말이야. 워낙 인상 깊었던 탓에 나중에 책도 찾아보게 되었던 거지.

아이가 노동하던 시대

빅토리아 시대(1837~1901)의 영국은 문화적으로나 산업적으로나 최전성기였어. 하지만 문명의 발전에는 가리기에 급급했던 어두운 이면이 도사리고 있었지. 바로 참혹한 환경에서 착취되던 어린이 노동자들이었어. 학비를 감당할 형편이 안 되었던 가정 대부분은 자녀들을 공장에 보냈다고 해. 그러니까 기껏해야 초등학생이나 되었을 아이들이, 온몸에 먼지를 묻힌 채 방직기 아래에서 거친 노동을 하고 있었던 거란다.

애석하게도 근로기준법 같은 건 있지도 않았어. 대신 악명 높은 신빈민법이 존재했지. 1834년 개정된 신빈민법에는 '열등 처우의 원칙'이라는 구빈 대상자에 대한 처우를 노동자의 생활 수준보다 높지 않게 한다는 조항이 있었단다. 그야말로 신빈민법이란 빈민을 대상으로 한 국가 차원의 인간 개조 프로젝트라 할 수 있었어. 자, 노동하지 않는 자에게 식사란 없다. 부지런히 일해야만 죽 한 사발이라도 얻어 먹을 수 있을 거야. 그러니 열등한 자, 빈민이여! 불평할 시간에 몸을 움직여라. 이곳은 고통이겠지만, 저 바깥은 지옥이란다.

책 초반부에 올리버가 굴뚝 청소부 갬필드에게 팔려갈 뻔했던 게 기억나니? 그 시절 굴뚝을 청소하던 아이들은 굴뚝 안에서 그대로 피곤함에 지쳐 잠들기도 했어. 이를 용납할 수 없었던 몰인정한 청소부는 지친 조수를 깨우기 위해 굴뚝에 불을 피웠는데, 아이는 그만 연기에 질식해 죽고 말았던 거야. 그게 갬필드가 자신의 새 조수로 올리버를 원한 이유였던 거지. 친구들과 바깥에서 뛰어놀아야 할 나이에, 굴뚝 안에서 차갑게 식어갔을 소년을 생각해 봐. 기계장치 부품처럼 빠르게 대체되는 아이들. 이것이 불과 2백 년 전에 일어난 일이라는 게 믿기질 않는구나. 사실 지옥은 더 가까이 있었던 거야.

어른 중 절반은 악인?

디킨스는 어른들이 구축한 사회를 지극히 냉정하게 묘사해. 책에 나오는 어른 중 절반 이상이 용서받지 못할 악인이라는 설정은 주목할 만한 지점이야. 올리버 어머니의 유품을 훔친 간호사 코니. 평소 '아이들을 잘 먹여서는 안 된다'는 남다른 지론을 가졌으며, 아내 코니와 더불어 올리버의 신원 확인에 중요했던 증거물을 은닉한 교구관 범블. 법관이라는 권위만 앞세우며 올리버를 범죄자로 만들려고 한 판사 팽. 갈 곳 없는 아이들을 수족처럼 부리며 그들을 통해 부당 이득을 취한 페이긴. 자신의 이익을 위해서는 무슨 짓이라도 저지를 수 있는 흉폭한 살인자 사이크스. 그들 모두 아이들의 편이 아니었어.

요약하자면 당시 영국 사회는 연민과 동정심의 덕을 상실한 사회였단다. 철학자 장자크 루소는 저서 『인간 불평등기원론』(1755)에서 이렇게 말한 바 있지. "자연 상태에서 인간은 동정과 연민으로 충만해 있다." 루소는 인류가 원시사회에서 문명사회로 넘어오면서 점차 타인의 고통에 둔감해지게 되었음을 지적하고자 한 거야. 너 나 할 것 없이 자신의 이익이 우선되었기 때문이지. 문명이 잘못되었다는 게 아니야. 그 과정에서 인간이 몇 가지 소중한 가치들을 잃었다는 걸 깨닫자는 거니까. 어쩌면 찰스 디킨스의 생각도 루소와 비슷한 것 같구나. 아이들이 행복할 수 없는 세상에 인류의 미래는 없다는 것 말이지.

                        너의 행복을 바라는 아빠가

어떤 책으로 읽을까

인터넷 서점에 '올리버 트위스트'를 검색해 보면 정말 많은 출판사에서 나왔다는 걸 확인할 수 있어. 아빠는 2007년에 창비에서 나온 두 권짜리 판본(윤혜준 역)으로 가지고 있는데, 지금 찾아보니 지금은 한 권으로 통합된 것 같구나. 영미문학연구회 번역평가사업단이 '최고의 번역본'으로 선정한 책이니 망설일 것 없이 이 책으로 읽도록 하렴. 찾아보니 이인규 교수가 번역한 민음사 판본도 괜찮다는 평이 있네.

대화

── 겨우 죽 한 사발로 하루를 버텨야 했던 빅토리아 시대 아이들이 불쌍하고 안타까웠어요.
── 애야, 네 말이 무조건 맞다. 우리는 잘 먹어야 하고, 또 잘 먹여야 한단다. (영국의 펑크 록 그룹 클래시의 노래 "Know Your Rights"(1982)를 들어봐도 비슷한 가사가 있지.) 그 대상이 아이라면 더욱 그러할 거야. 우리에겐 아이들의 배를 곯려서는 안 될 의무와 책임이 있다고 생각해.

열세 번째 편지

오셀로

그는 자꾸만 현실을 부정하려 들었지.

2024년 8월 17일 토요일
윌리엄 셰익스피어 『오셀로』
(1604)

소율에게

인간의 감정 중 가장 다스리기 어려운 게 뭘까? 질투야. 그러면 여기서 질투라는 말의 정의를 짚고 가 보자. 질투란 '다른 사람이 나보다 잘나가는 상황을 미워하고 싫어하는 것'을 가리켜. 정도의 차이는 있겠지만, 누구나 한 번쯤 유사한 감정을 느껴 보았다는 건 장담할 수 있어. 다만 그로부터 빨리 빠져나올 수 있는 사람과, 그렇지 못한 사람이 있을 뿐이겠지. 이때 이성의 분별력이 작동하지 못하게 되면, 사태는 꽤 심각해질 수 있어. 배우자가 진실하지 않다는 망상에 휩싸이고, 끊임없이 상대방을 의심하며 정상적인 사고가 불가능해질 수도 있거든. 그쯤 되면 병적 질투라 해야 하겠지. 병적 질투심을 소재로 한 문학 작품은 여럿 있지만, 『오셀로』만큼 그걸 오싹하게 다룬 책은 드물 거야.

주인공 오셀로는 베네치아에 고용된 무어인(북아프리카 지역에 살던 무슬림)이야. 그는 타고난 용맹함을 바탕으로 전공을 쌓아 올렸고 고관들로부터 큰 신임을 얻었어. 부와 명예를 모두 거머쥐게 된 오셀로. 그는 원로원 의원 브라반시오의 딸인 데스데모나와 몰래 결혼하게 돼. 딸이 이교도 흑인과 결혼하는 것을 참을 수 없었던 브라반시오는 길길이 날뛰었지만, 딸의 결정을 되돌리기엔 역부족이었어. "존귀하신 아버지, 이제 저는 의무가 둘로 갈렸음을 알아요."

더구나 튀르키에 함대가 키프로스를 침공하게 되자, 베니스 공작을 포함한 관료들은 브라반시오의 가정사 같은 것엔 관심이 없어졌지. 적이 침략해 들어오는데 남의 결혼 이야기가 뭐 대수였겠어. 그들은 오셀로가 한시바삐 원정을 떠나 침략자들을 물리쳐 주기만을 바랐어. 오셀로는 긴급히 키프로스로 출항했지. 남편을 따라가기로 한 데스데모나의 호위는 오셀로의 기수 이아고에게 맡겨졌어.

배신자 이아고

애석하게도 이아고가 자신을 배반했다는 걸 장

군은 미처 인지하지 못했지. 이아고는 부관 자리가 카시오에게 돌아갔음에 강한 불만을 품고 있었거든. 저 자리가 내 것이었어야 했다는 망상이 저 기수를 꼭 붙들고 있었지. 이아고는 자기 대신 카시오를 중용한 상관을 추락시키려 했어. 그것은 오셀로의 '질투심'을 자극해, 부부의 사이를 갈라놓으려는 무시무시한 계획이었단다. 작전을 위해 이아고는 로데리고라는 인물을 끌어들여. 로데리고는 사모하던 데스데모나가 무어인 장교와 혼인했다는 사실에 의기소침한 상태였지. 간악한 이아고는 데스데모나에게 대신 전해주겠다며 그로부터 값비싼 보물을 뜯어냈어. 당연히 보물은 모두 이아고의 주머니로 들어갔단다.

그런데 침략한 적국 함대가 폭풍을 만나 쓸려가면서 전투는 불필요해졌어. 오셀로는 축하 연회를 제안했지. 연회가 열리던 날 밤, 카시오에게 접근한 이아고는 그에게 술을 권했단다. 저 능력 있는 부관이 알코올만 마시면 돌변한다는 걸 잘 알고 있었거든. 이아고의 뜻대로 만취한 카시오. 포악해진 그는 로데리고와 시비가 붙었고, 오셀로의 전임자 몬타노에게 큰 상처를 입혔어. 카시오는 크게 후회했지만 때는 늦었지. 일에 있어서는 냉철한 장군이 그의 직위를 박탈해 버렸으니까.

이아고는 절망한 카시오에게 귀띔해. 오셀로의 아내 데스데모나에게 한번 부탁해 보라고 말이야. 그는 저 선량한 여인이 카시오를 저버리지 않을 거라고 확신하고 있었거든. 예상대로 데스데모나는 오셀로에게 부관을 복직시켜 줄 것을 청했지.

한데 그건 이아고가 노린 타이밍이었어. 이아고는 아내 에밀리아를 통해 오셀로가 데스데모나에게 준 손수건을 훔쳐냈지. 이아고는 손수건을 카시오의 방에 슬쩍 집어넣고는, 오셀로에게 카시오와 부인 사이를 유심히 관찰하라고 운을 띄워. 당신의 손수건이 카시오의 손에 있다고 말이지. 꼭 그대로 되었어. 우연히 발견한 손수건이 마음에 든 카시오는 정부(情夫) 비앙카에게 그 무늬를 베껴달라고 졸랐으니까.

이아고의 공작은 주도면밀했어. 그가 불붙인 질투의 불꽃은 아주 천천히 오셀로를 집어삼키기 시작했지. (이아고의 의도대로) 손수건을 주러 온 비앙카와 카시오의 대화를 엿듣게 된 오셀로. 그는 데스데모나가 손수건을 카시오에게 직접 선물한 것이라 오해했고, "그녀를 죽여 버리겠다"라고 선언하고 말아. 떨어뜨린 독약의 효과가 기대보다 크다는 걸 파악한 이아고는 그렇다면 카시오는 자기 손으로 해치우겠다고 말했지. 아, 그렇게 끔찍한 '피의 동맹'이 결성되었어.

비극은 점점 클라이맥스로 다가가고 있구나. 데스데모나를 갖겠다는 일념 하나로 전 재산을 탕진한 로데리고. 하지만 뜻대로 이뤄진 건 없었던 그는 이제 이아고의 말을 불신했지. 그런데도 이아고는 오셀로가 모리타니아로 가게 되었으니, 카시오가 그 자리에 앉지 못하게 하려면 그를 제거해야만 한다고 로데리고를 부추기지. 그건 함정이었어. 하지만 판단력을 상실한 로데리고는 이아고의 계략대로 움직여. 두 사람이 살인을 모의하던 그 순간, 죽음을 직감한 데스데모나는 하녀 에밀리아에게 마지막 말을 남기고 있어.

무서운 진상

오셀로는 침대에 누운 데스데모나의 목을 졸라 살해해. 때마침 나타난 에밀리아는 밖에서 무서운 살인이 벌어졌음을 알렸지. 그것은 이아고의 꾀에 넘어간 로데리고가 카시오를 죽이려다 역으로 당하게 된 사건이었어. 그걸 모두 지켜보던 이아고. 그는 카시오를 찌르고 도망가는 주도면밀함을 보였단다. 마침내 방안에서 벌어진 참혹한 광경을 보게 된 에밀리아는 오셀로를 저주했어. 그리고 문제의 손수건은 자신이 '남편의 요청대로 훔쳐다 준 것'이었음을 알려주지. 모든 것이 밝혀지게 된 순간, 이아고는 아내의 입을 막기 위해 에밀리아를 죽이고 말아.

그제야 진상을 알게 된 오셀로. 끝까지 이아고의 손에 놀아난 그는 스스로 목을 찌르고 데스데모나 옆에 쓰러지지. 베네치아 사절 로도비코가 범죄자 이아고를 본국으로 압송하는 장면으로 『가디언』지가 "수백 년 전에 쓰였으나, 현대에도 적용할 수 있는 주제를 담은 훌륭한 예시"라고 평했던 이 비극은 대단원의 막을 내리게 돼.

셰익스피어는 누구인가

딸아, 셰익스피어라는 작가를 간략하게 설명한다는 건 어떤 식으로든 실패하게 될 거야. 작품 요약만으로도 수백 페이지를 채우게 될 것이기 때문이지. 그렇지만 억지로라도 정리해 볼 필요는 있을 것 같구나. 그만큼 위대한 작가였으니 말이야. 셰익스피어는 17세기 런던 시민들에게 가장 큰 즐거움을 안겨주었던 예술 장르, 연극의 위대한 전도사였어. "헛수고(a wild goose chase)"라는 문구처럼 현재까지도 널리 사용되는 관용구를 숱하게 주조해 낸 언어의 연금술사이기도 했지.

셰익스피어 탄생 450주년이었던 지난 2014년엔, 영국 및 세계 전역에서 작가를 기념하는 축제가 개최

됐어. 지금도 세계 어딘가에서는 셰익스피어로부터 영감을 얻은 누군가가 펜을 움직이고 있을 확률이 높아. 아니면 영화 필름을 사용하고 있겠지. 셰익스피어라는 이름은 예술의 전 영역에 영향력을 행사하고 있다고 해도 틀리지 않을 거야. 몇몇 고증적 오류가 작품에 보이긴 한다만, 그런 사소한 문제가 그의 천재성을 훼손했다고 보는 비평가는 한 사람도 없을 거란다.

『오셀로』를 조금 더 자세히 들여다보게 된 건, 대학교 셰익스피어 전공 수업 시간이었어. 고등학생 때 쓱쓱 넘겨보았던 책이긴 했지만, 자신 있게 읽었다고 말할 수준은 안 되었어. 그러니 제대로 텍스트를 살피게 된 건 그때가 처음이었다고 할 수 있을 거야. 외국인 교수님이 강의하시던 그 수업의 시험은 학생들에겐 공포의 대상이나 다름없었단다. 원문 텍스트의 빈칸을 메워야 하는, 그래서 책의 모든 문장을 외워야만 풀 수 있었던 시험이었으니까 말이야. 그래서 아빠의 학점은 어땠냐고? 이렇게만 말해둘게. 차마 학점을 밝힐 순 없지만, 최고로 유익했던 수업 중 하나였다고. 정말이야.

셰익스피어가 쓴 걸작들의 순위를 가리는 건 무의미하겠지만, 캐릭터성만 가지고 평가했을 때 『오셀로』는 최상단 어디쯤에 있어야 할 거다. 당장에라도 현실로 튀어나올 것 같은 입체적인 인물들이 넘쳐나니까 말이야.

당연히 스스로 파국 속으로 걸어 들어간 장군, 오셀로를 먼저 거론해야 할 것 같구나. 오셀로의 광기는 너무나 유명해진 탓에, '오셀로 증후군(Othello syndrome)'이라고 따로 불리게 되었지. 저 장군은 왜 비뚤어져야만 했을까? 근본적인 이유는 오셀로가 소수자였다는 데 있었어. 당대 베네치아 사회에서 피부색이 어두운 무어인은 백인들로부터 멸시당하고 천대받았지. 딸이 무어인과 결혼했다는 소식에 분기탱천한 브라반시오 의원의 모습이 기억나지? 인종차별이 횡행하던 사회 속에서 유색 인종은 능력만으로 평가받을 수 없었단다.

하지만 그렇다고 오셀로가 범한 죄가 희석되는 것은 아니야. 그는 이아고의 말만 듣고 아내가 자신을 배신했다는 결론을 내렸어. 심지어 눈앞에 보이는 명확함을 믿지 않고, 귀를 현혹하는 모호함을 믿었지. 애초에 존재하지도 않았던 부정의 증거를 찾아 헤맸던 거야. 그건 일종의 피해의식이었어. 아내에겐 백인 구혼자들이 많았다. 아내가 카시오를 싸고도는 데는 다 이유가 있다. 아니, 있어야만 한다. 내가 그걸 밝히고야 말겠다. 그는 자꾸만 현실을 부정하려 들었지.

운명은 어리석은 자를 돕지 않는다

오셀로처럼 행복을 억지로 불행으로 바꾸려 애쓰는 자에게 운명은 조언을 베풀지 않아. 오셀로에겐 자신의 실수를 충분히 돌이킬 기회가 있었지. 아내에게 진실을 물을 수도 있었고 부하의 지나친 사생활 개입에 선을 그을 수도 있었어. "음모론보다는 합리적 추론이 바람직하다"라는 상식을 따를 수도 있었지. 그렇지만 그는 그렇게 하지 않았어. 이윽고 파멸이 그를 기다렸지. 모조리 그가 자초한 일이었어.

책의 실질적인 주인공 이아고. 그는 문학이 구현한 악인 중에서도 가장 '순수악'에 가까운 인간이라 할 수 있을 거야. 이익 추구나 목적 달성을 위해 거짓말을 서슴지 않고 규칙을 위반해 가며 타인을 착취했다는 점에서, 이아고는 소시오패스*의 원형이기도 해. 그는 오셀로를 욕보이려 가짜 증거를 만들어 냈고, 로데리고의 연심을 이용해 금품을 갈취했으며, 위기에 놓이자 살인도 마다하지 않지. 중죄를 범했지만 뉘우치지 않는다는 점에서 할리우드 영화에서 숱하게 반복

---

* 반사회성 인격 장애로 자신의 감정 조절에 능하고 타인의 감정도 잘 이용하는 사람.

된 개심하는 악당 클리셰로부터 벗어난 캐릭터라고도 볼 수 있어. 어떤 의미에선 시대를 앞서갔다고나 할까? 이 또한 작가 셰익스피어의 위엄을 보여준 것이라 할 수 있지.

비참하게 살해된 여자 주인공에 대해서도 할 말이 많을 거라고 생각한다. 작품을 다시 읽어 보면, 그녀의 능동적인 면모를 여러 곳에서 볼 수 있을 거란다. 따지고 보면 만인이 반대하는 결혼을 강행했던 사람은, 위험한 전장으로 가겠다고 몸소 이야기했던 사람은, 유능한 부관을 해고해서는 안 된다고 주장했던 사람은, 죽음 앞에 끝까지 당당했던 사람은, 모두 동일한 인물이었어. 데스데모나 말이야. 앞으로 그녀를 주인공으로 한 재해석 작품들이 더 나올 수 있을 거라고 감히 예상해 보게 된단다.

그렇다면 『오셀로』가 오늘날의 우리에게 던지는 교훈은 뭘까? 여기서 지도자라면 사람을 가려 써야 한다는 자기 계발서식 결론을 내리고 싶진 않구나. 아빠 생각은 이래. 삶을 살다 보면 우리는 올바른 인식을 방해하는 갖가지 정념들과 만날 수밖에 없어. 그때 기억해야 해. 혼자만의 프레임에 갇힌 채 판단하고 행동하는 건 무엇보다 위험하다는 것을, 사랑하는 사람과 늘 진솔하게 대화해야 한다는 것을 말이지.

아빠는 여태껏 그래 왔냐고? 그렇지 못했어. 그래서 이제부터라도 잘하도록 노력하려고 해. 이것도 정말이야.

               사랑하는 아빠가

어떤 책으로 읽을까

알라딘, 예스24, 교보문고 등 온라인 서점에서 구할 수 있는 『오셀로』의 한국어판은 여럿이야. 아빠가 읽어본 것으로는 민음사 번역본(최종철 역), 전예원 번역본(신정옥 역), 해누리기획 번역본(김재남 역)이 있는데, 이중에서 고른다면 해누리기획에서 나온 책을 추천해 줄게.

대화

── 셰익스피어의 다른 작품이 아니라 『오셀로』가 선택된 이유가 뭐예요?
── 질투, 열등감, 차별. 작품을 관통하는 키워드들이 현대 우리 사회에 시사하는 바가 크다고 판단했기 때문이야. '4대 비극'에 속하는 작품이라면 빠질 데 없이 죄다 훌륭하지만, 우리의 이번 독서 대화에는 '1작가 1작품' 원칙을 지키기로 했으니 아쉽지만 다음 기회를 노리도록 하자꾸나. 우리 2권을 무조건 내야겠구나. 하하.

열네 번째 편지

자기 앞의 생

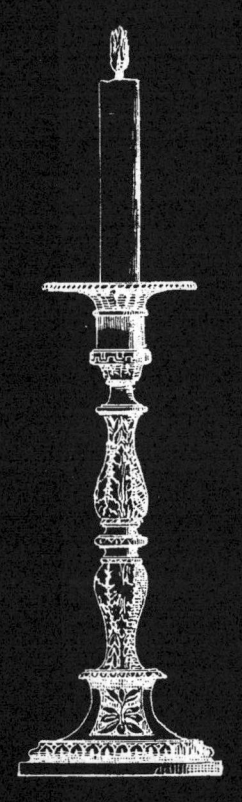

사랑해야 한다.

2024년 8월 30일 금요일
에밀 아자르 『자기 앞의 생』
(1975)

소율에게

 슬프지만 따뜻한 이야기 하나를 시작할까 해. 친부모가 누구인지도 모르는 채 이곳에 맡겨진 주인공 모모. 모모는 빈민들이 거주하는 아파트에서 로자라는 유대계 폴란드 여성과 살았어. 엘리베이터 같은 건 있지도 않았지. 로자는 모모의 엄마를 포함해 매춘부들이 낳은 아이들을 보살폈어. 아이 엄마들이 보내는 양육비로 살림을 꾸려 나갔지. 하지만 벌이가 시원찮았던 탓에 송금은 종종 끊기곤 했다는구나. 로자 아줌마는 모모의 이름이 모하메드고, 종교는 이슬람교였다고 이야기해 주었어. 더 자세한 설명은 하지 않았지만 말이야. 뇌졸중과 치매를 앓았던 로자. 그녀가 백

킬로그램에 육박하는 몸을 이끌고 아파트 계단을 오르내리는 건 쉽지 않은 일이었을 거야. 로자는 수시로 숨을 헐떡였지. 그때마다 아이들은 축 늘어진 아줌마를 7층까지 끌어 올려야 했어.

로자네 식구들은 늘 두려움에 떨며 살았지. 언제 당국 직원들이 들이닥쳐 아이를 보육 시설로 데려갈지 몰랐거든. 국가 기관은 저 '고상하지 못한 일'에 종사하는 엄마들이 낳은 아이들을 호시탐탐 노리고 있었어. 한데 로자가 초인종 소리를 두려워하는 이유는 따로 있었단다. 독일 비밀경찰에 의해 아우슈비츠 수용소로 끌려갔던 끔찍한 경험 때문이었지. 그녀가 히틀러의 사진을 버리지 못한 이유도 내면 깊숙이 자리한 트라우마에 기인한 것이었어.

파리의 빈민가 아파트

어쩔 수 없이 일찍 철이 들었다지만 어디까지나 모모는 어린애였단다. 엄마가 보고 싶었던 아이는 아파트 여기저기에 똥을 싸 갈기고 다녔어. 사람들의 주의를 끌기 위한 아이다운 발상이었지. 물론 그런 일을 벌인다고 해서 엄마가 아들을 보러 온 적은 없었어. 아이에게 파리의 빈민가 아파트는 너무나도 고독하고 쓸쓸했단다. 인간의 생(生)이란 존귀하다고 하나, 어떤 이들의 삶은 그렇지 않았어. 로자와 모모의 삶이 꼭 그러했지.

그래도 궁핍했지만 지혜롭고 도무지 악의라곤 찾을 수 없었던 이웃들이 있었어. 그들의 존재는 로자와 모모에게 큰 힘이 되었을 거야. 먼저 5층 주민인 간성(間性)*의 롤라가 떠올라. 한때 복싱 챔피언을 지냈던 그녀는 숲에서 동성애자들을 상대로 성매매하며 생활비를 벌었단다. 롤라는 모모 가족을 위해 식료품을 주고 요리를 해 주기도 했어. 그녀는 착한 심성을 지녔으니까. 빅토르 위고를 좋아하던 양탄자 행상 하밀 할아버지도 있구나. 풍부한 경험을 가진 하밀은 날마다 모모에게 재미있는 이야기를 들려주곤 했지. "사랑할 사람 없다면 인간은 살아갈 수 없다"라는 그의 가르침은 모모에게 큰 깨달음을 주었단다. 이에 대해서는 재차 언급하도록 할게.

로자의 건강은 나날이 악화되어 갔어. 더 이상 새 아이를 맡을 수 없을 지경이었지. 한때 맑았던 정신은 더 이상 없었어. 혼탁한 정신이 그녀를 지배하고 있었단다. 시간이 흐르자 로자는 아무것도 인지할 수 없게 되었지. 부끄러움이라곤 모른 채 옷을 아무렇게나 훌

---

* 생식기나 성호르몬 같은 신체 특징을 남성/여성이라는 이분법적 구조로 설명할 수 없는 사람을 말해.

렁 벗어 던지곤, 아이들 앞에서 야릇한 포즈를 취하기까지 했어.

그건 치매 증상이었어. 모모의 말처럼 "자연이란 잔혹한 악당"이었단다. 로자의 병은 가혹하다 싶을 정도로 그녀의 신체를 고문해 들어갔지. 잠시 멀쩡해진 순간에 그녀는 모모에게 부탁하게 돼. 자신의 최후를 의사에게 맡기지 말라는 것이었어. 그것은 의미 없는 연명치료를 하지 말라는 의미였지. 로자를 사랑했던 모모는 꼭 그렇게 하겠다고 맹세했어.

친아버지가 나타나다

이후 두 사람의 삶은 급박하게 전개된단다. 어느 날, 14년 전 맡긴 아들을 데려가겠다며 찾아온 낯선 사내가 있었어. 그의 이름은 모모의 친아버지 유세프 카디르. 과거 정신병을 앓았던 그는 질투심에 사로잡혀 모모의 어머니 아이샤를 잔혹하게 살해한 뒤 체포되어 수감되었지. 그리고 출소 후 아들을 찾기 위해 이곳을 찾아온 것이었어. 유세프 앞에 선 로자는 "자신이 모모를 유대인 세례를 받게 했다"라고 거짓말을 했지. 그 거짓말의 결과는 어땠을까?

하나뿐인 아들이 이슬람교를 버리고 유대교 세례를 받았다는 사실에 크게 충격을 받은 유세프는 그

자리에서 쓰러져 숨을 거두고 말았어. 사인은 심장마비였지. 로자에게 사람을 죽게 할 의도 같은 건 없었어. 그렇다고는 해도 도저히 저 애 아버지라는 사람에게 모모를 내줄 수 없었던 거야. 끝까지 모모를 외부 위협으로부터 지키려고 했던 거지.

마침내 로자와 모모, 둘 다 직감했지만 상상하기는 꺼려졌던 그날이 왔어. 그래, 로자 아줌마는 죽음을 앞두고 있었지. 영원한 이별을 앞두고 모모는 아주머니와 했던 약속을 떠올려. 모모는 아파트 지하에 있던 좁은 방으로 로자를 데려갔어. 수용소의 악몽이 밀어닥칠 때마다 몰래 찾곤 했던 로자만의 비밀 공간으로 말이야. 모모는 로자의 얼굴에 곱게 화장을 시켜주고 눈썹도 그려주었어. 향수도 듬뿍 뿌려주었지. 너도 짐작했겠지만, 그때 로자는 이미 죽은 상태였단다. 그러니까 모모는 지하실에서 아주머니의 시신과 함께 밤을 보냈던 거야. 자그마치 3주일 동안! 시체가 부패하는 냄새를 견디지 못한 사람들이 지하실 문을 부수고 들어오기 전까지 하루도 빼놓지 않고 말이야. 구급차에 오르던 그 순간, 모모는 하밀 할아버지의 말을 곱씹고 있었어. 소년은 조용히 읊조리지. "사랑해야 한다."

로맹 가리라는 작가

작가 에밀 아자르의 필명은 로맹 가리. 제정 시대 모스크바에서 1914년 태어난 로맹 가리는 탁월한 문학적 재능을 발휘해 소설을 썼고 첫 작품 『유럽의 교육』(1931)으로 비평가상을 받게 되었지. 마흔둘이 되던 해엔 『하늘의 뿌리』(1856)로 프랑스에서 가장 권위 있는 문학상 중 하나인 공쿠르상을 받기도 했어. 그러자 사람들은 로맹 가리를 추앙하게 되었단다.

그러나 유명해진다는 건 꼭 기분 좋은 일만은 아니었어. 사람들은 자꾸만 그의 작품을 로맹 가리 스타일이라는 프레임으로만 해석하고 이해하려고만 했거든. 어느새 작가는 그런 선입견을 받아들일 수 없게 되었지. 그 시점에서 그는 누구도 예상하지 못했던 일을 벌이게 돼. 필명을 에밀 아자르로 바꿔버린 거야. 당연히 작품도 새 이름으로 내놓겠다는 심산이었지. (그렇다고 로맹 가리라는 필명을 아주 버린 것은 아니었어. 1970년대 중반 그는 두 이름으로 책을 발표했지. 외부적으로 에밀 아자르의 역할은 조카 폴 파블로비치가 맡았어.) 정점에 올랐던 예술가가 모든 권위를 던져 버린 채로, 새롭게 시작한다는 건 큰 도전이었을 거야. 그럼에도 그는 바닥에서부터 다시 솟아오르기로 했단다.

놀랍게도 그는 다시 한번 공쿠르상을 거머쥐었

어. 이 책 『자기 앞의 생』으로 말이지. 공쿠르상은 한 작가에게 두 번 수여되지 않는다는 원칙을 갖고 있었으므로, 그는 유일하게 두 번 상을 받은 작가가 되었단다.

아빠가 『자기 앞의 생』을 읽게 된 건, 로맹 가리의 단편 「새들은 페루에 가서 죽다」(1962)를 보고 큰 감동을 받은 후였어. 그날 이후 도서관이나 서점에서 그가 쓴 책들을 잡히는 대로 읽었던 것 같아. 『자기 앞의 생』도 그때 만나게 되었단다. 이 책을 산 장소는 지금은 사라진 서울의 어느 서점이었는데, 출판 연도를 확인해 보니 때는 2003년이었구나.

삶이 있다면 죽음도 있다

우리에게 삶이 있다면 마땅히 죽음도 있게 마련이지. 모두에게 죽음의 의미는 다를 거야. 장의사에겐 돈벌이 수단이겠고, 디킨스의 소설 『어려운 시절』(1854)의 엄격한 공리주의자 맥초컴차일드에겐 무시해도 좋을 통계 수치일 거야. 한데 그보다 더 냉철하게 죽음을 보는 시선도 있어. 소설가 짐 크레이스는 자신의 책 『그리고 죽음』(1999)에서 죽음을 벌레와 게에 의해 분해되는 과정으로 묘사하고 있으니까.

하지만 어떻게 사람의 죽음이 숫자로만 치환되거나, 구더기에 파 먹히는 유기물에 불과할 수 있겠니.

아빠는 도저히 그렇게는 생각할 수 없구나. 적어도 모모에게 로자는 각별했던 존재라는 걸 기억해 보자꾸나. 모모에게 로자 아주머니의 죽음은 좀처럼 받아들이기 어려웠을 거야. 쥐가 득실거리는 컴컴한 지하실. 모모는 로자의 시신 옆에 누워 3주일을 보냈어. 3시간도, 3일도 아닌, 3주일을 말이야.

로자에게 병이 닥치기 전까지 모모는 경찰이나 테러리스트가 되어 남들 앞에 으스대고 싶었던 아이에 불과했어. 그렇지만 모모는 자신만의 아주머니를 위해 예를 갖추었지. 제아무리 친자식이라도 그렇게는 할 수 없었을 거야. 아주머니는 영영 살아나지 못하겠지만, 앞으로도 모모는 로자를 잊지 않을 거야. 누군가에게 그런 존재로 남을 수 있다는 건, 인생을 잘못 살았다는 증거는 아닐 테지. 그래서 로자의 끝은 불행하지는 않았을 거야.

노화란 한 인간의 종착역이란다. 푸르렀던 젊은 시절, 로자와 연인으로 엮일 뻔했던 하밀 할아버지도 노인성 치매에 걸리고 말았지. 그의 총명했던 기억은 쇠퇴해 갔고, 감각은 점점 무뎌져 가고 있었어. 화장실에 가야 할 때면 누군가 곁을 부축해 주어야만 했지. 아, 옛날이여!

할아버지를 가까이에서 관찰하며 곁을 지켜주었

던 모모. 그는 노인 안락사에 대해 진지하게 고민하게 돼. 인간들은 가혹하며, 무방비로 질병에 노출된 노인들을 저렇게 내버려 두는 건 더 가혹하다고 말이야. 그래서 모모는 결론을 내리지. 삶은 우리가 선택한 것이 아니지만, 죽음만큼은 당사자 스스로 선택해야 한다고. 65세 이상 인구가 20%를 넘어 초고령화 사회에 진입한 한국에서도 이에 대한 논의는 더 뜨겁게 진행될 듯싶구나.

삶의 위대함

하지만 제목에서도 알 수 있듯 『자기 앞의 생』은 어디까지나 죽음보다는 삶에 초점을 맞춘 소설이야. 어디에서도 중심이 아니었던 사람들이 서로를 보듬는 가운데 삶의 위대함을 깨닫게 하는 소설이기 때문이야. 유대인, 아프리카계 이민자, 거리의 여인들. 이것은 아무도 주목하지 않았던 소수자들의 이야기야. 책에는 '회색 지대'에 거주하는 여러 인물이 등장하지. 그들은 가난이 두 어깨를 짓누르는 와중에도 미소와 유머, 연민을 잃지 않아. 더구나 대가 같은 건 바라지 않고 서로를 도우며 살아가지.

급속도로 개인화되고 타인에게 무신경해지는 사회 풍토 속에서, 이런 풍경은 어쩌면 낯설게 보일지도 모르겠구나. 그렇지만 중요한 건 모모가 했던 말처럼 인간의 "감정을 쏟을 가치가 있는 것"을 찾아내는 게 아닐까, 생각하게 된단다. 요컨대, 우리는 자신의 감정을 누군가에게 기꺼이 소모할 수 있어야 한다는 거야. 유일한 친구였던 우산 아르튀르에 대한 모모의 마음처럼 말이지.

아빠는 이 책을 읽을 때마다 이제는 이 세상에 없는 아티스트 신해철이 생각나. 그가 쓴 노래의 제목은 "우리 앞의 생이 끝나갈 때"(1989)란다. 가사의 의미를 다른 언어로 풀어보면 이래. 우리는 왜 지구라는 별에 왔을까? 시간이 한참 흐른 뒤에 누군가 우리에게 묻는다면 대답할 수 있을까? 하지만 나는 후회 같은 건 하지도 않았다고.

그래, 인생에 정해진 건 아무것도 없어. 우리들은 "아무것도 약속할 수 없지만", 모모처럼 누군가를 사랑하며 이 하루하루를 살아 나가겠지. 그렇게 삶의 마지막을 맞이하게 되는 날, 아빠는 이렇게 말하고 싶구나. 그게 내게 주어진 숙명이자 유일한 길이었다고. 누군가를 사랑한 삶이란 아름다웠다고.

사랑하는 아빠가

어떤 책으로 읽을까

문예출판사(지정숙 역) 등 여러 출판사가 이 책을 번역했어. 아빠가 읽은 책은 용경식 선생이 옮긴 문학동네 책인데, 네게도 이 번역본을 추천해. 그림과 함께 책장을 넘기고 싶다면 같은 출판사에서 나온 일러스트판을 고르면 되겠구나.

대화

── 한 문장을 뽑자면 이걸로 하고 싶어요. "사랑해야 한다."
── 아니, 너도 이 문장이었구나.

열다섯 번째 편지

목로주점

인간은 어떻게든 존엄성을
지킬 수 있다.

2024년 9월 12일 목요일
에밀 졸라『목로주점』
(1877)

소율에게

우리가 오늘 읽을 책은『목로주점』이란다.『목로주점』의 원제는 '아소무아르(L'Assommoir)'야. 프랑스어 '아소무아르'는 '때려눕히다(assommer)'라는 동사로부터 파생된 것으로 '곤봉이나 사람에게 가해지는 큰 타격'을 의미한다고 해. 19세기 중반, 파리 벨빌에는 이 이름을 붙인 선술집들이 있었다고 해. 싸구려 술을 파는 그곳엔 부자들이 아니라 노동자 계층이 주로 드나들었다 하지.

그러면 술집의 내부를 들여다볼까? 고된 일과가 끝난 시각, 비좁은 선술집엔 이미 거나하게 취한 손님들로 발 디딜 틈이 없었어. 어느새 목소리가 커진 취객들은 그곳에서 일자리, 여자, 기타 세상 돌아가는 이야기를 나누곤 했지. 어떻게 보면 아소무아르는 가난한 노동자들을 위한 동네 사랑방과도 같았을 거야. 하루의 피로를 풀고 노동의 에너지를 충전하기에 그보다 적합한 공간은 없었을 것 같구나. 하지만 작가는 과도한 알코올 섭취는 파멸을 부른다는 것을 잘 알고 있었어. 술은 마시는 사람 자신의 삶을 망가뜨리는 한편, 타인의 생명을 앗아가기도 한다는 것을 말이야. 『목로주점』의 등장인물들은 제각각의 방식으로 저 '악마의 음료'를 떨쳐내지 못한 채 몰락해 간단다.

책장을 넘기면 삶이 안겨 준 무게로 괴로워하는 주인공 제르베즈가 등장해. 그녀는 바람기 심한 남편 랑티에 때문에 고통받고 있어. 좀처럼 나아지지 않는 생활 형편도 얼굴에 주름살을 더하는 요인이었지. 낭비벽이 심했던 랑티에가 이런저런 소비로 재산을 탕진했기 때문에, 제르베즈가 세탁일로 버는 몇 푼으로는 그야말로 딱딱하게 굳은 빵 정도밖에는 먹을 수가 없었거든. 서서히 지쳐가던 그녀는 자신이 두 아이와 함께 거리에 버려졌다고 생각하게 되었지. 저 휘황찬란한 도시 파리, 그 어느 곳에도 그녀와 아이들이 몸을 누일 만한 공간은 없었어. 설상가상으로 랑티에는 아내를 버리고 다른 여자에게로 떠나가 버렸단다. 정말 무책임한 인간이었지.

그런 그녀를 곁에서 지켜보며 속을 끓이던 남자가 있었어. 그의 이름은 성실한 함석공 쿠포. 동네 선술집에서 두 사람이 대화하는 부분이 있는데, 이게 꽤 암시적이야. 제르베즈의 아버지와 쿠포의 아버지가 알코올 중독자였다는 묘사가 있거든. 제르베즈는 쿠포에게 "술을 왜 마시는지 이해할 수 없다"라고 털어놓고, 쿠포 역시 "노동에 방해가 되는 독주보다 도수 낮은 술을 즐긴다"라고 답하지. 아버지의 폭력으로 인한 트라우마가 있던 제르베즈에게 쿠포는 자신은 절대 "당신을 때리지 않겠다"라고 약속하는데, 이에 마음이 움직인 제르베즈는 낙천적이고 정열적인 저 사내에게 마음을 열게 돼. 급속도로 사랑에 빠진 두 남녀는 시청에서 일가친척과 지인들 앞에서 결혼식을 올리게 되었지.

나는 당신을 때리지 않겠어요

모두가 그들의 앞날을 축하하는 것 같진 않았어. 특히 인색하고도 인정머리라곤 없는 시누이 로리외 부인의 표정은 썩 좋지 못했지. 그렇지만 그날, 제르베즈에게 시누이의 표정보다 더 기분 나빴던 것은 장의사 바주즈 영감의 말이었단다. "죽으면 전부 끝이라네."

하나 그때까지만 해도 죽음의 그림자는 제르베즈에겐 아직 멀게 느껴졌어. 오히려 하는 일마다 잘 풀려 갔단다. 한푼 두푼 돈을 모으던 제르베즈는 마침내 꿈에 그리던 자신만의 세탁소를 열 수 있었어. 드디어 좁디좁은 여관방과는 작별이었지. 제르베즈의 세탁 솜씨는 꼼꼼해서 사람들의 신뢰를 얻을 수 있었단다. 자연스럽게 가게는 번창해 갔지. 일거리가 너무 많이 들어온 나머지 혼자서는 일을 다 할 수 없었어. 다른 세탁부들을 고용해야만 할 정도로.

그게 그녀가 바라던 행복이었을 거야. 그것은 소박하지만 충만한 행복이었지. 하지만 꼭대기에서 내려오는 건 순식간이란다. 추락엔 어마어마한 가속이 붙기 마련이거든.

불행이 시작되다

제르베즈가 가게를 열기 직전, 쿠포가 지붕에서 굴러 떨어지며 크게 다치게 된 사건이 시발점이었어. 머지않아 죽게 될 거라는 의사의 말과는 달리 그는 기적적으로 회복했지만, 함석공 쿠포에게 그건 곧 커리어의 종말을 의미했던 것 같아.

그날 이후 쿠포는 완전히 딴사람이 되고 말았어.

선술집을 안방 드나들듯 출입하게 되었고, 절대로 마시지 않겠다고 다짐했던 독주를 한껏 배 속에 채워 넣었지. 그래, 알코올의 지배를 받게 된 그에게 술은 위장으로 흡수할 수 있는 단 하나의 식품이었어. 쿠포가 그렇게 된 원인이 무엇인지 졸라는 충분히 설명하고 있지 않아. 다만 알코올 중독자 아버지, 월급으로 술값을 대는 방탕한 친구들, 의지의 박약함 등이 복합적으로 작용한 결과라고만 추론해 볼 뿐이지. 세상일이라는 게 다 그렇잖아?

게다가 그게 끝이 아니었어. 다시 제르베즈 앞에 나타난 전 남편 랑티에는 전 아내의 집에 기생해 살면서 가게 살림을 뒤에서 조종하는 파렴치함을 드러냈지. 그런데 합리적인 사고 능력을 상실한 쿠포는 랑티에를 막기는커녕 오히려 그의 손에 놀아나고 말아. 모두 이성을 잃고 떠들썩한 파티를 즐겨댔지. 그렇게 한바탕 잔치가 끝나고 나자, 제르베즈 부부에게 남은 것은 막대한 빚과 청구서뿐이었어. 술과 오물, 음식 찌꺼기에 뒤덮인 가게를 앙숙 비르지니에게 넘겨주는 것 말고는 별다른 도리가 없었단다.

그 후의 이야기는 가혹하고 잔인하기만 한 주석이야. 환각에 시달리던 쿠포는 결국 정신병원에서 초라한 죽음을 맞이했어. 자신도 알코올 중독자가 된 제르베즈는 좁은 골방에서 수프 한 모금 먹지 못한 채 굶어 죽어가야 했지. 혹한과 배고픔을 이기지 못했던 탓이었어. 오랫동안 발견되지 못해 썩어가던 그녀의 시신은 장의사 바주즈 영감에 의해 수습되었단다.

졸라라는 작가

해피엔딩과는 반대편에 있는 이 냉정한 소설을 지은 사람은 프랑스의 작가 겸 비평가 에밀 졸라란다. 아버지를 일찍 여읜 탓에 그는 어렸을 때『목로주점』속 주인공보다 나을 것 없는 극심한 생활고를 겪어야 했어. 1860년대 중후반 전업 작가로 나서며 이름을 알려 갔던 그가 큰돈을 벌 수 있게 해 준 작품이 이 책『목로주점』이었지. 소설에 등장하는 제르베즈의 세 자녀, 자크, 에티엔, 나나의 이야기는 각각 루공-마카르 총서『인간 짐승』(1890),『제르미날』(1885),『나나』(1880)에서 확인할 수 있어. 많은 사람에게 에밀 졸라의 이미지는 행동하는 지식인으로 더 깊게 각인되어 있을 텐데, 그것은 프랑스 전역을 떠들썩하게 했던 드레퓌스 사건* 때문이었을 거야.

* 에밀 졸라는 프랑스 대통령에게 보내는 공개서한에서 조작된 증거로 유죄 판결을 받은 장교를 옹호하며 그를 유죄로 몰고 간 사람들을 통렬하게 고발하고 있어. 사건의 진범 에스테라지에겐 무죄가 선고되었지만, 드레퓌스 대위는 단지 필적이 비슷하다는 이유만으로 체포되

이 책을 처음 읽었던 건 십수 년 전 지방행 버스 안이었구나. 과장이라곤 없는 졸라의 문체와 빨려들듯한 서사에 그날 느지막이 완독할 수 있었단다. 책을 어디서 샀는지는 기억이 없어. 만약 사지 않았다면 도서관에서 빌려 보았을지도 모르겠구나. 지금 아빠 서재에 꽂혀 있는 건 문학동네에서 출간된 두 권짜리 책이란다. 그런데 이건 그때 버스 안에서 읽었던 판본은 아니구나.

흡인력을 제외하고도 『목로주점』을 우리 시대의 고전으로 꼽을 수 있는 이유는 또 있을 것 같구나. 사실주의 문학의 대가답게 변화하는 시대상을 예리하게 포착했다는 점을 꼽을 수 있을 거야. 인간이 무거운 망치를 들고 낑낑거리며 리벳 하나를 만들어 낼 때, 졸라는 반나절 동안 수백 킬로그램의 볼트를 생산하는 기계를 언급하고 있어. 기계를 지칠 줄 모르는 "거대한 짐승"에 비유하며, "노동자의 임금이 계속 하락할 것"이라고 예측한 구절은 섬뜩하기까지 하지. 만일 졸라가 현대식 최첨단 제조 공장을 보았다면, AI가 인간을 대체하는 과정을 봤다면, 대체 그는 어떤 글을 우리 앞

어 종신형을 선고받았단다. 이 사건의 진상을 고발하는 졸라의 편지는 프랑스 대중을 격분케 했고, 결과적으로 재심 끝에 드레퓌스가 무죄 판결을 받는 데 결정적인 역할을 했지.

에 내놓았을까?

그렇지만 아빠가 더 살펴보고 싶은 지점은 따로 있어. 졸라는 이 책에서 인간이란 참혹한 환경 속에서도 사랑과 연민을 잃지 않는 존재임을 강조해. 모든 캐릭터가 당장에라도 책 바깥으로 튀어나올 것 같이 생생하게 그려진 작품이지만, 그중에서도 몇몇 인물은 더 주목할 필요가 있을 것 같아.

우선 제르베즈를 유일하다시피 진심으로 대하는 대장장이 구제를 꼽을 수 있을 거야. 제르베즈는 그로부터 빌린 돈 덕분에 세탁소를 열 수 있기도 했지. 가장 감동적인 순간은 그보다는 아사하기 직전의 제르베즈를 집으로 데리고 와 음식을 주는 장면이겠지만 말이야. 세월의 풍파는 구제가 사랑하는 여인의 외모를 거칠게 만들었지만, 여전히 그는 그녀를 깊이 사랑하고 있었어. 구제가 차린 음식을 입 안 가득 욱여넣던 제르베즈가 오열하는 대목은 이 책의 하이라이트라 할 수 있겠지. 비록 둘은 연인 사이로 발전하지는 못했지만, 그랬기에 변치 않는 우정을 유지할 수 있었단다.

음식을 먹이다

안타깝게도 죽음을 피하지 못한 꼬마 랄리도 있지. 그 이름을 쓰자마자 자동적으로 눈물이 흐르는구

나. 주정꾼 아버지 비자르로부터 모진 학대와 구타를 당하면서도 랄리는 동생들을 끝까지 지켜내. 아비에게 맞아 죽어가던 마지막 순간까지도 식구들에 대한 걱정을 거두지 않았거든. 그런 점에서 랄리는 『올리버 트위스트』의 낸시를 연상시키는 캐릭터라 할 수 있을 거야. 그래. 어른은 아이 앞에서는 언제나 부끄러워지는 법이란다.

자, 주인공 제르베즈에게도 선한 면은 있었어. 소외된 이웃 브뤼 영감에게 가장 따뜻했던 인물이 그녀였으니까. 자신을 부양할 자식들을 전쟁에서 잃고 난 후, 영감은 복지의 사각지대에서 서서히 죽어가고 있었지. 주변의 그 누구도 그를 불쌍히 여기지 않았어. 남몰래 좋은 음식을 먹었던 로리외 부부도, 경찰이자 여유 있게 생활하던 푸아송 부부도, 수백 명의 세입자를 거느린 전직 노동자 마레스코 씨도 말이야. 그들은 빵 하나 먹지 못한 노인에게 철저히 무심했단다. 그러고 보면, 자식에게 버려진 시어머니 쿠포 부인의 장례를 정성껏 모신 사람도 제르베즈 하나뿐이었어.

물론 그녀가 한 행동들이 다 이해되고 용서되는 것은 아닐 거야. 무모하게 가게를 열어 남의 돈을 끌어다 쓰고 갚지 않았던 사람도, 허세에 물들어 도를 넘는 생일상을 차린 사람도, 스스로 알코올의 노예가 되어

버린 사람도 그녀 자신이었으니까. 인간은 그렇게 '이중적인 존재'일 수밖에 없지만, 그럼에도 조금 더 선해질 수 있다는 점을 잊어서는 안 될 것 같구나. 졸라는 마치 이렇게 말하고 있는 것 같아. 삶이 나약한 인간에게 가하는 치명적인 일격에도 불구하고, 인간은 어떻게든 존엄성을 지킬 수 있다고 말이야.

그러면 오늘 편지는 여기서 줄이도록 할게.

사랑하는 아빠가

어떤 책으로 읽을까

아빠가 옛날에 봤던 책은 청목사에서 나온, 오래된 번역본인데, 솔직히 이건 추천하고 싶지는 않구나. 가장 신뢰할 수 있는 번역본은 파리에서 프랑스 고전주의 문학을 전공한 박명숙 선생이 옮긴 문학동네판과 역시 프랑스에서 공부한 유기환 선생이 옮긴 열린책들판이란다. 둘 중에서라면 어느 것을 골라도 괜찮을 거야.

대화

—— 쿠포와 제르베즈의 생을 망가뜨린 술. 어른들은 대체 저게 뭐가 좋다고 마시는 걸까요?
—— 애주가로서 대답하기 참 난감한 질문이로구나. 적당히 마실 수만 있다면, 술은 없는 것보다는 있는 게 낫다고 생각해. 그런데 그 '적당히'라는 선을 지키는 게 참 어려운 일이로구나. 아빠는 되도록 '1주일에 1번, 기분 좋을 때만, 좋은 소수의 사람과 함께'라는 나름의 원칙을 지키려고 해.

열여섯 번째 편지

좁은 문

인간은 결국 성장하게 되는
존재인 것 같아요.

2024년 12월 5일 목요일

앙드레 지드 『좁은 문』

(1909)

소율에게

아침저녁으론 살짝 한기가 돌지만, 활동하기엔 더없이 좋은 날. 오래 지속된 이상기온 탓에, 산에는 제때를 놓쳐버린 울긋불긋 단풍이 보여. 수확이 끝난 들판과 황금빛으로 물든 억새가 또 한 해가 지나가고 있음을 일깨운다. 말로는 포착하기 힘든 충만함과 상실감이 교차하는 풍경이구나. 내년에는 새로운 자연의 순환이 이곳에 펼쳐지겠지. 모든 걸 주었다가 단번에 앗아가는 게 우리 유한한 인간의 일생이 아닐까 싶기도 하다.

이른 아침, 무심코 핸드폰 사진첩을 넘기다 어떤 사진을 보고 미소 지었다. 우리는 둘 다 활짝 웃고 있다. 정확히 기억나지는 않지만, 어떤 유쾌한 일이 있었던 모양이야. 어쩌면 네가 그렇게 좋아하던 치즈 피자나 치킨을 막 주문해 놓았는지도 모르겠다. 그날의 순간은 야속하게 휙 지나가 버렸지만, 그래도 우리의 추억이 어디엔가 남아 있다는 게 아빠는 기쁘단다. 아이스크림을 사러 편의점에 들렀던 추억, 생일 케이크를 같이 잘랐던 추억 말이다.

너도 서서히 알게 되겠지만 40대를 넘어서면 추억이 다 기쁜 것만은 아니야. 추억은 우리의 감정과 얽혀 있으니까. 기쁨이 있다면 슬픔도 있는 법이지. 사랑을 해 본 사람이라면 그런 감정이 뭔지 알고 있을 거야. 프랑스 작가 앙드레 지드의 소설 『좁은 문』은 가장 아픈 사랑을 다루고 있지 않을까 해. 책의 첫머리에서 화자이자 주인공 제롬은 그 아픈 추억을 글로 옮겨 놓겠다고 말하며, 최대한 있는 그대로 쓰겠다는 의지를 밝히고 있지. 그 어떤 치장이나 윤색 없이 이야기를 시작하겠다고 말이야.

가장 아픈 사랑

얼마 전 아버지를 여읜 열두 살 소년 제롬은 어머니, 그녀의 가정 교사 미스 애시버튼과 살고 있어. 초여름이 되자, 제롬은 집을 떠나 시골에 있는 뷔콜랭 외삼촌 집에서 머물게 되었지. 그곳은 가로수 길과 정원이 있고, 숲과 고원이 보이는 한적한 곳이었어. 외삼촌 내외에게는 두 딸, 알리사와 쥘리에트가 있었는데, 제롬은 자신보다 두 살 위였던 사촌누이 알리사에 반하고 말았지. 그러니까 사랑이란 논리 같은 걸로는 설명할 수 없는 것이었어. 지드는 책에서 "불현듯 우리 모두 어린애가 아니라는 사실을 알게 되었다"라고 표현했단다. 이제 두 소년 소녀는 더는 서로를 전처럼 대할 수 없었지.

제롬은 마음의 동요를 느꼈지만, 자신의 감정을 잘 다스리지 못했어. 그건 충분히 이해할 수 있는 거였지. 제롬은 고작 열두 살이었어. 어린아이에게 외숙모 뤼실의 관능은 소년에겐 낯설고도 "야릇하고 거북하게" 다가올 수밖에 없었지. 어느 날엔가는 자신의 옷매무새를 고쳐 주던 뤼실의 손길을 황급히 뿌리치곤 했단다. 제롬의 얼굴은 벌겋게 달아올라 있었지. 젊은 군인과 눈이 맞은 외숙모가 가출하자 제롬은 그녀를 "증오하게 되었다"라고 적고 있어. 어쩌면 뤼실은 제롬의 성장 교사 중 하나였을지도 모른다는 생각이 드는구나.

자매 중 더 어른 같았던 알리사는 어머니의 부정을 이미 알고 있었어. 그녀는 부디 불쌍한 아버지 뷔콜

랭에겐 아무것도 말하지 말라고 부탁하지. 알리사가 '정신적인 사랑'을 이상화하게 된 건 그 사건을 겪고 난 다음이었어. 교회를 찾은 어린 두 연인은 '마태복음'의 어떤 글귀에 이끌리게 되는데, 그건 바로 이 책의 주제를 관통하는 것이었지. 여기 그 구절을 적어 두도록 하마. "좁은 문으로 들어가라. 멸망으로 인도하는 문은 크고 그 길이 넓어 들어가는 자 많고, 생명으로 인도하는 문은 좁고 길이 협착하여 찾는 이 적음이니라."(마태복음 7장 13~14절)

글귀 하나로

어떻게 글귀 하나로 인생의 방향성을 정할 수 있냐고 물을 수 있어. 그런데 아빠는 충분히 그럴 수 있다고 답변할 거야. 충격적인 일을 겪었던 알리사를 생각하렴. 신에 대한 갈망과 동경은 그녀에게는 유일한 구원처럼 다가왔을 거야. 알리사는 제롬과 편지를 교환하며 사랑을 꽃피우지만, 점차 신에게로 기우는 자신의 마음을 알게 되었지. 그녀는 제롬에게 "각자 신에게로 걸어가야 한다"라고 말하게 되는데, 점점 그런 방법으로만 연인과 있을 수 있다고 확신하기에 이르러. 알리사의 고집에 그녀를 그토록 사랑했던 제롬 역시 동의할 수밖에 없게 되지. 사랑에 빠진 가련한 제롬에겐 다른 길이 없었을 것 같구나. 역설이었어. 멀어져야만 함께할 수 있는 연인이라니.

하지만 모든 사람이 다 같은 연애를 해야 하는 건 아니었을 거야. 둘은 그들만의 세상에서 행복할 수도 있었어. 서로 깊이 사랑했으니까. 그렇지만 행복과 평화는 오래가지 않았어. 훼방꾼이 나타났거든. 동생 쥘리에트가 제롬에게 사랑을 고백해 버린 거야. 아, 사랑의 타이밍이여. 그러나 쥘리에트의 진심을 알게 된 알리사는 자신의 사랑을 희생하기로 결단하지. 결국 알리사는 동생을 위해 제롬의 구혼을 냉정하게 거절하고 말아.

그러나 제롬의 마음이 언니를 떠날 수 없다는 사실을 쥘리에트는 모르지 않았어. 그녀는 제롬에 대한 마음을 접고 부유한 포도밭 주인이자 오랜 구혼자였던 에두아르 테시에르와 결혼하기로 하지. 솔직하게 말해 그에게 한눈에 반했던 건 아니었지만, 쥘리에트는 언니와는 좀 달랐어. 모호한 신의 지복(至福)보다는 구체적인 지상의 현실을 선택할 줄 알았으니까. 어떤 면에서는 언니보다 좀 더 영리했다고 할 수 있겠구나.

그렇다면 두 사람의 혼인을 가로막는 건 아무것도 없지 않았을까? 그렇지는 않았어. 알리사는 신에게 남은 삶의 전부를 바치기로 해. 독하게 편지 왕래도 끊어 버린 그녀는 제롬의 흔적을 하나씩 지워 나가는 방법을 써. 피아노를 없앴고, 제롬이 선물했던 책을 없앴지. 제롬은 곁을 내어주지 않는 알리사를 향해 간곡하게 자신의 사랑을 전했지만, 그녀의 결심은 흔들리지 않았어. 겉으로야 변함없이 상냥했지. 그렇지만 제롬은 그 안에서 연인의 다정함이 아닌 잘 갖춰진 예의를 보고야 말아. 그래, 알리사는 제롬에게 거리를 두고 있었어.

알리사의 마지막 행보는 자신의 존재를 지상에서 사라지게 하려는 것 같았어. 세간을 다 정리한 그녀는 바느질하며 하루하루를 보냈지. 매일매일 자신을 점점 작게, 마치 하나의 점처럼 만들고 있었어. 그러던 중, 알리사는 회복이 불가능한 중병에 걸리고 말았단다. 급격히 건강이 악화된 그녀는 결국 숨을 거두게 되지. 알리사가 그렇게 세상을 떠난 뒤, 제롬 앞으로 그녀의 일기장이 도착해. 책은 그녀의 일기로 마무리되고 있단다. 여기가 책의 하이라이트라 할 수 있어.

지드 자신의 이야기

이 가슴 아리는 러브스토리는 앙드레 지드 자신의 이야기를 변주한 것이란다. 실제로 그는 사촌누이 마들렌 롱도와 사랑에 빠졌는데, 그녀는 사촌 동생의 청혼을 쉽게 승낙하지 않았다고 해. 결국 어찌어찌 지드는 그녀와 결혼할 수 있었는데, 그 결혼 생활은 오로지 정신적인 교감에 한정되었다고 하는구나. 어떻게 그런 관계로 부부 생활을 유지할 수 있었는지, 우리가 알 수는 없지만 말이야. 소설가이면서 평론가로서도 명망이 높았던 지드는 1947년 노벨문학상을 수상하지.『좁은 문』을 제외한 대표작으로는『전원 교향곡』(1919),『위폐범들』(1925)을 꼽을 수 있겠구나. 앙드레 지드는 저렇게 멋진 작품들을 세상에 남겨둔 채 1951년 2월 19일 81세로 세상을 떠났어.

아빠가 이 책을 읽었던 건 고등학교 야간 자율학습 시간이었어. 그땐 무조건 학교에 늦게까지 남아 공부해야 했거든. 자율이라는 명칭이 무색했던 타율 수업이었지. 스트레스를 푸는 방법은 음악 감상과 독서뿐이었어. 선생님 몰래 이어폰으로 그리스 태생의 음악가 반젤리스의 음악을 들으며, 몰래 이청준의 소설을 넘겨보던 기억이 나는구나. 그때 늘 곁에 있던 파나소닉 CD 플레이어를 아직 버리지 않았을 거야. 그게 벌써 30년 전이라니!

예전 우리가 이 책을 어린이용 판본으로 읽었을 때, 너는 너무나 슬프다고, 눈물이 흐를 것 같다고 말했어. 너도 알다시피 책을 읽는 방식이 꼭 한 가지일 필요는 없지. 그래서 『좁은 문』은 세속적 감정을 초월한 한 순례자의 여정으로 읽을 수도 있고, 청교도적 엄숙주의에 대한 고발로 읽을 수도 있을 거야.

하지만 그 어떤 해석보다도 아빠는 네가 핵심을 제대로 찌른 것 같다고 생각했어. 왜냐하면 이건 사랑 이야기이기 때문이야. 흔하고 진부하지만, 그럼에도 무엇보다 흥미롭고 우리의 가슴을 뛰게 만드는 이야기 말이지. 사랑, 이 보편적인 단어에 우리는 마법처럼 끌리게 된단다. 돌이켜보면, 네가 좋아했던 영화 「알라딘」(2019)도, 「토이 스토리4」(2019)도 모두가 사랑 이야기 아니었니? 알라딘과 자스민, 우디와 보핍의 이야기 말이다. 우리가 따뜻한 피가 흐르는 인간인 이상, 어떤 식으로든 사랑으로부터 자유로울 수는 없다는 걸 지드는 말하고 싶었던 게 아닐까 해.

네가 안타까워했던 건 아마도 조금씩 뭔가가 어긋난 탓에 끝내 이뤄지지 못하는 두 사람 때문이었을 거야. 제롬과 알리사의 사랑은 계속해서 방해받으며 틀어졌지. 몇 가지 가정을 해 보면 어떨까? 물음표들이 이어질 거야. 만약 알리사 엄마가 군인과 도망가지 않았다면? 외삼촌과 숙모가 둘의 결혼에 좀 더 적극적이었다면? 쥘리에트가 끝까지 자신의 마음을 숨겼더라면? 하물며 정원에서 재회했던 날, 서로의 본심에 더 충실했더라면? 하지만 어떤 사랑 이야기는 그런 가정들이 실현되지 않음으로써 거꾸로 숭고해지기도 해. 돌이켜 보면, 『로미오와 줄리엣』(1597)도 그렇지 않았니? 『좁은 문』 또한 마찬가지였어.

일기장의 비밀

아까 제롬에게 뒤늦게 도달한 알리사의 일기장을 언급했었어. 어느 월요일 저녁 제롬과의 이별을 앞둔 날, 알리사는 일기에 이렇게 적고 있단다. "나는 이성에 따라 행동하려고 노력하지만, 막상 행동할 때면 이성이 나를 빠져 달아나거나 어리석게 보인다. 이제 더 이상 나는 이성을 믿지 않는다." 아빠가 깊이 감동했던 대목이야. 신앙의 좁은 문을 위해 연인을 포기하겠다고 다짐한 그녀였지만 실제로는 제롬을 향한 애끓는 연심으로 몸부림치고 있었던 거지. 그녀는 단 한 번도 제롬을 잊은 적이 없었단다. 다만 억지 연기를 했을 뿐이었어. 알리사에겐 얼마든지 일기장을 없앨 기회가 있었지. 난롯불에 집어넣거나 강에 던지면 간단히 처리할 수 있을 터였어. 하지만 그녀는 그렇게 하지 않았단다.

그 이유가 무엇이었을 것 같니?

감정이 격해진 페이지만큼은 찢겨 있었지만, 알

리사의 일기장은 공증인을 통해 '봉인'되었어. 그리고 비교적 온전한 형태로 제롬에게 전달됐지. 그건 애초에 그녀가 수신인을 지정해 두고 이 일기를 썼다는 것을 뜻해. 일기라는 글의 독특한 점은 저자와 독자가 일치한다는 거야. 일기는 근본적으로 자신에게 쓰는 글이지. 타인에게 보여주기 위해 일기를 쓰는 사람은 없으니까. 잘 알다시피, 유명한 『안네의 일기』(1947)도 출판을 전제하고 쓰인 게 아니었단다. 일기장이 살아남은 이유는 명확해. 꼭 제롬에게 전해지길 바랐던 것이지. 애석하게도 제롬은 그녀가 죽은 후에야 일기장을 확인하게 되겠지만 말이야. 그러니 엄밀한 의미에서 이건 일기가 아닌 편지라고 봐야 하지 않을까? 그걸 통해 남긴 알리사가 메시지는 "나를 잊지 말아 달라"라는 간곡한 부탁은 아니었을까?

그로부터 10년이 넘게 흐른 뒤, 제롬은 쥘리에트의 집을 방문하게 돼. 그는 여전히 알리사를 사랑하고 있어. "다른 여자와 결혼하더라도, 그녀를 사랑하는 척만 할 수 있다"라고 말할 정도였으니까. 이에 쥘리에트는 흐느끼며 제롬에게 이제 "깨어나야만 한다"라고 조언하는데, 그것은 죽은 언니의 영혼을 그만 놓아주라는 말로 짐작돼. 그 후의 이야기는 나오지 않는데, 과연 제롬이 알리사의 추억을 모조리 걷어낼 수 있게 될까? 다른 여자와 결혼한다면 행복할 수 있을까? 그런 질문은 제롬에겐 가혹할 수도 있을 거야. 그러니 몹시 뒷이야기가 궁금하긴 하지만, 여기서 페이지를 덮도록 하자.

사랑하는 아빠가

어떤 책으로 읽을까

아빠가 직접 읽어 본 것 중에는 을유문화사(이동렬 역)와 열린책들(김화영 역)에서 나온 번역본을 추천해. 사람들 말로는 문학과지성사에서 이성복 선생의 번역으로 출간된 것도 좋다고 하더구나. 그런데 지금은 절판 상태라는 점을 고려하렴. (인터넷 서점에서 중고 책으로는 구할 수 있단다.) 예전 우리가 읽었던 건 아이세움에서 펴낸 어린이용 판본이야. 책 특성상 고전의 내용이 지나치게 압축되거나 잘려 나간 경우가 많은데 이건 그게 상대적으로 덜하다는 장점이 있어.

대화

—— 어떤 장면이 가장 가슴 아팠니?
—— 제롬이 죽음을 앞둔 알리사를 찾아갔을 때요. 제롬이 좋아하는 피아노를 버린 알리사는 성경만 읽는 교인이 되어버렸죠. 그 장면이 가슴 아팠던 이유는 알리사가 자신의 사랑을 멀리하고, 하느님의 뜻을 따랐기 때문이었어요. 제롬은 '좁은 문'을 알리사와 함께 들어가려고 했지만, 그렇게 하지 못했죠. 그렇게

둘은 시간이 흐른 뒤에도 만날 수 없게 되어 버린 거예요.

―― 넌 알리사의 선택을 이해할 수 있어?

―― 저도 종교를 가진 입장에서 전부는 아니어도 어느 정도는 이해가 가요. 알리사에게도 얼마나 가슴 찢어지는 선택이었을까요.

―― 쥘리에트의 삶은 행복했을까?

―― 그녀는 아마 슬펐을 거예요. 왜냐하면 그렇게 사랑하는 사람을 두고 다른 사람과 결혼하게 된 거잖아요. 그래도 쥘리에르는 아이가 커 가는 걸 보면서 만족하지 않았을까요? 부모란 그런 사람들이라고 생각해요. 아직 부모가 되어 보지 않아서 정확히는 알지 못하지만요.

―― 작가가 내린 결말이 맞는다고 생각하니?

―― 어쩌면 이런 비극적인 결말이 당연해 보이기도 해요. 제롬에게도, 그리고 알리사에게도요. (저는 해피엔딩을 좋아하지만요.) 소중한 사람을 떠나보냈어도, 인간은 결국 성장하게 되는 존재인 것 같아요.

―― 네가 작가라면 이 소설의 끝을 어떻게 바꿀래?

―― 솔직히 제롬과 알리사를 이어 주고 싶어요. 둘의 사랑이 너무나 비참하고 안쓰러워요. 결말이 좀

덜 멋질 것 같긴 하지만, 제가 작가라면 꼭 그렇게 해 주고 싶어요.

열일곱 번째 편지

야간비행

어떻게든 살아야만 한다.

2024년 12월 9일 월요일
앙투안 드 생텍쥐페리 『야간비행』
(1931)

소율에게

19세기 철도의 등장은 혁신이었어. 철도는 도시와 도시를 신속하게 연결했지. 체계적인 철도 운행표에 따라 사람들은 가장 효율적인 방식으로 일정을 계획하고, 물자를 옆 도시로 실어 나를 수 있게 되었어. 기존 운송수단인 마차는 비교 대상도 되지 못했지. 자본가 입장에서도 훨씬 나았어. 연료만 제때 공급되면, 기계 덩어리인 열차가 불만 같은 걸 가질 리는 없으니까.

그렇지만 인간은 고작 그 정도로 만족하지 않았어. 자본주의 체제에서 시간은 금이었으니 말이야. 과학 기술이 발전하고 더 큰 이익을 추구하고자 하는 기업의 생리가 더해지면서, 항공 우편 서비스가 개시돼. 기록에 근거하면 1911년 인류는 최초로 항공 우편 서비스를 도입했다고 해. 1918년엔 국제노선이 생겨났어. 어느덧 밤에도 비행기를 이륙시키게 되었지. 남들보다 더 먼저 목적지에 도달해야만 했으니까 말이야. 야간비행은 조종사의 시야 확보가 어려워 큰 위험이 따르는 일이었지만, 이게 돈이 된다고 본 업체들은 너나 할 것 없이 사업에 뛰어들었어. 호모 에코노미쿠스(경제인)란 늘 비용-편익의 경제 논리를 바탕으로 사고하고 행동하기 마련이니까. 『야간비행』은 경제인의 논리가 자리 잡게 된 시절, 야간비행을 강행하던 항공 우편 회사 관리자와 우편기 조종사의 이야기란다.

규칙의 인간 리비에르

아르헨티나의 수도 부에노스아이레스의 한 민간 항공 우편업체. 그곳의 업무를 총괄하는 소장 리비에르는 철저한 원칙주의자로 개인적인 감정을 배제한 채, 자신이 정한 규칙에 따라 직원들을 대하는 사람이었어. 사소한 실수 하나조차 단죄의 대상이었으니 말 다 했지. 그는 정시에 출발하지 못한 비행기 조종사에게 특별 수당을 지급하지 말라는 명령을 내리기까지 해. 안개나 폭풍처럼 인간의 힘으론 어쩔 수 없는 일이 생겨도 마찬가지였어. 총책임자로서 늘 직원들을 바짝 긴장하게 만들어야 했거든.

리비에르는 나태함과 안일함은 어떤 식으로든 인간의 약한 구석을 파고들 수 있다고 보았어. 그가 중요시한 것은 긴장의 끈을 놓지 않는 것이었지. 책의 초반부, 늙은 정비반장 르루에게 던진 "사랑에 빠져 본 적이 많으냐?"라는 농담을 통해 리비에르라는 캐릭터를 잘 알 수 있어. 쭈뼛거리는 정비반장에게 그는 이렇게 말하지. "아마 자네도 시간이 없었겠지. 나처럼."

그의 냉정한 면모가 잘 나타난 건 초창기부터 근속한 나이 든 정비사 로블레를 해고하는 장면이야. 엔진 정비 불량을 보고 받은 리비에르는 로블레를 해고하면서, 대신 잡역부 자리를 주겠다고 말하지. 아르헨티나의 첫 우편기를 조립했다는 것에 무한한 자부심을 품었던 저 노인에게 그것은 참아내기 힘든 모욕이었어. 물론 그 과정에서 리비에르가 고뇌하지 않았다는 건 아니야. 살짝 "저 노인이 연장 다루는 솜씨를 좋아했다"라고 고백하기도 했으니까. 속으로만.

하지만 인간의 불완전성을 알고 있었던 리비에르는 작은 넝쿨이 무너뜨린 건물을 떠올려. 실처럼 가느다란 금 사이로도 빗물은 새어 들어올 수 있었어. 정비공이 나태하고 안일하다면, 사업은 순식간에 붕괴할 수 있었던 거야. 리비에르는 관료제 속의 인간이지만, 사적인 이익을 앞세우는 유형과는 거리가 멀다 할 수 있지.

새신랑 파비앵

또 한 명의 주인공, 파비앵을 소개해야 할 것 같네. 그는 우편기 조종사로 이제 결혼한 지 막 6주가 된 새신랑이야. 갑작스럽게 일정이 잡히는 업무 특성상 전화기를 곁에 두고 잠들어야만 했지. 한밤중에 울리던 전화벨 소리에 잠이 깬 그날, 파비앵에겐 우편기를 몰고 파타고니아에서 부에노스아이레스로 돌아오라는 임무가 하달되었어. 사랑하는 아내를 집에 남겨 둔 채 홀로 먼 길을 떠나야 했던 거지. 평소 그는 비행을 '전투'라고 표현하곤 했는데, 그만큼 희생을 담보로 해야 하는 일임을 잘 알고 있었어. 파비앵을 포함한 모든 직원 또한 강한 연대 의식으로 결속된 사이였지. 별과 달이 뜬 밤은 인간이 정복해야 하는 영토라고 확신하고 있었던 거야. 모두가 그의 무사 귀환을 기원하는 가운데, 파비앵의 비행기는 하늘로 솟구쳐 올랐어.

그런데 뭔가 심상치 않았어. 번개를 동반한 거센 비바람이 비행을 방해하고 나섰거든. 기체는 걷잡을 수 없이 흔들렸지. 당황한 파비앵은 회항 가능성을 타진했지만, 해결책 같은 건 딱히 없었어. 그렇게 그의 우편기는 칠흑 같은 어둠 속에 태풍 속에 빨려 들고 있었던 거야. 설상가상으로 기름도 얼마 남지 않았지. 그러니까 추락은 확정된 결말이었어. 파비앵이 위기에 빠졌다는 소식은 금세 알려졌지. 새벽 1시, 회사 전 직원이 비상근무에 들어갔어.

파비앵의 아내는 남편의 도착 시간을 묻던 중 비보를 접했단다. 여인의 떨리는 목소리 앞에 리비에르는 침묵할 수밖에 없었지. 곧 사라져 버릴 한 인간의 생명. 그리고 리비에르 자신이 "무엇보다 막중한 일"이라고 말했던 공적 업무. 둘 중 뭐가 우선이었을까? 언제나 쉽게 결론을 내던 강철 심장의 사내도 고뇌에 빠질 수밖에 없었어.

한편 그 순간, 파비앵은 죽을힘을 다해 조종간을 붙들고 있었지. 손에 힘이 들어간 나머지 감각이 사라져 버린 그때, 조종사는 머리 위로 고요한 별 세 개를 발견했어. 생존 본능이 발동한 그는 기체를 상승시켜 태풍의 눈에 진입했지. 태풍의 눈이란 태풍 중심부의 맑고 바람 한 점 없는 구역이야. 그러나 안타깝게도 그건 시각의 함정이었어. 연료가 떨어진 비행기는 그대로 하강할 수밖에 없었으니까. 그러면 태풍이 그를 집어삼키게 되겠지.

더 이상 파타고니아 우편기로부터의 무전은 없었어. 거대한 침묵이 사무실에 내려앉았지. 사람들은 비통한 표정을 감추지 못했어. 사람의 죽음 앞에 누가 멀쩡할 수 있었겠니? 하지만 리비에르는 다른 우편기들이 정시에 이륙해야 함을 인지하고 번쩍 정신을 차려. 그러고는 자신의 시선을 의식하는 직원들 사이를 걸어가며 새 아침을 준비하게 되지. 그게 자신의 숙명이기에.

『어린 왕자』의 작가 생텍쥐페리

작가는 우리에겐 『어린 왕자』(1943)로 유명한 프랑스인 앙투안 드 생텍쥐페리야. 공군 조종사 출신인 그는 1927년 실제로 툴루즈-카사블랑카-다카르 선을 운행하는 우편기 조종사로 근무한 바 있었어. 이때의 경험은 그의 첫 장편 소설인 『남방우편기』(1929)와 이 작품에 고스란히 담기게 되지. 당연한 말이지만 개인적인 체험만으로 꼭 좋은 작품이 나오는 건 아니야. 자칫하면 '개인성의 동굴' 안에 매몰된, 유아적이면서도 수준 낮은 작품이 되기 마련이거든. 하나 생텍쥐페리는 그런 하급 작품을 쓸 사람을 아니었어. 『야간비행』을 통해 프랑스 4대 문학상으로 손꼽히는 페미나상을 수상했으니까 말이야.

아빠가 『야간비행』을 읽게 된 건 그의 대표작 네 편이 묶인 세계문학 전집을 통해서야. 가장 눈에 띄는 작품이 『야간비행』이었지. 첫 장면부터 인상적이었어. 원래 기억에 오래 남는 작품들은 그렇다고들 하잖니. 파타고니아에서 부에노스아이레스로 향하는 파비앵의 우편기. 저 아래 캄캄한 하늘 아래 점멸하는 불빛들. 한 인간의 강인함을 그만큼 건조하고 강인한 문체로 표현할 수 있는 사람은 흔치 않을 거야. 헤밍웨이나 스타인벡 정도만이 그와 동등하게 거론될 수 있겠지.

등장인물이 많지는 않은 소설이야. 너는 어떤 캐릭터에 눈길이 가니? 서문을 쓴 앙드레 지드는 조종사보다 상관 리비에르에게 더 주목하고 있어. "인간의 행복은 자유가 아니라 의무를 받아들이는 데 있다"라는 말에서 그가 리비에르를 얼마나 높게 평가하고 있는지를 확인할 수 있지. 살짝 거부감이 들 수 있지만, 틀린 말이 아니야. 잘 지탱되는 것 같은 일상 저편엔 묵묵히 자신의 의무를 수행하는 누군가가 있다는 걸 우리는 종종 잊곤 하니까. 우편물은 제때 도착해야만 하지. 기업과 개인의 중대사가 걸려 있기 때문이야. 계약서가 늦게 닿는다면? 누군가의 부고를 알리는 편지가 제때 전달되지 못한다면? 다음에 벌어질 일들은 상상이 가고도 남을 거야. 절차 하나가 삐끗하게 되면, 그

뒤론 수습이 곤란한 대혼란이 초래될 수 있는 것이지. 그러니 오직 엄격한 규율의 확립이 있어야 했던 거야. 리비에르가 조종사에게 정시 출발을 강제한 것도, 예외를 인정하지 않았던 것도, 단 한 번의 실수를 용납하지 않았던 것도 모두 그 때문이었지. 사람들은 그런 리비에르를 좋아하지 않았겠지만, 그 덕분에 자신들의 일터가 흠결 없이 돌아가고 있음을 아는 이는 많지 않았을 거란다.

앞으로 갈 수밖에

조종사의 죽음이 확실해진 상황에서도 리비에르는 "일단 개척된 길은 따라가지 않을 수 없다"라고 되뇌고 있어. 회사는 계속해서 앞으로 나아갈 수밖에 없다고. 다른 길로 빠지는 건 불가능하다고. 어쩐지 너는 이렇게 물을 것만 같아. 이제 막 결혼한 남자가 세상을 떠났는데, 저 사람은 어떻게 저럴 수 있어요?

그래, 네 생각은 옳아. 하지만 그 어떤 분야이든 시작 단계에선 문제가 많기 마련이야. 20세기 초반의 야간비행 사업에는 여러 한계가 있었어. 기술적으로도, 윤리적으로 모두. 기체에는 결함이 많았고, 직원들에 대한 안전 교육도 충분하지 않았어. 요컨대 인력을 갈아 넣어야 겨우 유지될 수 있는 회사였던 거지. 오늘

날의 기준으로 보면, 노동자의 인권이 지켜지지 않는 부실 사업장이었어. 그래서 그 안에서 개인 하나의 결함을 지적하는 건 옳지 않아 보인단다. 그보다는 20세기 초반 자본주의 시스템의 결함이라고 보는 게 타당하겠구나.

기상 악화로 길을 잃어버린 파비앵. 악천후 속에서 무선은 연결되지 않았고, 그를 구조할 방법은 없었어. 야간 우편기 조종사들은 언제든 최악의 상황에 놓일 수 있지. 하지만 파비앵은 절망 속에서도 운명에 굴복하지 않는단다. '어두운 힘'이 그를 끌어내리려는 순간에도 그는 나약해지지 않아.

그 장면을 생텍쥐페리가 어떻게 그리고 있는지 볼까? "그는 자신을 속박했던 어둠의 팔로부터 자유로워졌다. 꽃밭을 홀로 걸어야 하는 죄수처럼 그의 결박은 사라진 것이다." 그러니까 죽음조차 파비앵의 결연함을 꺾을 수 없었지. 마치 고대 그리스 비극의 주인공처럼 그는 당당히 운명에 맞서는 인간의 의지를 드러내 보여. 생텍쥐페리가 그의 죽음을 자세히 묘사하지 않는 건, 파비앵이라는 한 인간의 숭고함을 지켜 주기 위해서인 것처럼 보이는구나.

철학자이자 핑크 플로이드 팬인 스티븐 김벌이 『광기와 소외의 음악: 혹은 핑크 플로이드로 철학하기』(2007)에 쓴 문장 하나를 적을게. "이 슬픔과 부조리로 가득한 세상에서 변화를 일으키려는 시도는 쉽지 않을 것이고, 틀림없이 대부분 실패로 귀결될 것이다." 인간이란 계속 언덕 위에서 굴러 떨어지면서도, 우직하고 끈질기게 그 언덕을 올라가려고 하는 유일한 존재가 아닐까 해. 리비에르의 고집과 비타협, 파비앵의 의지는 '인간이 인간일 수 있는 이유이자 증명'이지 않을까? 그게 생텍쥐페리가 이 소설을 통해 말하고자 했던 것 같아. 어쩌면 생텍쥐페리는 인간이라는 심연을 치열하게 탐구했던 철학자는 아니었을까?

그러면 다음 편지에서 보자.

사랑하는 아빠가

어떤 책으로 읽을까

프랑스 문학 전문번역가 용경식 선생이 옮긴 문학동네 판본이 구할 수 있는 으뜸 번역본인 것 같아. 선생의 미려한 번역에도 흠뻑 취할 수 있지만 책 내용을 압축한 듯한 표지 디자인도 멋지단다. 이 번역본을 읽도록 하렴.

대화

—— 아빠, 이 작품과 별 상관이 없을지도 모르지만, 리비에르와 파비앵의 삶을 보며 「바람이 분다」(2013)의 대사 하나가 생각났어요. 제가 너무 좋아하는 애니메이션인 거 아시죠?
—— 응 딸아. 그 대사가 뭔데?
—— "바람이 분다. 어떻게든 살아야만 한다."

열여덟 번째 편지

유리 동물원

모든 인간이 자신의
시대로부터 이해받을 필요는
없다.

2024년 12월 12일 목요일
테네시 윌리엄스 『유리 동물원』
(1944)

소율에게

안데르센의 동화 「성냥팔이 소녀」(1845)는 읽어 보았을 거다. 12월의 어느 추운 밤, 그날 한 푼도 벌지 못한 거지 소녀에겐 딱히 갈 곳이 없었어. 빈손으로 집에 돌아가면 아버지에게 두들겨 맞을 게 뻔했으니까. 몹시 굶주린 데다 헐벗은 소녀가 혹한을 견디기는 어려웠단다. 추위에 덜덜 떨던 소녀는 성냥불을 켰고, 먹음직스럽게 구운 거위와 예쁜 크리스마스트리를 보게 되지. 환상이 만든 이미지였어. 소녀는 눈앞을 지나가는 저 음식을 붙들어 보려 했지만, 음식의 잔상은 오래가지 않았단다. 성냥불은 꺼졌고 거위는 사라졌어. 그렇게 소녀는 얼어 죽은 채 발견되지. 동화 속 환상은 소녀의 현실을 더 가혹하게 보이도록 해.

그런데 비참하게 숨진 저 아이는 바라지 않았을까? 아주 잠시라도, 나는 저 고통을 지우고 싶었다고 말이야. 성냥불의 환상 속에서 잠시나마 행복했다고. 그러니 내게서 그걸 가져가지 말라고. 아빠는 소녀의 심정을 알 것 같았어. 현실에서의 구원이 불가능하다면, 차라리 나는 환상을 택하겠다고 말하는 것만 같았으니까. 우리 인간에게 환상이란 뭘까? 오늘은 그걸 다룬 희곡을 하나 읽을 거야.

환상 속에 사는 가족

1930년대 미국 세인트루이스의 작고 허름한 아파트에서 이야기는 시작돼. 윙필드네 세 식구는 자기만의 환상을 고이 간직하며 살아가지. 어머니 어맨다는 화려했던 남부 생활에 붙들려 있어. 날마다 남자들이 결혼하자고 조를 만큼 그녀의 인기는 대단했지. 그때로부터 이미 시간은 많이 흘렀지만, 여전히 그녀에게 과거란 가장 달콤했던 순간으로 붙박여 있단다. 현실로의 귀환을 거부하는 태도는 방문객들 앞에서 입었던 무도회 원피스를 입는 장면에서 극대화되어 나타나. 과거에 붙들린 어맨다에게 여성 잡지 판촉 사원으로 일해야 하는 현재의 빈곤은 받아들일 수 없는 것이야. 어맨다에게 환상은 비루한 현실을 은폐하는 가림막이지.

그녀의 딸 로라. 로라는 하루 종일 유리 수집품을 닦는 것 말고는 그 어떤 일에도 관심을 두지 않아. 어린 시절 앓았던 늑막염으로 다리를 절게 된 그녀는 일체 사람과의 소통을 거부한 채 입을 닫고 살아 가지. 어떻게든 딸을 바깥세상으로 끌어내고 싶었던 어맨다는 그녀를 실업학교에 보내 직업 교육을 받도록 해. 하지만 며칠 버티지 못한 로라는 학교를 그만두게 되고, 유리 동물원과 낡은 축음기로 이루어진 세상에 틀어박히지. 로라에게 환상은 현실과 독립해서 존재할 수 있는 오롯한 자기만의 공간이야. 누구도 들어갈 수 없는, 오직 자신만을 위한 공간 말이야.

그리고 이 희곡의 내레이터인 아들 톰이 있어. 구두 회사 창고에서 65달러를 받고 일하는 그는 윙필드 집안의 경제를 책임지고 있지. 집세도, 전기세도 모두 자신의 월급으로 부담하고 있었으니까. 시인이 되고 싶은 톰은 자신의 이상을 제약하는 이 집에서 한시라도 빨리 벗어나고 싶어 해. 전화국 직원으로 일하다 가출해서, 이젠 벽난로 위 사진으로만 덩그러니 남은 아버지가 그랬던 것처럼. 그의 유일한 도락은 일이 끝난 후 심야 영화를 보러 가는 거였어. 저임금 노동자를 지하 세계의 대부로 변신시키는 영화관은 집이라는 '관(棺)'으로부터 그를 잠시나마 해방시켜 주는 신비스러운 건물이란다. 스크린이라는 환상은 톰의 도피처였어.

가치관 차이로 한바탕 다툼을 겪은 뒤 가까스로 아들과 화해한 어맨다. 그녀는 톰에게 혹 괜찮은 직장 동료가 있으면 집으로 데려오라고 부탁해. 어떻게 해서든 딸을 번듯한 남자와 이어 줄 심산이었지. 그래, 결혼과 같은 중대사를 본인 의사와 무관하게 결정한다는 건 영 이상한 일이야. 그렇지만 어맨다는 뜻을 굽히지 않았단다. 결국 엄마의 뜻을 거스르지 못한 톰은 저녁 식사 자리에 발송부 소속 직원 하나를 초대하게 되지.

로라의 짝사랑

그날 집으로 찾아온 신사는 짐 오코너. 톰의 독백에서 밝혀지듯 짐은 로라 남매와 고등학교 때부터 안면이 있던 사이였단다. 졸업반 회장이자 오페레타 주역이기도 했던 그는 모든 학생이 선망하던 대상이었어. 물론 로라의 짝사랑이기도 했지. 그녀가 짐을 좋아하게 된 이유는 간단했어. 자신을 "푸른 장미"라고 불러 주었기 때문이었지. 보충하자면 짐이 로라를 그렇게 부른 건 늑막염(pleurisy)과 푸른 장미(blue rose)의 발음이 비슷한 탓이었단다. 하지만 그런 일이 있었다고 해도, 그들이 사귀는 사이로 발전한 건 아니었어, 먼저 고백하기엔 로라는 너무 소심했고, 짐에겐 여자친구가 있었으니까.

그날 첫사랑을 만나게 된 로라는 극도로 긴장했어. 로라와 둘만의 시간을 갖게 된 짐은 그녀에게 "열등감을 떨쳐 버리고 자신감을 가지라"라고 조언하지. 왈츠를 추던 둘 사이엔 묘한 기류가 조성되었어. 그러면 두 사람은 사귀게 되었을까? 아니야. 그만 로라가 아끼던 유니콘의 뿔이 부러지고 말았는데, 복선이었지. 짐은 로라를 끌어안으며 키스하고, 로라는 뭔가를 기대하는 것 같아. 하지만 곧 이성을 되찾은 짐은 자신에겐 결혼을 약속한 여자친구가 있음을 털어놓지.

존의 행동에 입술을 깨무는 로라. 그녀는 뿔이 떨어진 유니콘 인형을 짐에게 이별 선물로 줘. 눈치를 보던 짐은 틈을 노려 잽싸게 내빼고 말지. 로라는 다시 혼자만의 세상에 틀어박히는 쪽을 선택해. 노발대발한 어맨다는 톰을 "이기적인 몽상가"라고 힐난한단다. 얼마 후, 톰은 신발 상자에 시를 적었다는 이유로 해고되고, 자신의 꿈을 좇아 집을 떠나게 돼. "전깃불을 사용하는 세상에서 누나 로라의 촛불을 자신이 꺼주어야 한다"라고 되뇌면서 말이야. 한데 그 촛불을 불어 끈 건 톰이 아니라 로라 자신이었지.

테네시 윌리엄스라는 작가

작가 테네시 윌리엄스는 1911년 신발 외판원 아버지와 목사의 딸인 어머니 사이에서 둘째로 태어났어. 알코올 의존증이 있던 아버지의 기행 탓에 윌리엄스 가족은 세인트루이스 지역을 여러 차례 옮겨 다녀야 했다는구나. 대학 시절 희곡 집필에 관심을 가지게 된 그는 여러 직업을 전전했어. 그러다 1944년 『유리 동물원』으로 비평가상을 받으며 주목받기 시작했지. 『유리 동물원』은 윌리엄스의 자전적인 희곡으로 알려져 있는데, 톰은 윌리엄스 자신, 로라는 정신병에 시달렸던 누이 로즈, 어맨다는 어머니 에드위나에 대응한다고 해. 무심하게 가족을 떠난 어맨다의 남편 역시 윌리엄스의 실제 아버지를 반영했다고 하지.

이 작품의 대대적인 성공 이후, 윌리엄스의 작가 경력은 탄탄대로였어. 후속작 『욕망이라는 이름의 전차』(1947), 『뜨거운 양철 지붕 위의 고양이』(1955)가 엄청난 반응을 얻으며 영화화되었고, 평단의 찬사는 계속됐으니 말이야. 산업 사회 속 인간의 욕망과 정체성을 날카롭게 해부했던 작가 윌리엄스는 1983년 뜻밖의 죽음을 맞이하고 말았어. 안약병 뚜껑이 목을 막아 발생한 질식사였단다.

아빠가 처음 접한 윌리엄스의 작품이 『유리 동물원』이 아니었음은 틀림없어. 그것은 아마 영화 「뜨거운 양철 지붕 위의 고양이」(1958)였을 거야. 지금도 엘리자베스 테일러와 폴 뉴먼의 연기만큼은 기억에 남아 있구나. 그 영화를 보면서 원작에 관심이 생겼어. 그리고 대학에 입학해 소설과 희곡을 공부하며, 자연스럽게 윌리엄스의 작품을 찾아 읽게 되었던 것 같아. 그중 가장 인상적이었던 작품이 『유리 동물원』이었지. 언젠가 연극으로도 꼭 관람할 계획이야. 그때 꼭 같이 가자꾸나.

유리 같은 사람들

이 작품을 정리하면서 '유리'라는 말에 대해 짚고 가는 게 좋을 것 같아. 알다시피 유리란 외부의 충격에 쉬이 깨진다는 속성을 가지고 있어. 오죽하면 '유리 멘털'이라는 말까지 나왔겠니. 사람들이 지적하는 것처럼 희곡 속의 저 캐릭터들은 깨지기 쉬운 인물들이야. 방에 고립된 로라는 물론이고, 아들이 아버지를 닮아가는 것을 두려워하는 어맨다, 한시라도 빨리 그곳에서 도망치고만 싶은 톰 모두 '유리 기질'을 가졌다고 할 만하지.

누구보다 허심탄회한 대화가 필요한 가족이지만, 여기선 그런 시도가 보이지 않아. 대신 격한 비난, 강압, 내가 더 희생하고 있다는 심리가 저들을 사로잡고 있지. 그들은 의식적으로(혹은 무의식적으로) 서로 매일 상처를 주고 있었던 거야. 로라가 애지중지하던 유니콘의 뿔이 부러진 건 짐과의 연애 가능성이 사라졌음을 뜻하는 것만은 아니야. 그것은 저 아파트가 더 이상 안락한 집으로 기능할 수 없음을 보여준 사건인 거지.

다른 시각으로 바라보면, 『유리 동물원』은 거대한 자본주의 경제 체제에 집어삼켜진 사람들의 운명을 보여주는 것 같기도 해. 휘황찬란한 전기 조명과 라디오 전파가 지배하게 된 세상. 그 안에서 로라의 보잘것없는 동물 수집품과 톰의 고루한 시어(詩語)들은 어떤 의미가 있었을까? 어쩌면 저들은 바뀐 세상에 적응하지 못한 구식 인간이었을지도 모른다는 생각이 드는구나. 로라는 실업 학교를 자퇴하고, 톰은 회사에서 해고되지. "잘 관리해 주어야만 하는" 유리 공예품과 어휘를 다듬는 데 오랜 시간이 걸리는 시 짓기는 격변하는 미국 사회에서 환영받지 못했어.

이렇게 해석하면, 윙필드 가족의 해체는 단순히

개인적인 차원의 소통 불능 때문만은 아니었다고 파악할 수 있을 거야. 학창 시절 재능 충만한 인재였던 짐이 사회에 나온 뒤 한동안 열등감에 빠져들었던 것도 표준화의 시대가 인간에게 요구하는 미덕이 독특한 개성이나 개인의 뛰어난 자질 같은 게 아니라는 것을 알 수 있지.

성냥을 켜고 숨을 내뱉는

로라는 마침내 자신의 촛불을 꺼 버리게 돼. 누군가 말했듯 이것은 "로라가 가진 희망의 연약함"을 상징하는 것일지도 몰라. 본질적으로 촛불은 길게 지속되는 게 아니니까. 하지만 촛불을 켜고 끄기 위해서는 매번 '성냥을 켜고, 숨을 내뱉는' 작은 의식을 치러야 하지. 달리 말하면, 그건 자기 자신만이 느낄 수 있는 체험이야. 촛불이란 간편하게 스위치 하나로 끄고 켤 수 있는 전깃불과는 다르지.

그렇다면 로라는 스스로 촛불을 불어 끔으로써 시류에 편승하지 않겠다는 의지를 드러낸 건 아니었을까? 나는 축음기 음악과 동물 인형만으로 충분하다는 걸 말하고 싶었던 건 아니었을까? 사람들이 로라를 이해할 수 없다면, 로라도 사람들을 이해할 수 없는 건 마찬가지니까 말이야. 모든 인간이 자신의 시대로부터 이해받을 필요는 없다고 아빠는 생각하고 있어. 데이비드 보위도, 카프카도 그랬지. 로라가 그런 사람이었을 수도 있잖니?

끝으로 '동물원(menagerie)'이라는 영단어가 낯설지 않니? 윌리엄스가 쓴 저 단어는 다소 생소하게 느껴질 수 있어. 동물원이라면 'zoo'가 익숙하겠지. 두 단어의 차이를 보자면 'zoo'는 교육적이거나 과학적인 목적으로 설립된 현대적인 동물원이고, 'menagerie'는 귀족이나 권력을 가진 개인이 자신의 세를 과시하기 위해 세운 더 고전적인 형태의 동물원이라고 해. 역사 기록에 근거하면 중세 시대 통치자들은 서로 코끼리나 이국적인 새들을 선물하곤 했다는구나.

그러면 오늘 편지를 마친다.

사랑하는 아빠가

어떤 책으로 읽을까

이 희곡은 『뜨거운 양철 지붕 위의 고양이』와 함께 엮인 민음사 세계문학 전집(김소임 역)으로 읽으면 된다. 번역도 술술 읽히고, 자세한 작품 해설이 붙어 있어서 훌륭하구나.

대화

―― 유리의 상징성에 주목해야 할 것 같아요. 예쁘게 빛나지만 깨지기 쉽기도 하고요. 부서져 버린 로라와 짐의 감정처럼요.

―― 맞아. 아빠는 그 장면에서 「사랑이란 유리 같은 것」(1988)이라는 노래가 떠올랐단다. 가수 원준희의 노래지.

―― 전 모르는 노래에요. 아빠는 옛날 사람이네요.

―― 그런가, 흠흠.

열아홉 번째 편지

고리오 영감

그가 누구인지 모른다고 해도
슬퍼하게 될 거다.

2024년 12월 21일 토요일
오노레 드 발자크 『고리오 영감』
(1835)

소율에게

산책을 다니다 보면 알게 되는 것이지만 시골엔 노인이 정말 많아. 대부분 대도시로 떠난 자녀와 떨어져 사는 저분들은 텃밭에 양파며 고추며 온갖 채소들을 가꾸며 사신단다. 농사를 위해 누구보다 일찍 일어나는 분들이시지. 얼마 전엔, 주인집 할머니로부터 맛있는 양파 한 꾸러미를 받았어. 그분은 "이건 파는 게 아니라 자식과 친척 집에 보내는 것"이라고 말씀하셨지. 어쩌면 그런 게 부모의 사랑이지 않을까 싶다. 순간, 자식을 끔찍이 사랑했던 한 노인이 뇌리에 맴돌더라. 오늘은 그의 이야기를 해 보도록 하자꾸나.

1819년 프랑스 파리. 바로 『고리오 영감』의 배경

이란다. 당시 파리는 격동하고 있었어. 18세기 말 불어닥친 혁명의 물결 속에서 구세력은 빠르게 소멸해 갔지만, 나폴레옹 실각 후 다시 나타나 왕정복고를 외치며 기회를 엿보았단다. 그들은 역사의 방향을 자기편으로 돌리고 싶어 했지.

하지만 민중은 전처럼 고분고분하지 않았어. 그들은 이미 자유와 평등의 가치를 알아 버렸으니까. 귀족은 권력을 되찾긴 했지만, 새로운 사회의 변화 세력이 될 수는 없었지. 여전히 사치와 향락에 빠져 있던 그들의 몰락은 예고된 거나 다름없었단다. 신분의 힘보다 자본의 힘이 더 중요하게 된 사회, 그 안에서 돈깨나 모은 사람들이 속속 생겨나기 시작했어. 부르주아지였지. 경제적으로 윤택해진 부르주아지들은 이제 자신들만의 명함을 가지고 싶어 했어. 돈이 있는 자들에게도 '귀족'이라는 완장은 필요했던 거야.

우리의 고리오 영감도 그런 사람이었단다. 제면 공장 노동자였던 그가 성공할 수 있었던 건 대혁명 시기, 공장 사장이 우연히 사망했기 때문이야. 사업 수완이 탁월했던 그는 주인의 자산을 사들이고 곡물 장사를 해 큰돈을 벌지. 거리엔 굶주린 사람들이 한 가득이었지만, 굳이 그의 가게를 찾아 수입 국수를 사 가는 귀족들이 있었으니까. 인간의 소비 패턴이란 그렇게 무시무시한 것.

감정이 메마른 노인

어느덧 고리오는 돈벌이 외에는 세상 무관심한 인간이 되어 갔지. 작가는 "곡물 장사가 그로부터 물기를 사라지게 했다"라고 표현했어. 감정이 메마른 저 노인이 유일하게 애정을 준 건 두 딸, 아나스타지와 델핀이었단다. 그는 딸들에게 값비싼 마차를 사 주고, 귀족의 예법을 가르쳤다. 결국 둘 모두를 귀족과 혼인시킬 수 있었지. 결혼 지참금으로는 각각 80만 프랑이 들어갔단다. 어마어마한 금액이었어. 노인은 본인을 위해선 한 푼도 쓰지 않았지. 어떻게든 두 딸을 상류 사회로 진입시킨다는 목표가 있으니 말이야.

한데 장인이 제면업자라는 사실이 자신의 체면을 구긴다고 생각한 사위들 때문에, 고리오는 천직을 포기해야만 했어. 예순아홉이 된 그가 보케르 부인의 좁은 하숙방으로 온 데엔 그런 사연이 있었지. 그를 "선생님"으로 대하던 주인과 하숙생들도 갈수록 그의 형편이 어려워지자 호칭을 "영감"으로 바꾸며 조롱했어. 그럼에도 그는 소중히 간직하던 은식기까지 팔아 가며 두 딸의 뒷바라지를 했단다.

노인이 '가라앉는 자'라면 고리오와 같은 하숙집

에 사는 법대생 외젠은 '떠오르는 자'야. 작가는 노인과 외젠의 인생 곡선을 대비시켜 보여줘. 외젠은 무슨 수를 써서라도 파리 귀족 사회에 들어가고자 해. 살롱에 출입하고, 족보를 따지며, 옷가지와 장신구에 수만 프랑을 낭비하는 파리 사교계로 말이야. 범죄자 보트랭의 말을 빌리자면 파리는 "일확천금을 잡으려는 사냥꾼들이 득시글거리는 신대륙 정글"이었다고 해. 밀림에 공정한 규범 같은 게 있을 리 없지. 어떻게든 남을 밟고 일어서면 그만인 곳이었단다. 아무렇지 않게 사람을 죽였고, 외동딸도 나 몰라라 했던 비정한 사업가 타유페르도 그곳에서 잘 살아가고 있으니 말이야.

소설이 진행되면서 외젠은 델핀을 사랑하게 돼. 딸아, 이 이야기는 셰익스피어의 위대한 비극 『리어왕』(1606)처럼 흘러간다. 심지어 두 딸이 아버지의 재산만을 탐한다는 것, 아버지가 광기에 사로잡힌다는 것조차 닮았지. 아나스타지와 델핀은 아버지를 금고처럼 이용했어. 막대한 지참금을 가져간 후에도 그들은 아버지에게 수시로 돈을 요구하는데, 영감은 딸의 정부가 진 노름빚까지 대신 갚아 주어야 했단다. 그 광경을 본 외젠은 점점 그에게 연민을 갖게 돼. 끝내 종신 연금마저 저당 잡힌 고리오는 하숙집에서 쓸쓸히 삶을 마감하고 말아. 그런데도 딸과 사위들은 코빼기도 보이지 않지. 그래서 노인의 임종을 지킨 사람은 피 한 방울 섞이지 않은 외젠과 의대생 비앙송 단 둘뿐이었어. 고리오 영감은 파리에서 손꼽히는 부자였지만, 죽어서는 공동묘지에 묻히는 신세가 되지. 그의 장례식은 하층민들처럼 삼급으로 치러져야만 했어.

발자크라는 작가

자, 이 소설의 작가 발자크를 소개하도록 할게. 아이돌이나 마블 영화 때문에 '세계관'이라는 말이 누구에게나 익숙해지지 않았니? 그런데 '세계관'이란 걸 본격적으로 도입하고 또 유명하게 한 사람이 발자크란다. 그의 개별 작품은 '인간극'이라는 거대한 세계관을 이루는 퍼즐 조각이거든. 그러니까 그의 소설 하나는 그걸 포함한 더 큰 소설의 일부분인 셈이야. 그것은 19세기 프랑스의 풍속도를 소설 속에 온전히 담아내겠다는 야심에 찬 기획이었어. 한 캐릭터를 여러 작품에 재출연시킨 '인물 재등장 기법'을 사용한 것도 인간극을 더 입체적으로 구성하기 위한 발자크만의 시도였지.

그런 엄청난 세계관을 펼쳐 나가며 문학적 명성을 쌓은 발자크였지만, 물질적으로는 풍요롭지 못했어. 손대는 사업마다 부도가 났거든. 왜, 그런 사람들

있잖아. 머리는 좋은데 사업 재능이 제로인 사람 말이야. 발자크가 꼭 그런 유형이었단다. 발자크는 1850년 오랫동안 사랑했던 한 부인과 결혼하게 되지만 불과 몇 개월 후 병으로 사망했어. 『외제니 그랑데』(1834), 『잃어버린 환상』(1837~1843), 『골동품 진열실』(1838), 『골짜기의 백합』(1835) 등 멋진 소설들을 남긴 채 말이야. 언급된 소설은 다 번역본이 있으니 나중에라도 꼭 읽어 보려무나.

이 책은 옛날 할아버지 댁 책장 어딘가에 꽂혀 있었다. 스탕달의 『적과 흑』(1830)과 함께 묶인 양장본으로 기억되는구나. 그때 아빠가 두꺼운 『고리오 영감』을 봤다는 건 아니야. '장식용'으로 들여놓은 전집의 위압감이 너무나 대단했거든. 두려움에서 벗어나 드디어 책을 펼친 건 대학생 때였어. IMF의 후폭풍에서 채 벗어나지 못했을 때라서, 몰락한 노인의 이야기에 더 몰입하게 되더라고. 책을 세 번 정도 읽었는데, 읽을 때마다 다른 인상을 받았어. 처음엔 연애 소설로 읽혔고, 두 번째엔 귀족과 신흥 세력 간의 갈등이 읽혔어. 그러자 다음엔 조금 다른 게 보이더구나. 이 편지에선 그걸 적어 보고자 해.

거지가 된 건 자신

"돈이 바로 인생이야."

책의 마지막 장에서 고리오는 이런 말을 하지. 그런데 역설적이지 않니? 돈만을 숭배하고 살아 온 냉철한 상인이 돈 때문에 파국을 맞이한다는 게. 그것도 목숨보다 아끼던 혈육의 어리석은 행동 때문에 말이지. 노인은 "두 딸을 무일푼으로 남긴 채 묘지로 갈 수 없다"라고 말하지만 정작 종신 연금까지 팔아버리고 거지꼴이 된 건 딸이 아니라 자기 자신이었어. 고리오가 뇌출혈로 쓰러져 죽어 가는 그 순간까지 모든 재산을 쏟아부어 기른 자식들은 아비를 냉정하게 외면한단다.

그런데 사실 이 작품의 진정한 비극성은 비정한 두 딸의 모습이 아니야. 오히려 노인의 죽음이 알려진 뒤 하숙집 사람들이 보인 반응에 있지. 그들은 사람이 죽거나 말거나 웃고 떠들며 저녁을 먹거든. 한때 돈 많은 노인의 마음을 흔들어 보려고 그에게 집적대던 하숙집 여주인은 몰락 이후엔 시신을 받칠 시트 하나를 가지고도 매정하게 굴었지.

발자크의 통찰이 놀라운 건 이 지점이야. 자본주의적 가치에 매몰된 대도시에선 으레 그런 일이 생기게 마련이거든. 모든 욕망이 결집하는 대도시. 그곳에선 돈으로 흥한 자가 있지만, 반대로 파멸하는 자도 있어.(욕망이란 경쟁을 통해 성립해.) 도박장에서 돈을 잃은 누군가가 물에 뛰어들고, 사기를 당한 이가 권총으로 머리를 쏘아버리곤 했으니까. 작중 한 인물의 말을 가져와 볼게. 파리는 "하루 60명이 죽어 가기 때문에, 그들에게 일일이 애도를 표할 수 없는" 곳이었던 거지. 말 그대로 일상이 비극이고, 비극이 더 이상 숭고한 드라마로 기능하지 못하는 공간. 자본이 인간성을 잠식해 버린 도시. 그곳이 파리였어.

사회 속에서 인간으로 살기

그러면 발자크는 어떤 답을 내놓았나요? 돈이 인생이 아니라면 그가 우리에게 주는 답은 뭔가요? 책을 읽고 나면 혹 너는 이렇게 물을지도 모른다. 하지만 작가가 독자에게 해결책을 제시할 의무는 없어. 오히려 훌륭한 작가는 정답보다 현명한 질문을 만들어 낼 수 있거든. 책의 끝부분을 읽어 볼래? 거기엔 청년 외젠이 가장 순수한 마음으로, 가장 성스러운 기분으로, 가장 세상의 이해관계로부터 멀어진 상태로, 세상을 등진 영혼을 위해 눈물을 흘리는 장면이 나와. 발자크가 강조하고 싶었던 건 절대적으로 이 지점이지 않을까 싶구나. 한 인간의 비참함을 앞에서 목격하게 된다면,

설령 그가 누구인지 모른다고 해도 슬퍼하게 될 거라는 게 발자크가 우리에게 말하고자 했던 바야.

확실히 비인간성이 인간성을 압도하는 사회 속에서 인간으로 사는 건 쉽지 않은 일이지. 네가 읽었던 톨스토이의 『부활』을 떠올려 볼래? 남자 주인공 네흘류도프가 선행을 하고도 주변 사람을 늘 의식했던 걸 기억할 거다. 그런 가치가 냉소의 대상이 되는 걸 아빠는 여러 차례 보아 왔단다. 그런데 말이다. 내면의 감정조차 마음대로 표출하지 못하는 사람들이 그보다 더 불쌍하다고 생각하지는 않니?

아빠가 좋아하는 핑크 플로이드의 곡 중에 "Us and Them"(1974)이 있어. 그 노랫말 이야기를 해 줄게. 바쁘게 거리를 지나가는 사람들을 관찰하며, 작사가 로저 워터스는 "차 한 잔과 빵 한 조각 살 돈이 없어 죽었다는 한 노인"에 주목한단다. 아주 짤막하게 보도된 이 기사는 권력자들이 자신들의 존재 증명을 위해 유통시키는 떠들썩한 뉴스 속에 파묻혀 버리고 말지. 사람들은 그 뉴스에만 귀를 쫑긋 세우게 될 거야. 노인 이야기는 잊히고 말겠지.

그렇다면 누가 옳은 걸까? 자신이 보고 싶은 것만 보고 사는 부류보다는, 주목받지 않는 기사 하나에 분노하고 공감할 줄 아는 사람이 더 인간다운 인간이 아닐까? 그게 발자크가 외젠으로 형상화하고자 했던, 거친 세상과 당당히 맞설 수 있는 개인일지도 몰라.

이것이 『고리오 영감』의 전부는 아니다만, 일단은 이 정도만으로도 충분할 거야. 나머지는 스스로 읽어 보면서 찾아보면 좋겠구나.

그럼 또 편지할게.

사랑하는 아빠가

어떤 책으로 읽을까

아빠는 이 책을 민음사 판(박영근 역)으로 가지고 있다. 아빠는 큰 불만 없이 읽었지만 사람들이 선호하는 번역은 을유문화사 판(이동렬 역)인 것 같더구나. 열린책들에서도 괜찮은 번역본(임희근 역)이 나와 있다. 서로 비교해 가며 네게 맞는 것을 찾으면 되겠다.

대화

―― "Us and Them"의 감상평 좀 알려주겠니? 솔직하게 말해 줘.
―― 슬프면서도 행복한 멜로디네요. 아니, 그런데 그런 가사였어요?
―― 슬프면서도 행복한 멜로디라니. 너무나 멋진 평이로구나. 슬프면서 행복한, 행복하지만 슬픈. 어쩌면 그런 양가성이 인간의 인생인 것 같기도 해.

스무 번째 편지

가난한 사람들

그 속에서 죄책감을 느낀 이는
오직 마카르 혼자였단다.

2024년 12월 21일 토요일
표도르 도스토옙스키 『가난한 사람들』
(1846)

소율에게

 끔찍하게 배가 고팠던 빈털터리 사내. 음식에 대한 욕구를 참지 못한 그는 더러운 땅바닥에서 대팻밥을 주워 입에 넣지. 남자는 맛이 제법 괜찮았다고 소감을 밝혔는데, 그것이 우리를 더 슬프게 해. 노벨문학상을 수상한 노르웨이 작가 크누트 함순의 자전적 소설 『배고픔』(1890)의 한 대목이야. 지독한 가난은 그렇게 인간다움을 지켜주는 최후의 방벽마저 무자비하게 깨부수었어. 현대 미국 소설가 찰스 부코스키는 『팩토텀』(1975)이란 책에서 이렇게 말하기도 했지. "한 인간의 영혼은 그의 위장에 뿌리내리고 있다."
 배고픔과 굶주림은 19세기 러시아 작가들도 외

면하지 못한 것이었어. 그들은 하층민들의 고달픈 일상을 때로는 담담하게, 때로는 슬프게 기록하곤 했지. 러시아 문학을 대표하는 대문호 도스토옙스키도 예외일 수는 없었어. 그의 기념비적인 첫 작품 『가난한 사람들』을 살피면, 봉건제로부터 자본주의로 빠르게 이행하고 있던 러시아 민중의 생활상을 엿볼 수 있단다. 그의 장편치고는 짧지만 울림이 긴 소설이지. 그럼, 함께 읽어 보자꾸나.

낡은 공동주택에서

저소득층이 밀집한 거리, 친척 간인 마카르와 바르바라는 낡은 공동주택에서 서로를 마주보고 살아가고 있어. 마카르의 거처는 하숙집 부엌 한 귀퉁이에 칸막이를 놓은 허름하고 비좁은 방이야. (우리가 그걸 방이라고 부를 수 있다면 말이지.) 그는 관청에서 서류 정서 업무를 하는 하급 관리야. 그는 이미 몇 달 치 월급을 가불한 상태로, 제대로 된 밥 한 끼도 먹지 못할 만큼 생활에 쪼들렸지. 그가 월급을 가불한 이유는, 사모하는 여인 바르바라에게 마음을 표시해야 했기 때문이야. 마카르는 화분, 사탕, 과일을 보내며 편지에 이렇게 덧붙여. 내 걱정은 하지 말라고. 이건 아무것도 아니라고.

그런데 여자는 자신에게 선물 공세를 펴는 앞집 남자를 측은하게 여겨. 두 사람 사이에 오간 편지(이 책은 『좁은 문』, 『프랑켄슈타인』처럼 서간체 소설이란 다)를 보면 확인할 수 있지. 그렇다고 여자의 처지가 남자보다 낫다는 말은 아니야. 아버지가 높은 귀족의 영지 관리인으로 일한 덕분에 시골에서 부족함 없이 살던 바르바라 가족은 도시로 건너온 이후 급속도로 가세가 기울기 시작했고, 빚쟁이들의 독촉에 시달리게 돼. 그러자 식구들은 먼 친척 안나에게 의탁하게 되었어.

하지만 다정해 보였던 안나는 바르바라 가족이 이사해 들어오자 태도를 싹 바꾸었단다. 갖은 평계를 대며 그들을 비난하고 멸시했지. 어린 바르바라는 눈 칫밥을 먹으며 괴로운 하루를 버텨야만 했어. 그녀는 옆방에 살던 애서가 포크롭스키에게 첫사랑의 감정을 느끼고 독서의 즐거움을 맛보기도 하지만, 청년은 그만 급성 폐병으로 사망하고 말아. 곧 어머니도 돌아가시자 바르바라는 그 누구에게도 의지할 곳 없는 외톨이가 되었지. 가난이라는 저 사악한 유령은 계속해서 그녀의 발목을 잡고 늘어졌어.

가난하다고 사랑을 모르는 게 아닌 것처럼, 가난하다고 예술을 모르는 것도 아니겠지. 두 사람은 당대를 지배한 예술 양식인 문학을 소재로 대화를 나누었어. 그렇게 고단한 삶으로부터 잠시나마 숨 쉴 수 있는 공간을 만들어 가지.

안타깝게도 둘의 취향은 일치하지 않았던 것 같아. 마카르는 통속소설 작가 라타자예프의 과장되면서도 익살스럽고 대중적인 문학이 재미있다고 편지에 썼어. 하지만 바르바라는 그런 유의 작품을 혐오하고, 어떻게 그런 작품을 읽을 수 있는지 이해할 수 없지. 그녀는 고골과 푸시킨의 소설을 남자에게 추천해 줘. 그들의 작품을 읽어 본 마카르는 푸시킨의 소설엔 공감하지만, 러시아 말단 공무원이 맞이한 불행을 적나라하게 그린 고골의 「외투」(1842)에는 강한 반감을 드러내지. 그는 자기 모습을 낱낱이 해부당한 것 같다고 적어. 마카르는 아마 주인공의 삶에 자신의 삶을 겹쳐 보았던 것 같아. 맨살을 드러낸 것처럼 혐오스러웠겠지.

하지만 고상한 예술 토론은 오래가지 못했어. 곤궁함이 다시 두 사람을 집어삼켰으니까. 마카르의 신발엔 구멍이 뚫리고 옷의 단추는 죄다 떨어졌어. 나이 많은 불한당들로부터 괴롭힘을 당하던 바르바라는 집을 옮기려 하지만 이사 비용조차 없지. 그녀는 마카르에게 돈을 빌려달라고 부탁해. 마카르는 당신을 도울 수 있다면 죽기라도 하겠다는 결의를 보이지만, 빈털터리 공무원에게 돈 나올 구석은 없지.

엎친 데 덮친 격으로 안 좋은 일만 연속해 벌어져. 한때 마카르에게 문학의 꿈을 키우게 했던 라타자예프. 그는 이웃 몰래 편지를 훔쳐보고는 마카르를 조롱하지. 방세를 내지 못한 마카르는 이제 하인에게도 무시당하는 신세가 돼. 시궁창 같은 나날이었어.

물론 가끔 운수 좋은 날도 있지. 직장에서 큰 실수를 범한 마카르는 윗선으로부터 문책을 당해. 마카르는 몸을 부들부들 떨었단다. 정녕 이대로 해고당하는 걸까? 하지만 그렇지 않았어. 마카르의 사정을 듣게 된 상관은 대범하게 허물을 덮어 주며 덤으로 지폐 한 장까지 내주었으니 말이야.

그러나 잠깐의 행운만으로 예정된 결말을 바꿀 수는 없어. 부유한 지주 비코프가 바르바라에게 청혼한 순간, 마카르는 (상상) 연애의 끝이 다가왔음을 직감해. 결국 바르바라는 비코프와 결혼해 시골로 내려간다는 선택을 내리게 되지. 그녀가 보낸 마지막 편지에는 "영원한 작별 인사"라는 말만 무심하게 적혀 있었단다. 절망한 마카르는 "부디 떠나지 말라"라며 절절한 연심을 표출했어. 그러나 답장은 오지 않지. 끝내 둘은 이어지지 못했단다.

도스토옙스키라는 작가

"역사상 가장 위대한 문학가가 누구냐?"라는 질문에 정답이란 있을 수 없어. 그럼에도 리스트를 꾸려본다면 항상 거론될 만한 이름들은 있을 거야. 아빠는 그 누가 뽑더라도 도스토옙스키를 누락할 수는 없을 것이라 확신할 수 있어. 글이 좀 무겁고 종교적이라는 비판은 나올 수 있어도, 서사, 캐릭터, 짜임새의 완전무결함은 비교할 대상이 없어 보이니까. 그가 창조한 세계 안엔 인간이라는 존재에 대한 모든 것이 들어 있지. 가혹한 부조리도, 순수한 사랑도, 대의를 위한 고뇌도, 구원이라는 담론도 말이야.

소위 도스토옙스키의 5대 장편이라고 불리는 『죄와 벌』(1866), 『백치』(1869), 『악령』(1872), 『미성년』(1875), 『카라마조프 가의 형제들』(1880)은 가히 셰익스피어의 4대 비극에 견줄 만한 명작이라 할 수 있어. 사형 선고와 특별 사면, 시베리아 유형, 도박 중독으로 점철된 도스토옙스키의 일대기는 파란만장하기 그지없단다. 그 자체로 영화 한 편을 만들 법하지. 물론 워낙 글을 잘 썼던 탓에 지지 세력도 탄탄했던 것 같아. 1881년 1월 31일 그가 60세를 일기로 넵스키 수도원에 묻힐 때 수많은 인파가 몰려들었다는 일화가 전해져.

아빠가 도스토옙스키의 작품 중 제일 먼저 읽었던 책은 작은 문고판으로 나온 『죄와 벌』이야. 그건 요약본이었기 때문에, 충분하지는 않았지. 다행히도 대학 시절, 한 출판사에서 도스토옙스키 전집을 출간했어. 아껴 두었던 돈으로 그 전집을 구입하고는 무척 기뻐했던 기억이 나. 원체 두껍고 권수가 많았던 탓에 완독하는 데는 꽤 오랜 시간이 걸렸단다. 이 소설 『가난한 사람들』은 저 5대 장편을 정주행하던 도중에 읽었어. 데뷔작의 미숙함 같은 건 당최 찾을 수 없더구나. 작가가 도스토옙스키잖아.

사랑과 우정

사실 이 작품을 두 남녀의 비극으로 종결되고 마는 러브스토리로 읽기엔 석연치 않은 구석이 많아. 연애 감정에 푹 빠진 남자와는 달리, 여자는 시종일관 우정만을 강조하고 있기 때문이지. 바르바라는 자주 마카르를 "친구"라고 호칭하는데, 시종일관 편지는 절제된 톤이고 남자보다 길게 답장을 쓴 적은 드물어. 반면 마카르의 편지는 뭔가 장황하고도 여자에게 잘 보이려는 의도가 강하게 드러나지. 걸핏하면 "나는 잘 지내고 있다"라며 허세를 부리는 한편, 수시로 상대에 대한 걱정을 노출하곤 했거든.

프랑스 시인 보들레르였을 거야. 한 사람의 마음이 다른 사람보다 커질 경우, "한쪽은 집도의가 되고 다른 쪽은 환자가 된다"라고 적은 사람은 말이지. 누가 봐도 이건 마카르가 약자가 될 수밖에 없는 게임이었어. '결혼'이라는 말을 입 밖으로 꺼내기엔, 마카르의 외적 조건은 너무나도 형편없었으니까. 어쩌면 그 자신도 알고 있었을 거야. 본인의 몸 하나 건사하기 어렵다는 걸, 그런 상황에 식구를 하나 늘린다는 건 불가능하다는 걸 말이지. 그래서 비코프와 결혼하기로 한 바르바라에 쏟아 내는 원망은 자신을 향한 질책으로 봐야 할 거야. 안타까운 말을 한마디 덧붙이자면, 설령 바르바라가 마카르를 택했다고 해도 행복하지 않았을 가능성이 높아. 경제적인 상황도 최악이지만, 예술 취향도 정반대였으니까.

오히려 이 소설에서 우리가 주목해야 하는 건 따로 있어. 그건 '가난한 사람들'이라는 저 제목을 무력화하는 인류애의 장면이야. 남녀 주인공은 비록 빈궁하게 살아가지만, 결코 타인의 비참함에 등 돌리지 않지. 삯바느질을 해 힘겹게 번 돈으로 포크롭스키를 위해 푸시킨 전집을 구입한 바르바라. 그녀는 알코올 중독을 이겨 내고 새 삶을 살기로 한 포크롭스키의 아버지를 보고 연민을 느껴. 그래서 그녀는 아버지가 아들에게 책을 선물한 것처럼 상황을 꾸몄지. 돈 한 푼 없는 노인의 자존심을 지켜 주는 결정을 한 셈이었어. 곰곰이 생각해 보면, 바르바라의 선택은 쉽지 않았다는 걸 알 수 있을 거야.

그런 선의는 마카르에게서도 발견할 수 있단다. 극한의 빈곤에 맞닥뜨리게 된 마카르. 그는 거리를 배회하던 꽁꽁 얼어붙은 채로 구걸하던 한 아이를 목격하지. 마카르는 아이의 비참함을 보곤 몸서리쳤어. 그렇지만 사람들은 아이를 그냥 지나쳐 갈 뿐이었지. 그 속에서 죄책감을 느낀 이는 오직 마카르 혼자였단다. 집에 돌아온 마카르는 자신이 아이에게 돈을 주지 못했다는 죄의식에 사로잡힌 채 괴로워했어.

우리 모두가 똑같은 인간

순간, 그는 눈물 젖은 눈으로 자신의 방을 찾은 사람이 있음을 보았어. 그는 마카르보다 사정이 더 좋지 않았던 하숙인 고르시코프였지. 아내도 자식도 굶고 있다며 가장은 동전 한푼만 적선을 호소했어. 그것은 모든 판단이나 사고를 중지시키는 순간이었지. 마카르는 겨우 한 닢 남아 있던 은화(그의 전 재산이었어)를 선뜻 내주었단다. 마카르는 우리는 모두 똑같은 인간이라는 것을, 모두 존경을 받을 만한 존재라는 것을,

자신에게 가장 소중한 것을 내놓음으로써 증명했던 것이지. 작가 도스토옙스키는 그의 입을 빌려 이렇게 말한단다.

"하지만 가난한 것이 죄는 아니잖습니까."

2023년, 생활고를 이기지 못한 채 "폐 끼쳐 미안합니다"라는 글을 남기고 스스로 목숨을 끊은 두 모녀의 기사를 읽은 적이 있어. 두 사람은 공과금과 방세를 한 번도 밀리지 않고 납부해 왔다고 해. 그 기사를 보고 나자 눈물이 나면서 동시에 화가 치밀더구나. 왜 선한 사람들은 저렇게 죽어 가야 했을까, 하고 말이야. 여전히 도스토옙스키의 문제의식이 유효하다는 증거가 아닐까.

그러면 다음 책으로 또 만나자.

사랑하는 아빠가

어떤 책으로 읽을까

두 가지 판본을 네게 권할 수 있을 것 같구나. 푸시킨 번역으로 러시아 정부로부터 푸시킨 메달을 받은 석영중 선생의 열린책들 번역본과 한국 러시아문학회 회장을 지낸 이항재 선생의 민음사 번역본 말이야.

대화

이 문장이 마음에 들어요. "어떤 걸인의 수법은 너무 직접적이고 상투적이지 않던가요……. 그렇지만 어떤 간청은 우리에게 낯설뿐더러 익숙하지 않은 음조로 다가옵니다. 오늘 제가 그 불쌍한 소년의 쪽지를 받아들었을 때처럼요."

스물한 번째 편지

변신

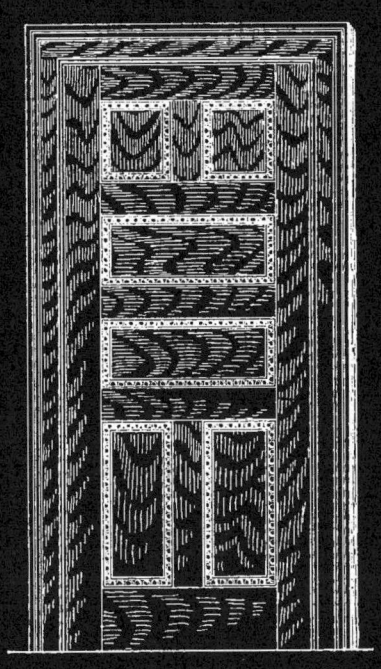

전 그레고어가 벌레로
변한 게 아닌 것 같아요.

2024년 12월 23일 월요일

프란츠 카프카 「변신」

(1915)

소율에게

예술가들이 종종 자신의 '아버지'를 작품 소재로 활용하는 건 그다지 새로운 건 아니란다. 대체로 둘의 관계가 좋게 묘사되지 않는 건 안타까운 일이지만 말이야. 아버지라는 사람들은 갈등과 불화의 대상, 때로는 증오와 저주의 대상으로 그려지곤 하지. 아빠가 좋아하는 영국 록 그룹 스웨이드의 리더 브렛 앤더슨은 회고록 『칠흑 같은 아침』(2018)에서 아버지와 산다는 건 "부조리극과도 비슷했다"라고 적었어. 유사 사례는 여럿 찾을 수 있단다. 카프카는 아예 자신의 글쓰기 주제가 아버지라고 못 박을 정도이니 말이야. 아버지가 그에게 어떤 존재였을지 대강 짐작되지 않니. 카프카는 오늘 우리가 읽을 소설 「변신」의 작가이기도 해.

막 악몽에서 깨어난 외판 사원 그레고어 잠자. 뭔가 이상한 기운을 느낀 그는 자신이 벌레로 변한 모습을 보게 돼. 그는 아버지가 사장에게 진 빚을 갚기 위해 벌써 5년째 꽤 먼 거리를 출퇴근하는 중이야. 평소라면 새벽 4시에 일어나 통근 기차를 탔겠지. 하지만 그날은 서둘러도 지각이었어. 아들의 기척이 없자, 식구들은 그의 방 앞으로 몰려왔단다. 그러고는 왜 출근하지 않았느냐며 채근해 댔지. 물론 그레고어는 방에서 나올 수 없었어. 자신은 한 마리 벌레였으니까.

회사에서 찾아오다

잠시 후, 이른 아침부터 초인종이 울리기 시작해. 집을 방문한 사람은 회사 지배인이었지. 직원에게 무슨 일이 생겼을까, 하는 배려 때문은 아니고, 그레고어가 출근하지 않은 이유를 직접 확인하기 위해서였어. 곧 나간다고 답하긴 했지만, 벌레의 말은 당연히 인간들에게 전달되지 않았어. 아마 기괴한 웅얼거림 쯤으로 들렸을 거야. 원했던 반응을 듣지 못한 지배인. 그는 곧바로 그레고어의 직무 태만, 근무 성적 같은 것들을 거론하며 험담을 늘어놓기 시작해. 비난을 당하는 중에도 가족에 대한 책임감을 되새긴 그레고어. 그는 가까스로 몸을 지탱하곤 방문을 열게 되지.

그 결과는? 예상할 수 있는 범주 안에서 벌어진 가장 비극적인 일이었단다. 어머니는 혼절하고 말았어. 지배인은 계단을 훌쩍 뛰어넘어 달아나고 있었지. 그런데 누구보다 그에게 적대적인 사람은 아버지였어. 지팡이를 든 아버지는 인정사정없이 아들을 방으로 몰아갔고, 마구 발길질을 해댔으니까.

마침내 아버지의 손에 의해 방 안으로 던져진 그레고어. 긁힌 몸에선 피가 흘렀어.

한바탕 사건이 휘몰아친 후 누이동생 그레테(그레고어의 소원은 그녀를 음악 학교에 보내는 것이었어)가 오빠를 돌보게 돼. 그레테는 식성이 바뀐 오빠를 위해 음식 찌꺼기를 가져다주는 한편, 점액질로 더럽혀진 방을 청소해 주었지. 하지만 더 이상 돈을 벌지 못하게 된 그레고어는 점점 천덕꾸러기가 되어 갔어. 식구들은 그의 가구까지 치워 버렸지.

그런데 그레고어는 더 비참한 사실을 알게 되었어. 아버지가 그의 월급을 따로 챙겨 두었다는 것을 말이야. 그간 그레고어는 자기가 번 돈으로 생계를 유지했다고 생각했거든. 배신감이 들지 않았다면 거짓말일 거야.

은행 사환으로 취직해 어엿한 제복을 차려입은

그레고어의 아버지. 그는 방 바깥으로 나온 그레고어를 보자마자, 커다란 장화를 치켜들곤 위협해. 이 장면은 굉장히 긴박하게 묘사되는데, 아들을 밟아 죽이겠다는 의도라기보다는 집안의 권력이 누구의 손에 있는지를 알려주는 쪽에 더 가까워. 그레고어는 숨 가쁘게 발길질을 피해 도망쳤지만, 결국 퇴로가 막히게 되었단다. 기회를 포착한 아버지는 그에게 사과를 집어 던졌어. 운 나쁘게도 사과 한 알이 그레고어의 등에 콱 박히고 말았지. 사과는 그대로 썩어 갔어.

일자리를 구하는 가족들

그러거나 말거나, 그레고어의 식구들은 일상의 신속한 정상화를 원하는 것처럼 보였단다. 어머니는 양장점에서 삯바느질 일자리를 구했어. 누이동생은 상점 점원이 되었지. 함께 저녁을 먹으며 세 식구는 방긋 웃었단다. (아들 같은 건 머릿속에 있지도 않았어.) 소파에서 꾸벅 잠든 자신을 침실로 데려가려는 아내와 딸을 번갈아 바라보던 아버지는 이렇게 읊조리기까지 했어. "이게 인생이구나. 이런 게 노년의 평화와 고요함이야!" 그렇게 식구들이 삶의 즐거움을 만끽하던 그 시간, 그레고어는 시름시름 앓고 있었단다.

그레고어의 방은 이제 잡동사니로 꽉 차 버렸어.

하숙인들을 받기 위해서 자질구레한 물건들을 치워 두어야 했거든. 저녁 식사를 마친 어느 저녁, 세 명의 하숙인은 부엌에서 울려 퍼지는 그레테의 바이올린 선율을 듣게 돼. 음악에 매료된 그들은 그녀에게 거실에 나와서 연주해 달라 청하지. 아름다운 연주가 흐르자, 그레고어는 자신도 모르게 거실로 발걸음을 옮겼어. 그리고 하숙인들은 식구들이 절대 보여주고 싶지 않았던 장면을 목격하게 되었지. 거대한 벌레를 본 저들은 두려움을 누르지 못한 채, 방문을 쿵 닫아버렸어.

그렇게 잠자 집안의 평화는 붕괴되고 말았단다. 유일하게 오빠의 편에 섰던 그레테조차 "저 괴물을 속히 집 밖으로 내보내야 한다"라고 주장하기에 이르지. 부모의 입장도 일치했어. 식구들의 단단한 결속과 평화를 본 그레고어. 그는 쇠약해진 몸을 끌고는 무력하게 방으로 돌아와야 했지. 그때 급하게 문이 닫히고 빗장이 내려가는 소리가 들렸어. 그레테의 짓이었지. 맞아, 그건 감금이었어. 그렇게 그는 식구들로부터 영원히 격리되었단다.

등의 상처는 더욱 깊어졌고, 다음 날 아침 가정부가 요란하게 방문을 열었을 때 그레고어의 숨은 이미 멎어 있었어. 그레고어의 시신(사람들의 눈엔 그저 죽은 벌레였겠지)은 그녀의 손에 의해 저 멀리 치워졌지.

모두가 살짝 눈물을 훔치긴 했지만, 식구들의 삶은 소원대로 빠르게 복구되었어. 「변신」은 잠자 가족이 새로운 집으로 이사를 가면서 끝나. 어쩐지 전차 안에 탄 세 식구의 얼굴엔 "새로운 꿈과 멋진 계획"이 보이는 것 같았지.

카프카라는 작가

프란츠 카프카라고 하면, 위대한 모더니스트이자 문학적 상상력의 극한을 실험한 작가라 할 수 있을 거야. 생의 양면성을, 날붙이 위에 선 인간의 실존을, 고독과 우울의 알레고리*를 그보다 잘 표현했던 작가가 있었는지 궁금해지는구나. 한두 페이지에 불과한 우화 속에서도 그의 천재성은 섬광처럼 느껴지곤 한단다. 『성』(1926), 『소송』(1925) 같은 긴 미완성 장편도 멋지지만, 「법 앞에서」(1915), 「가장의 근심」(1919) 같은 이야기들을 꼭 읽어 보길 바란다. 어쩌면 카프카 문학의 본질은 그 짧은 우화 속에 있을지 모르니까.

체코의 수도 프라하에서 태어난 카프카는 부유한 상인 아버지 덕택에 독일어 학교에 다녔고, 평생 독일어로 작품 활동을 했어. 몇몇 여성과 연애를 했지만

---

* 표면적인 이야기 뒤에 은유적으로 다른 의미를 전달하는 방식을 가리켜.

제대로 이어지지는 못했다고 해. 폐결핵에 걸린 그는 지인에게 자신의 "원고를 죄다 불태우라"라는 부탁을 남기고 40세에 요절하게 되지. 자신의 작품을 후세에 남기지 않겠다는 작가의 뜻은 실현되지 않았지만, 그의 원고가 고스란히 살아남은 건 독자들에겐 너무나도 다행스러운 일이었어.

우리가 문학을 읽는 건, 엄밀한 논리를 들이대거나 분석하기 위해서가 아니야. 어쩌면 삶이 우리에게 무심코 건네는 아이러니를 더 강렬하게 받아들이기 위해서일지 몰라. 카프카의 글엔 그런 게 있단다. 그의 책을 처음 읽었던 건 고등학생 때였지만, 그의 글을 이해할 수 있게 된 건 30대에 접어들어서였어. 세상에 좋은 문학이야 많겠지만, 어떤 문장을 통해 자신의 삶을 들여다보게 되는 작품은 그렇게 흔하지 않아. 카프카의 소설은 그 점에서 탁월하다고 생각한다. 「변신」이 정점이라는 걸 굳이 부연할 필요는 없겠지.

사람들이 그레고어 잠자의 생에 공감하고 슬퍼할 수 있었던 건 한 픽션 속 캐릭터가 비참하고 어이없게 죽어서만은 아닐 거야. 현대 사회를 살아가는 사람이 충분히 경험할 만한 개연성 있는 서사이기 때문이지. 그레고어는 아버지가 진 부채 때문에 외판원 생활을 하고 있어. 사장은 지배인의 입을 통해 그레고어의 회사 내 위치가 안정적이지 않음을 통보하지. 그는 언제든지 버려질 수 있는, 대체 가능한 소모품이었어.

여기서 그레고어가 지각과 결근 따위는 몰랐던 모범 사원이라는 사실은 별로 중요하지 않아. 사장과 지배인으로 상징되는 세상은 작은 실수나 오차, 질병 같은 건 허용되지 않는 곳이니까 말이야. 지배인의 말을 인용해 볼게. "우리 비즈니스맨들이란 살짝 몸이 좋지 않은 것쯤은 종종 이겨 내야 한다는 거죠."

어떻게 인간이 병치레 하나 없이 저 빡빡한 일정을 버틸 수 있겠니? 그건 불가능한 일이고, 심지어 회사 측도 익히 인지하는 바야. 그래서 꼭 벌레로 변신한 그날이 아니었더라도, 그레고어는 언젠가 그의 예정된 운명을 맞이해야 했을 것 같아. 벌레로 변하기 전 그가 꾸었던 악몽은 내내 그의 정신을 지배하고 있었던 거지. 자본주의 체제 속에서, 그레고어라는 존재는 철저히 소외되어 있어.

더 오싹한 건 그가 가족 내부에서도 소외되어 있다는 점이야. 1992년 노벨상을 수상한 경제학자 게리 베커는 이런 주장을 했어. 표면상으로 정서적으로 단단하게 맺어진 것처럼 보이는 관계(대표적으로 가족)조차 사실은 효용 극대화의 원칙으로 돌아간다고 말이지. 말하자면, 부모가 자식을 낳고 기르는 것은 그에 따르는 비용보다 자신들이 얻는 효용이 더 크다고 판단한 결과라는 거야. 베커의 이론에 근거하면 그레고어가 출근하지 못했던 그날 아침, 그의 부모는 아들에 대한 걱정 때문에 그의 이름을 부른 게 아니었던 거지. 아마 저들의 속내는 이랬을 거야.

저 망나니 녀석이 어서 출근해서 정해진 몫을 벌어 오면 좋으련만!

돈을 못 벌어오기 때문에

경제적 기능을 상실한 구성원을 가족은 품어 주지 않았어. 어느새 그레고어는 '저것'이라는 지시대명사로 통하게 되는데, 이것은 가족 안에서 그의 인격이 소멸되었음을 뜻해. 회사에서 그랬듯 그는 가족 안에서도 쉽게 버려질 수 있었던 거지. 가족의 평화를 훼손하고 방해하는 침전물 말이야.

아들의 돈을 몰래 착취했던 그레고어의 아버지를 봐. 실제로 카프카의 아버지는 강압적이면서 무자비한 인물이었어. 고함을 지르는 일은 능사였고, 자식에게 자신이 원하는 진로를 강요했지. 카프카가 창조한 등장인물들이 아버지 앞에 무력한 아들로 나오는 건 결코 우연이 아니야. 그레고어는 등에 사과가 꽂힌 채 죽어가야 했고, 「판결」(1913)의 주인공 게오르크 벤

데만은 아버지로부터 익사형을 선고받고는 주저 없이 다리 위에서 뛰어내려 생을 마감하지. 그럼에도 그레고어와 게오르크는 모두 최후의 순간까지도 부모에게 "사랑했다"라고 진심을 고백하는데, 그 때문에 소설의 비극성은 더 강화돼.

대체 가족이란, 아버지란, 자식이란 어떤 의미일까? 가족이 비용과 편익을 토대로, 서로를 평가하고 단죄하는 관계라면, 우리는 그 관계를 꼭 유지해야 할까?

많은 생각이 드는 소설이야. 아빠도 네게 더 조심하겠다고, 더 아껴 주어야겠다고 다짐하며 편지를 마칠게.

사랑하는 아빠가

어떤 책으로 읽을까

여러 번역본이 시중에 나와 있고, 아빠도 세 권인가 가지고 있어. 애서가들이 선호하는 건 솔출판사(이주동 역) 판본, 을유문화사(김태환 역) 판본인 것 같은데, 들춰 본 바로는 2024년에 문학동네(이재황 역)에서 출간된 번역본도 괜찮은 것 같아.

대화

── 소설을 읽으며 무엇을 느꼈어?
── 부모의 사랑이 얼마나 중요한지를 느꼈어요. 그레고어의 부모는 자식을 사랑한 게 아니라 그가 벌어 오는 돈만을 사랑한 거잖아요. 진정한 사랑이란 그런 게 아니에요. 어떻게 자식을 도구로 취급할 수 있나요.
── 그레고어가 벌레로 변한 이유는 무엇 때문인 것 같아?
── 전 그레고어가 벌레로 변한 게 아닌 것 같아요. 벌레로 변하지 않더라도 그의 상황은 똑같잖아요. 그레고어는 모두 잠든 새벽에 일어나 맛도 느끼지 못

하는 아침을 먹고는, 기차를 타러 부리나케 달려 나가야 했겠죠. 그것도 자기 삶이 아니라 가족들의 삶을 위해서요. 그러니 그에게 달라질 건 하나도 없어요.

―― 네 말을 듣자니 그레고어가 더욱 불쌍하게 느껴지는구나.

―― 그래요. 그레고어는 죽어서도 편히 눈을 감지 못했을 거예요. 묻혀서도 냉혹한 가족과 비정한 회사를 저주하고 있겠죠. 납작해진 채로 말라붙은 그레고어의 시신이 빗자루에 쓸려 내려가는 장면에선 눈물을 참기 어려웠어요.

―― 그렇다면 네가 생각하는 가족이란 어떤 의미야?

―― 늘 함께 있고, 사랑하고, 같이 밥만 먹어도 웃음이 나는 존재요. 돈이 많다고 다 가족인 건 아니잖아요. 돈이 없다고 가족이 아닌 것도 아니고요. 인간이 살아가는데 돈이 없다면 안 되겠지만, 돈이 가족을 만들어 주는 건 아니니까요. 저한테 가족은 그런 의미랍니다.

스물두 번째 편지

면도날

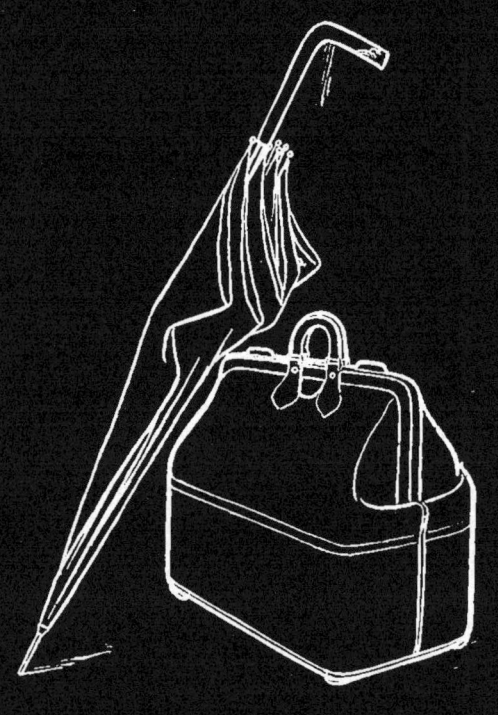

그는 "아무것도 안 하고 싶다"라고 답해.

2024년 12월 28일 토요일

서머싯 몸 『면도날』

(1944)

소율에게

시골의 겨울은 억센 바람과의 전쟁이다. 극한의 계절을 무사히 나려면 무엇보다 흥미로운 책이 필요할 거야. 유적지나 크루즈를 배경으로 한 애거사 크리스티의 장편이 제격이라 할 수 있지. 하지만 꼭 미스터리일 필요도 없어. 잘 찾아보면 재미있는 순문학 작품도 얼마든지 많으니 말이야. 특히 서머싯 몸이라면 다 추천할 만하지. 그의 어떤 책을 골라잡아도 끝까지 페이지를 넘기지 않고는 못 배길 거다. 오늘은 네게 몸의 장편을 하나 읽어 주려고 해.『면도날』이라는 소설이지.

『면도날』은 주인공 래리라는 남자의 삶을 조명하

고 있어. 래리 말고도 다양한 사고방식과 생활 양식을 가진 캐릭터들이 등장하지. 1919년 작가 서머싯 몸(그는 실명으로 등장해 관찰자 겸 서술자 역할을 맡고 있어)이 엘리엇 템플턴이라는 50대 미국인과 나누는 대화로 소설은 시작돼. 높은 예술적 식견을 갖춘 엘리엇은 너그러운 성품의 소유자이지만, 한편으론 명사들과의 인맥을 과시하면서 우월감을 맛보는 속물이기도 하지. 소설의 초반부, 두 사람은 엘리엇의 여동생 브래들리 부인의 집에 들르게 되는데, 거기서 내레이터 몸은 브래들리의 딸인 이사벨과 그녀의 약혼자 래리와 만나게 된단다.

이상한 약혼자

래리는 1차 세계대전 발발 후 참전한 전투기 조종사로, 이사벨은 최근 약혼자가 좀 이상해졌다고 느끼고 있었어. 그 직감은 정확했지. 래리는 독일 전투기와의 교전 중 동료 팻시가 자신을 구하고는 사망한 것에 큰 충격을 입은 상태였거든. 스물둘이라는 고운 나이에 비참하게 "고깃덩이"로 변해버린 전우를 목격한 뒤, 그의 인생은 다른 궤도로 진입해 버려. 여러 회사로부터 일자리를 제안받기도 했지만, 그는 좀 빈둥대고 싶다는 핑계로 거절하고 말아. 현실의 논리에 순응하는 걸 당연시하던 주변인들은 도무지 그를 이해하지 못했어. 편히 살 수 있는 길이 있는데, 왜 사서 고생을 하느냐는 거였지. 엘리엇과 브래들리는 아무짝에도 쓸모없는 녀석이라고 그를 비난하며 속을 끓였어.

하지만 래리가 중시했던 건 남들이 다 가는 길을 그대로 따라가는 게 아니었단다. 어느 날, 그는 그리스어 공부를 하겠다며 파리로 훌쩍 떠나 버리지. 그는 호메로스의 서사시 『오디세이아』를 그리스어로 읽고 싶어 했어. 전부터 래리를 탐탁지 않게 여겼던 엘리엇은 그럴 줄 알았다며 구시렁거렸지만 말이야. 어떻게든 연인의 마음을 돌려 보려 했던 이사벨도 지쳐 가기 시작했고, 결국 돌아서게 돼. 래리를 포기한 그녀는 결국 잘나가는 증권 브로커 그레이와 결혼해 버리지.

그러면 부와 연인을 버린 래리는 그리스어 고전 속에서 진리를 발견했을까? 그렇지는 않았어. 책 속에선 진리를 찾을 수 없었지. 대신 래리는 육체노동을 하기로 해. 대책도 없이 그는 독일 탄광촌으로 건너가서는 한동안 석탄을 캤단다. 아는 사람 하나 없는 곳에서 말이야. 종일 책장만 넘기던 사람에게는 고된 작업이었어. 손엔 물집이 잡히고 몸은 온통 석탄 가루 범벅이 되었지. 그럼에도 그의 얼굴은 행복해 보였단다.

남부 유럽으로 건너간 래리가 마지막으로 찾은

곳은 인도였어. 그는 명망 높은 수행자 가네샤의 제자가 되지. 먼 동양의 나라에서 맞이한 어느 아침, 그는 일출의 장엄함에 압도되고 말아. 순간 그는 대자연이 제공하는 경이 속에서 말로는 설명할 수 없는 황홀경에 빠져들지. 그리고 속세를 벗어나 있기보다는 세상 속에 살면서 그 속의 모두를 사랑해야겠다는 깨달음을 얻게 된단다. 독서로도, 종교적 가르침으로도 깨우치지 못했던 진리와 조우하게 된 순간이었어. 다음 날, 그는 스승 가네샤에게 작별 인사를 고해. 파리로 돌아온 래리가 이사벨-그레이 부부를 만난 건 그가 사람들의 시야에서 사라진 지 무려 10년이 지난 후였어.

한순간에 지옥이 된 삶

속세를 떠나 있던 사이 래리의 지인들에겐 어떤 일이 벌어졌을까? 정말 많은 일이 있었단다. 1929년 10월 월스트리트 대폭락은 미국 주식을 단번에 휴지조각으로 만들었거든. 한때 모든 것을 가졌던 그레이 부부의 삶도 한순간 지옥으로 변해 버렸지. 최고급 아파트와 멋진 드레스는 신기루처럼 증발했어. 졸지에 부부는 거지 신세가 되고 말았지. 투자에 영민했던 엘리엇이 저 초유의 사태에도 피해를 보지 않은 건 그나마 다행이었어. 그의 물질적 지원으로 그레이와 이사벨은 겨우 목숨을 부지할 수 있었단다.

그러면 엘리엇의 생활에는 변화가 있었냐고? 전혀. 예전과 똑같았어. 그는 사교계에 흐르는 소문이라면 죄다 알고 있었지. 정말이지 타고난 호사가에, 떠버리였어. 중병에 걸려 임종을 앞두고 있던 순간에도 이웃 파티에 참석하지 못하는 것에 분통을 터뜨릴 정도였으니 말 다했지. 유언대로 엘리엇은 백작 의상을 입고 멋진 칼을 찬 채 관에 눕혀졌어. 그 모습이 상상이 되니? 최후의 최후까지 저 남자는 과시하는 삶을 선택했단다. 엘리엇의 유산 대부분은 조카 부부에게 상속되었는데, 그 돈을 통해 절망에 빠졌던 조카 부부는 재기할 수 있게 되었어.

이사벨의 친구로 시를 좋아했던 소피도 꽤 비중 있게 다뤄지는 캐릭터야. 밥 맥도널드라는 변호사와 결혼한 그녀는 아이도 낳고 잘 살아갔지만, 청천벽력 같은 교통사고로 남편과 아이를 잃고 말지. 래리의 삶이 친구의 죽음으로 뒤바뀌듯, 소피의 삶도 그러했어. 가족을 떠나보낸 그녀는 알코올 중독과 문란한 생활로 자신을 망가뜨리고 말지. 운명이 벌인 거대한 장난 앞에서 나약한 인간이 할 수 있는 일이란 많지 않을 거야.

훗날 우연히 래리와 재회하게 된 소피는 그와 약

혼하게 되지만, 결혼까진 이르지 못한 채 비참한 죽음을 맞이하지. 소피의 죽음을 확인한 래리는 전 재산을 선원에게 주어 버린 채 화물선에 올라. 그게 『면도날』의 결말이지. 래리의 후일담을 원했던 사람들에게 작가는 그로부터 아무런 소식을 들은 바 없다고 딱 잘라 말했어. 그럼에도 예상할 수는 있지. 공명심이나 야망 같은 것과는 거리가 멀었던 래리가 저 어디선가 행복하게 살았을 거라는 것쯤은.

몸이라는 작가

1874년 파리에서 태어난 서머싯 몸은 20세기 가장 영향력 있는 작가 중 하나라고 해도 좋을 거야. 『인간의 굴레』(1915), 『달과 6펜스』(1919) 등 영화로도 제작된 그의 대표작들은 지금까지도 스테디셀러가 되어 세계 곳곳에서 읽히고 있으니까. 천부적인 이야기꾼이었던 몸은 의사로도, 영국 정보부의 스파이로도 활동하는 등 복잡하고도 신묘한 커리어를 쌓아 나갔단다. 어떻게 보더라도 범상한 인물은 아니었지. 몸은 말년에는 주로 에세이와 단편 소설 집필에 집중했고, 91세까지 장수했어. 아, 저 책들 중 『인간의 굴레』는 꼭 읽어 보도록 하렴. 분량의 압박이 느껴지긴 하겠지만, 시간이 아깝지 않은 독서가 될 거란다.

『면도날』은 서머싯 몸의 소설 중에서는 상대적으로 덜 알려져 있어. (그런데 갑자기 이게 한국에서 베스트셀러가 되었다는 소식을 들었어. 놀라운 일이야.) 여러 필독서 리스트를 들여다봐도 『인간의 굴레』, 『달과 6펜스』만 언급되지, 『면도날』이 꼽히는 경우는 흔치 않아. 아빠도 저 두 작품은 학창 시절에 읽어 봤지만, 이건 30대 초반에 읽게 되었단다. 500페이지가 넘는 두꺼운 책이지만, 이틀 만에 다 읽을 정도로 몰입했지. 이런 좋은 작품을 늦게 만난 게 아쉬울 만큼 훌륭했단다. 내용을 감안하면 이건 하나의 성장소설로 보더라도 무리가 없는데, 네가 10대에 읽고 30대에 다시 읽게 되면 느낌이 확 다를 거야.

"위대한 자 이르노니 면도날은 날카로워 건너갈 수 없으니, 현자 이르길 그 길로는 지나가기 어렵다고 말한다."

『면도날』의 제사(題詞)야. 힌두교 경전 『카파 우파니샤드』에 나온 아포리즘*이지. 짧고 함축적이지만 책의 주제가 다 담겨 있으니 무심코 넘어가지 않기를 바랄게. 그런데 정작 책의 본문에는 '면도날'이란 단어가 나오지 않아. 그럼에도 작가는 그것이 연상될 만한 메시지는 곳곳에 심어 두었으니 스스로 잘 찾아보라는

* 진리를 간결하게 포착한 글귀를 가리켜.

말을 하고 싶었을 거야.

그러면 '면도날'이란 무엇을 뜻할까? 아마 우리 모두에게 부여된 삶을 가리킬 거야. 작가 서머싯 몸은 특정 캐릭터의 삶을 이상화하지 않았어. 하나의 삶의 방식을 정답처럼 제시하지 않았다는 뜻이야. 모든 삶의 궤적들은 개개인의 선택에서 비롯된 것이기 때문이란다. 그 선택이란 개인의 자유의지에 기반한 것이니, 우리는 그것을 존중해야 한다. 명예를 원했던 엘리엇, 견고한 경제 기반을 원했던 이사벨, 파멸을 원했던 소피. 그들 모두는 각자의 방식으로 각자의 삶과 마주했어. 그리고 자유롭게 자신의 삶을 찾아 떠났던 것이지.

마냥 칭찬하기도 비난하기도

그들의 삶은 마냥 칭찬하기도 비난하기도 어려운 것이었어. 엘리엇은 상류층의 허영과 속물근성을 가진 사람이었지만, 동시에 파산한 조카가 일어날 수 있도록 도왔던 은인이기도 하지. 게다가 유언장을 통해 하인들에게도 한몫 챙겨 주었으니 그를 과연 악인이라고 말할 수 있을까? 모피 코트의 유혹을 뿌리치지 못했던 이사벨은 어떠니? 파경의 잘못은 대책 없이 파리로 떠나겠다고 통보한 래리에게도 있지 않았을까?

자기 파괴적인 삶을 마감했던 소피. 자식과 남편을 떠나보낸 그녀에게 '네가 사는 건 그릇된 삶'이라고 충고할 수 있을까? 쉽지 않을 거야. 그렇게 서머싯 몸은 인간이란 입체적인 존재라는 걸 진작부터 잘 알고 있었던 것 같구나.

개인의 선택은 때론 다수가 이해할 수 없는 방향으로 나아가기도 하고, 사회의 관습에 일치하지 않는 방향으로 흘러갈 수도 있단다. 래리의 삶이 그러했지. 그는 얼마든지 주류에 편입해 물질적으로 풍요로운 삶을 영위할 수 있었으니까. 그렇지만 그의 마음을 움직이는 가치는 그런 게 아니었어. 자꾸만 삶의 진정한 의미가 뭔지 궁금해했거든. "뭘 하고 싶냐?"라는 이사벨의 질문에 그는 "아무것도 안 하고 싶다"라고 답해. 정말로 빈둥거리며 아무것도 안 하겠다는 게 아니야. 래리의 삶을 들여다봐. 외국어를 공부하고, 고전을 읽고, 육체노동을 하고, 종교인으로 살아가기도 해. 가만히 보면 계속 무언가를 하는 삶이야. 다만 다른 사람을 위해서가 아니라, 자기 자신이 만족할 수 있는 걸 찾아가겠다는 거지.

그걸 '주체로 서는 과정'이라고 표현해도 될 것 같구나. 물론 래리가 그런 삶을 살아갈 수 있었던 건 재산 덕분이기도 했지. 만약 그가 식구들을 부양하거나 끼니를 걱정해야 했다면 미래는 달라졌을지도 몰라. 그런 길을 간다고 삶의 가치가 훼손되는 건 아니지만.

　래리가 그랬고, 이사벨이 그랬고, 소피와 엘리엇이 그러했듯, 예리한 면도날 위에 선다는 건 고통스럽고도 불안한 일이야. 누구도 대신할 수 없는 결정을 오롯이 혼자 내려야만 하니까. 하지만 딸아. 그땐 당당하게 너의 길을 선택하면 된다. 면도날은 심판대가 아니니까. 애니메이션 「마녀 배달부 키키」(1989)에서 할머니가 마법을 제대로 쓸 수 없어 의기소침해진 키키에게 했던 말이 기억나는구나. 너는 그 대사를 알고 있을 것이다. "괜찮아, 지나가는 바람이니까."

　자, 오늘 편지는 여기까지란다. 인후염 약 잘 먹도록 하렴.

사랑하는 아빠가

어떤 책으로 읽을까

현재 구할 수 있는 유일한 『면도날』 번역본은 민음사에서 출간된 안진환 선생의 것이란다. 가독성이 뛰어난 멋진 번역본이다.

대화

—— 정말 모든 선택엔 후회가 따르는 걸까요?
—— 어려운 질문이다. 세상에 후회 없는 결정이 과연 있을까 싶구나. 지나고 보면 어딘가 아쉽고 부족한 점이 보이기 마련이거든. 하지만 어디까지나 결정은 너의 몫이란다. 타인에게 폐를 끼치지 않는다면, 그리고 그 선택이 정당한 것이라면, 아빠는 늘 너의 결정을 응원하마. 용기를 가지렴.

스물세 번째 편지

페스트

눈앞에서 죽어가는 아이를
그저 바라만 봐야 했을
사람들은 어떤 기분이었을까?

2024년 12월 30일 월요일

알베르 카뮈 『페스트』

(1947)

소율에게

2020년 코로나19 대유행. 우리는 자그마치 4년 동안 세계를 충격에 빠트렸던 사건을 기억해. 그것은 당연한 듯했던 일상이 단숨에 '정지'된 계기였어. 어떻게든 걸리지 않으려 인파가 몰리는 곳을 피해 다니곤 했지만, 소용없었지. 기침이 심상치 않음을 느끼고 병원에 갔던 날, 확진 판정을 받게 되었으니까. 7일 동안의 자가 격리 기간. 무료함을 버티게 해 주었던 책들이 없었다면, 시간은 더 더디 갔을지 몰라.

카뮈의 책 『페스트』를 다시 읽게 된 것도 그때였어. 2020년의 현실은 책이 나온 1947년과 매우 닮아 있더구나. 수사적으로든 실질적으로든 말이야. 전대

미문의 상황 속에서 언론은 어떻게든 돌파구를 찾으려 했던 것 같아. 그해 8월 BBC는 '코로나 시대, 『페스트』의 알제리가 주는 교훈'이라는 제목의 기사를 썼어.

기사에 거론된 알제리. 바로 『페스트』의 배경이 되는 나라야. 정확하게는 알제리 서북부 항구 도시 오랑에서 벌어지는 이야기지. 오랑은 1831년부터 약 130년 동안 프랑스의 식민 지배를 받았어. 그러니 책 발간 시점에도 여전히 오랑은 프랑스령이었던 거야. 『페스트』의 도입부에서 작가는 이것이 알제리 해안에 있는 '한 평범한 도시' 안에서 벌어진 사건임을 명시하고 있어. 저 '평범함'이라는 단어는 소설에 등장하는 순간 저절로 비범해지는데, 아마 카뮈도 그걸 잘 알고 있지 않았을까 싶어.

불길한 징조

어느 날 아침, 의사 리외는 병원 계단에서 쥐 사체를 발견해. 단지 쥐 한 마리가 죽은 대수롭지 않은 일일 수 있었지만, 몸이 아픈 아내를 요양원으로 배웅하던 리외에겐 불길한 징조처럼 다가왔어. 거짓말처럼 죽은 쥐들은 날마다 늘어 갔어. 사람들의 불안감은 점차 커졌지. 갑자기 피를 토하던 쥐들은 종적을 감추었는데, 이것은 좋은 신호가 아니었단다. 이제 쥐가 아닌 사람들 차례였으니까. 환자들은 고열, 오한, 갈증, 부종을 호소하며 죽어 가기 시작했지. 그것은 수십 년 전 사라져 버린 줄 알았던 끔찍한 전염병, 페스트였어. 폭증하는 사망자 수에 당황한 시 당국은 마침내 봉쇄령을 내리게 돼.

"재앙이라는 것은 인간의 척도로는 파악이 불가능하다." 카뮈의 말대로 불가해한 재앙 앞에 인간이란 나약하기만 했어. 사람들은 각자의 시각대로 페스트를 바라보았고, 각자의 기준대로 대응하기로 마음먹은 것처럼 보였지. 의사 리외는 병의 '이름'에만 관심이 있는 보건위원회 사람들에게 환멸을 느꼈어. 한시가 급한 상황에 이름 따윈 중요하지 않았지. 그는 유행병에 대한 실제적이고 효과적인 조치가 먼저라고 보았거든.

그러나 신문기자 랑베르의 생각은 달랐어. 자신은 이 도시와 상관 없는 외부인이라고 의사 앞에서 열변을 토한 그는 속히 오랑에서 벗어나려 온갖 수단을 동원했지. (하지만 나중에 그는 페스트를 "모두의 문제"로 인식하고는 보건대에 합류하게 돼.)

한편 예수회 신부 파늘루는 페스트를 인간에게 내리는 신의 징벌로 해석해. 그의 말에 의하면 "신은 인간에게 경고하기 위해 몸소 창을 들었던 것"이지. 그 모습에서 나중에 읽을 『캉디드 혹은 낙관주의』의 팡글로스 박사가 겹쳐 보인다면 우연이 아닐 거야. 저 세 사람을 각각 현실론자, 개인주의자, 종교가로 불러도 틀리진 않을 것 같구나.

죽음을 정당화하는 그 어떤 것도

중요한 인물이 두 사람 더 있어. 타루와 코타르. 타루는 검사의 아들로 태어난 중산층 집안 자제였어. 경제적인 어려움 같은 건 모르고 자란 그는 아무렇지 않게 피고에게 사형을 선고하는 아버지의 모습에서 충격을 받지. 그 장면은 타루에게 인간이 선(善)이라는 명분으로 다른 사람에게 죽음을 요구할 수 있다는 모순으로 다가왔어. 그게 삶의 분기점이 된 거야. 그날 이후 타루는 인간의 죽음을 정당화하는 그 어떤 것에도 반대하기로 결심했지. 그게 그가 보건대를 결성해 페스트와 정면으로 맞서게 된 이유였을 거야.

그리고 코타르. 그는 페스트를 두려워하던 여타 사람들과 다르게 작품 내에서 유일하게 질병의 확산을 즐거워했던 인물이지. 페스트 비상시국은 그에게 큰 기회였거든. 바깥으로 통하는 루트가 모두 막힌 도시에서 코타르는 암거래로 큰돈을 벌어. 마스크 공급이 달리던 코로나 초기, 마스크를 매점매석*하던 일부 몰지각한 자들을 떠올릴 수 있을 거야.

보건대와 의사들의 사투에도 불구하고, 페스트의 기세는 꺾이지 않았어. 저 난리통에 책을 쓰고자 했던 공무원 그랑의 글 또한 쉽게 완성되지 못했지. (그랑의 문장이 갈팡질팡하는 모습은 오랑 사람들이 겪고 있던 혼란과 비슷하게 보여.) 땅에 묻히고 소각되는 저 시신들은 이제 도시 주민들에게 그 어떤 감정도 불러일으킬 수 없었지.

하지만 판사 오통의 어린 아들이 페스트로 고통스럽게 숨을 거두는 대목만큼은 예외적으로 그려지고 있어. 최후의 수단이었던 혈청 주사도 너무나 연약했던 어린아이에겐 효과를 발휘하지 못했지. 아이가 숨을 거두는 장면에서 카뮈는 리외의 입을 통해 파늘루 신부에게 분노를 표출하고 있단다. "아이에겐 죄가 없소. 최소한 당신은 그걸 알 거요."

그럼에도 모든 사건에는 마침표가 따라붙게 되지. 도무지 끝날 것 같지 않았던 페스트 또한 끝을 향해 달려가게 돼. 드디어 사망자가 유의미하게 줄어들자, 사람들 사이엔 희망이 조금씩 살아나기 시작했어.

* 가격이 오를 것을 기대하고 특정 물건을 대량으로 구매하여 보관해 둔 뒤에 높은 가격에 되팔이에 차익을 챙기는 행위를 의미해.

최전선에서 몸을 갈아 넣으며 희생했던 타루가 페스트의 마지막 문턱을 넘기지 못하고 명을 달리한 건 비극이었지만 말이야.

그런데 페스트 종식에 환호했던 대부분의 시민들과 다른 반응을 보인 사람도 있었어. 바로 코타르였지. 그는 페스트가 끝나 간다는 소식에 크게 상심했고, 시민들에게 총질하다 경찰에 체포되고 만단다. 이 소설은 아내가 죽었다는 전보를 접한 리외가 축제의 장처럼 변한 오랑의 군중을 바라보는 장면으로 마무리돼.

카뮈라는 작가

작가 알베르 카뮈는 대표적인 실존주의 작가라 할 수 있어. 실존주의란 결단의 순간에 처한 인간이 스스로 삶을 선택하고 그에 따른 책임을 지는 것을 말하는 철학 사조라고 새기면 될 것 같아. 카뮈의 소설 『이방인』(1942), 에세이 『시지프 신화』(1942)를 보면, 거대한 삶의 '부조리'에 마주한 인간이 나오지.

1913년 알제리에서 태어난 카뮈는 2차 세계대전 당시 레지스탕스로 활동하는 등 반파시즘 운동에 앞장선 인물이었단다. 그가 집필한 명작들은 프랑스 사람들에게 깊게 각인되었어. 이후 카뮈는 공산주의를 옹호하던 프랑스 지식인들과는 반대 노선을 걸었고, 친구 사르트르와도 갈라서게 되었지. 그는 1957년 노벨문학상을 수상하게 되었지만, 그로부터 3년 후 교통사고로 허무하게 생을 마감하고 말았어. 카뮈가 죽은 후 미완성 소설 『최초의 인간』(1994)이 대중에 공개되었단다.

그러면 카뮈가 소재로 삼은 페스트란 대체 어떤 질병이었을지 궁금하지 않니? 페스트는 쥐나 벼룩을 매개로 인간에게 전염되는 감염병을 말해. 보통 1~7일 정도의 잠복기를 두고 발현되는데, 증상 유형에 따라 3가지로 분류할 수 있다고 해. 페스트가 악명을 떨친 건 14세기 중반, 중세 유럽에서였어. 연구자들에 의하면 희생자의 피부를 까맣게 썩어 들어가게 했던 페스트의 치사율은 최소 30퍼센트에 달했다고 전해져. 이로 인해 중세의 경제 시스템인 장원 제도는 붕괴하고 말았지. 성직자와 신도를 잃은 종교의 권위는 땅에 떨어졌어. 이만하면 질병 하나가 온 세상을 뒤바꾸었다고 해도 과장이 아닐 거야.

먼저 『페스트』의 주인공이자 화자인 리외를 살펴보고 싶어. 그는 왜 페스트에 걸린 사람들을 구하기 위해 현장에 뛰어들었을까? 아무리 봐도 영웅 심리 때문은 아니었던 것 같아. 신도 믿지 않으면서 왜 이렇게까지 환자들을 돌보는지 묻는 타루에게 리외는 이렇게 말해. 자신은 "앞으로 벌어질 일에 대해서는 아무것도 모른다"라고. 그리고 "전력을 다해 죽음과 싸우는 것"이 자신이 해야 할 일이라고. 그건 '자신의 임무를 다하는 것일 뿐'이라는 겸손의 표현이었지. 그러나 그게 말처럼 간단한 일이 아니라는 걸,『페스트』의 독자라면 공감할 수 있을 거야. 그는 자신의 생명을 걸고 임무를 수행하고 있기 때문이지.

존재를 드러내지 않는 사람들의 행진

리외의 '소박한' 선의지는 페스트가 오랑을 집어삼키는 동안 철저히 사리사욕을 채우는 데 급급했던 코타르와 비교하면 더욱 빛이 나게 돼. 문득 코로나 기간, 묵묵히 제자리를 지키며 고군분투한 의료진의 노고에 고개가 숙여지는구나. 우리가 결국 코로나를 극복할 수 있었던 건, 존재를 드러내지 않았으며 영웅 같은 건 되고 싶지 않았던 저분들의 헌신 덕택이었다는 걸 잊어서는 안 될 거다. 운 좋게도 우리 곁엔 수많은 리외가 있었다는 것을 말이다.

베스트셀러『사피엔스』(2011)를 쓴 이스라엘 출신의 역사학자 유발 하라리는 코로나가 맹위를 떨치던 2020년 3월 『파이낸셜 타임스』에 이렇게 적은 바 있어. "폭풍은 지나갈 것이고, 인류는 살아남을 것이며, 우리들 대부분은 살아 있게 될 것이다. 하지만 우리는 전과는 다른 세상에 살게 될 것이다."

그의 기고에서 유심히 보아야 할 건 "전과는 다른 세상에 살게 될 것"이라는 구절이야. 저 문구를 글자 그대로 대감염병의 문이 열렸다고 받아들여도 이상하지는 않을 거야. 전문가들은 코로나가 종식된 뒤에도 다른 팬데믹이 올 가능성이 높다고 예측하거든. 그것이 또 한 번의 코로나일지 조류인플루엔자일지, 아니면 정체불명의 무엇일지는 그 누구도 알 수 없지만, 저 진단이 카뮈의 진단과 놀랍도록 유사하다는 걸 밝혀야 하겠구나. "이 연대기는 결정적 승리의 기록이 아니다"라고 적은 카뮈는 이렇게 이어가. "페스트균은 죽거나 소멸하지 않고, 그 균은 방, 지하실, 트렁크, 손수건, 낡은 서류 같은 곳에서 질기게 살아남을 수 있다."

다만 저 부활하는 페스트균이라는 말은 꼭 전염병에 한정되지는 않는 것 같아. 이쯤에서 "인간은 때때로 타인들에게 사형 판결을 내린다"라는 타루의 말을 되짚어 볼 필요가 있단다. 잘못된 방식과 목적으로 형성된 집단의식이 어떻게 인류의 판단력을 흐리게 하고, 또 윤리 의식을 파괴했는지 너는 학교 수업을 통해 배웠을 거야. 타루가 언급한 우리 안의 페스트는 폭력과 전쟁, 다름에 대한 불관용과 차별, 죄에 대한 망각과 때 이른 용서 등 여러 형태로 분출되었고 또 어마어마한 속도로 동조자를 확보해 왔어. 다시 『페스트』로 가 볼게. 페스트가 공식적으로 종말을 고한 뒤, 오랑 사람들은 대대적인 축제 분위기에 젖어 들었어. 페스트로 죽은 사람들을 깨끗이 잊어버린 듯한 그들은 불꽃놀이를 보며 함성을 질러대지.

카뮈의 "죽지 않는 페스트균"이란 최악을 대비하지 않는 자들, 긴장의 끈을 놓아버린 자들, 무엇보다 반성하지 않는 자들에 대한 경고야. 페스트균은 보이지 않는 곳에 은닉해 있다가, 아주 작은 틈으로부터 다시 출몰할 수 있다는 거지.

사랑하는 아빠가

어떤 책으로 읽을까

『페스트』를 처음 산 건, 고등학교 앞에 있던 한 동네 책방에서였어. (이제 그런 서점을 찾기 어렵다는 건 슬픈 일이구나.) 일신서적에서 출간된 『이방인』과의 합본이었지. 기억이 틀리지 않다면 『적과 흑』(1830) 같은 세계 명작을 합리적인 가격에 내놓았던 출판사였어. 이제 그 책이 없어진 탓에 괜찮은 번역이었는지는 잘 모르겠어. 아빠에게 언제나 알베르 카뮈의 번역이란 프랑스 문학자 김화영 선생의 것이었는데, 직접 살펴보고 네게 맞는 책을 골라 보렴.

대화

―― 저는 오통 판사의 아들이 너무 안됐어요.
―― 그래. 편지에도 적었지만, 이성적인 의사 리외의 감정이 폭발한 유일한 장면이기도 하지. 아마 그것은 어렵게 만들어 낸 혈청 주사도 듣지 않았다는 무력감 때문이었을 거야. 눈앞에서 죽어가는 아이를 그저 바라만 봐야 했을 사람들은 어떤 기분이었을까? 상상조차 하기 어렵구나.

스물네 번째 편지

캉디드 혹은 낙관주의

세상에 그런 고집스러운 사람 하나쯤은 필요한 법이야.

2025년 1월 2일 목요일
볼테르 『캉디드 혹은 낙관주의』
(1759)

소율에게

 생각이 다를 때는 관용의 정신을 갖는 것이 중요해, 라는 말을 들어 봤을 거야. 오늘은 '관용'이 우리 삶에 갖는 중요성에 대해 역설한 작가의 소설을 읽어 보려고 해. 그 작가의 이름은 프랑수아 마리 아루에 볼테르, 통상적으로 그냥 '볼테르'라고 불리는 사람이지. 저서 『철학사전』(1756)에서 볼테르는 자유, 신념 등 일상속 단어들을 자신만의 언어로 정의 내리고 있어. 물론 관용에 대한 항목도 있지. 그 대목을 한 번 읽어 볼까? "우리는 모두 나약함과 실수로 만들어졌으므로 서로의 어리석음을 용서하자는 것, 그것이 자연의 첫 번째 법칙이다."

이 말뜻은 그러니까 이런 거야. 인간은 여러 이유로 실수를 범할 수 있는 불완전한 존재이다. 따라서 인간인 이상 그 누구도 완벽할 수 없다. 그러므로 우리는 다름을 인정하고, 잘못을 용서하며 살아가야 한다. 그의 이런 사상이 잘 드러난 작품이 철학 소설 『캉디드 혹은 낙관주의』란다. 철학 소설이라고는 하지만 페이지가 술술 넘어가는 책이기에 흥미롭게 읽을 수 있을 거야.

모든 것에는 이유가 있다

독일 베스트팔렌의 한 성. 그곳에 캉디드라는 올곧고 온순한 소년이 살고 있었어. 그는 성주(城主) 툰더 텐 트론크 남작의 조카였지. 캉디드의 스승은 팡글로스라는 철학자로 그는 평소 "모든 것은 최선의 목적을 위해 이루어져 있다"라는 낙관주의 사상의 신봉자였단다. 팡글로스 사상의 기반엔 '충족이유율'이라는 원리가 있어. 쉽게 말하자면 모든 사물의 존재나 진리에는 그에 상응하는 충분한 이유나 근거가 있다는 원리야. 그에 따르면 돼지나 닭은 인간에게 잡아먹히기 위해 태어난 것이지. 때문에 인간은 늘 돼지고기나 닭고기를 맛있게 즐길 수 있다는 거야.

팡글로스는 여기서 한 발 더 나아가 현재 우리

가 이렇게 살아가는 세상이 최선으로 이루어져 있다고, 그 이상으로 잘 만들 수 없다고 말해. 그의 사상을 계승한 캉디드는 남작의 작은 성을 세상에서 가장 행복한 왕국으로 여기며 살아가고 있었어. 그러던 어느 날, 남작의 딸 퀴네공드를 사랑하게 된 그는 그녀와 키스하게 되었고, 그 장면을 목격한 남작에 의해 추방당하지.

이후 캉디드는 온갖 고생을 다 한단다. 불가리아 병사들에겐 모진 매질을 당했어. 전쟁터에 끌려가서는 사람들이 목이 잘린 채 죽어가는 모습을 지켜봐야 했지. 그런데도 캉디드는 스승의 가르침대로 이것이 다 이유가 있을 것이라고, 최선의 방식으로 연결된 것으로 생각할 따름이었어. 이리저리 배회하던 캉디드는 거지꼴을 한 팡글로스와 마주치게 돼. 그런데 스승의 입에서 나온 이야기는 충격적이었어. 불가리아 병사들이 남작의 성을 침략해 모든 사람을 죽여 버렸던 거지. 남작 부부는 잔인한 죽음을 맞았어. 캉디드가 사모했던 퀴네공드는 병사들에게 겁탈당한 후 살해당했지. 그런 일을 당하고도 팡글로스는 자신의 낙관주의를 버리지 않아. 참 고집불통이지.

여기서 작가는 1755년 포르투갈을 강타했던 대지진을 작중 사건으로 설정하면서, 팡글로스의 낙관주의 철학(볼테르의 비판 대상은 철학자 라이프니츠)을 날카롭게 비판하고 있어. 진도 8.5~9에 달하는 대지진으로 포르투갈은 말 그대로 쑥대밭이 되었단다. 수만 명이 죽고 혼란을 틈탄 범죄가 들끓었어. 어떻게든 민심을 수습해야 했던 위정자들은 팡글로스를 비롯한 몇몇 사람들을 잡아들였고, 어처구니없는 죄목을 덮어씌워 화형에 처해 버렸지. 전형적인 '시선 돌리기' 전략이었어. 캉디드는 왜 사람들이 고통 속에 죽어가야 하는지, 이것이 과연 최선인지 의문을 품게 되었지만, 아직 스승을 의심하는 데까지는 이르지 못했지. 그에겐 더 많은 시련과 경험이 필요했던 거야.

역경을 헤쳐 나가던 캉디드. 그는 퀴네공드, 그리고 그녀를 돌봐 주던 노파와 재회하게 돼. 여주인공에 해당할 퀴네공드는 플롯 아머(plot armor, 캐릭터 보정의 법칙)에 따라 운 좋게 살아나긴 했어. 그렇지만 종교재판장과 상인의 성노예가 되어 죽음보다 더 비참한 생활을 이어가야 했단다. 두 사람이 각각 하루의 절반씩 그녀를 소유하기로 했으니까 말이야. 물론, 우리의 캉디드가 이를 내버려 둘 리 없었지. 그녀를 위해 재판장과 상인을 모두 죽여 버린 캉디드는 성직자 살해범으로 몰려 쫓기게 돼.

다시 퀴네공드와 헤어진 캉디드는 카캄보를 하

인으로 맞이하고는 전 세계를 돌아다녀. 여전히 두 사람이 가는 곳마다 큰일이 벌어졌어. 여동생과의 결혼을 반대하던 퀴네공드의 오빠와 마찰을 빚고는 그를 죽이기도 했지. (어쩐지 점점 연쇄살인범이 되어 가는 느낌이구나.) 어딘가에선 식인종의 한 끼 식사가 될 뻔했어. 다행히 풀려나지만 말이야.

잔혹한 백인들

보석이 돌멩이처럼 나뒹구는 황금의 나라 엘도라도에서는 한몫 단단히 잡긴 했어. 하지만 캉디드는 점점 이 세상이 스승의 말씀대로 낙관으로 가득 찬 공간이 아님을 배워 가고 있었단다. 볼테르는 이를 통해 당시 백인들이 얼마나 비인간적이었는지를 증명하고자 해. 캉디드를 베네치아까지 태워 가기로 한 백인 선주(船主) 반드레덴두르가 좋은 예시라 할 수 있지. 그는 손가락을 다친 노예의 팔을 잘라 버릴 만큼 잔혹한 악당이었어. 악덕 선주는 캉디드의 보물을 가득 싣고는, 캉디드 일행을 버려둔 채 배를 출항시키지. 캉디드는 그즈음 "낙관주의를 포기하겠다"라는 의견을 피력하게 돼. 명백한 악 앞에서 이것이 최선이라는 말만 되풀이하는 건 무의미함을 깨달은 거지.

그때 합류한 사람은 세상사에 부정적인 입장을

견지하던 마니교도 마르탱이었어. "선 같은 건 알지 못한다"라는 입장을 가졌던 그가 동료가 된 건, 아무래도 팡글로스와의 대립적 측면을 보여주기 위해서였다고 생각한단다. 마침내 캉디드는 퀴네공드와 만나게 됐어. 그녀는 원래의 아름다움을 잃어버린 채 한 군주의 집에서 식모살이하고 있었지. 캉디드는 포르투갈인 이발사의 수술로 새 생명을 얻게 된 스승 팡글로스와도 상봉했어. 완전체로 모이게 된 셈이지.

어렵사리 튀르키예에 도착한 캉디드. 그는 작은 정원에서 과일을 가꾸며 만족하고 살아간다는 한 노인의 삶에서 큰 깨달음을 얻고는 일행들과 그곳에 정착하게 된단다. "그간 했던 고생 덕분에 여기까지 온 것이다"라는 팡글로스의 대책 없는 낙관과 마르탱의 비관이 맞섰지만, 캉디드는 이제 그 어떤 견해에도 흔들리지 않게 되었어. 그는 "우리의 정원은 우리가 가꾸어야 한다"라는 말로 모든 논쟁을 잠재워 버려. 너무나 유명한 책의 마지막 문장이란다.

작가 볼테르에 대해서는 이미 말했으니 살짝만 덧붙일게. 그는 종교가 절대 권력이 되어 인간을 옥죄던 시기, 사상의 자유를 강력하게 주장했던 학자였어. 가톨릭 교단에서 보면 저 볼테르란 녀석은 도무지 용서할 수 없는 녀석이었을 거야. 하지만 그는 끝까지 타협 없이 당당함을 유지했지. 볼테르는 신랄한 독설가이자 풍자가였어. 권력에 대한 끊임없는 그의 저항 정신은 훗날 프랑스 대혁명의 불꽃을 마련해 준 것이나 다름없었단다.

『캉디드 혹은 낙관주의』를 처음 산 건 대학교 신입생 때였어. 1997년이었지. 범우사에서 나온 책이었고, 제목은 그냥 『캉디드』였던 것 같구나. 번역이 다소 뻣뻣하게 느껴졌지만, 작가 볼테르의 유머 덕분에 무척 즐겁게 읽었단다. 배꼽을 잡고 웃었던 기억이 있어. 이후 열 번 넘게 읽었을 정도로 개인적으로 좋아하는 책이 되었단다.

무책임하고 사악한 사람들

아빠는 『캉디드 혹은 낙관주의』는 세상을 대하는 태도를 알려주는 책이라고 생각해. 팡글로스 선생이 가진 대책 없는 낙관주의가 얼마나 무책임한 것인지 알 수 있을 거야. 캉디드의 주변 사람들을 보면 된다. 죄다 어수룩한 주인공을 이용하려 들거나, 사기를 치거나, 폭력을 행사하는 자들뿐이었어. 권력자들은 부패했고 성직자들은 타락했지. 게다가 은혜를 모르는 자들도 있었어. (퀴네공드의 오빠가 대표적이라 할 수 있을 거야.) 캉디드는 갤리선 노잡이로 묶여 있던 남작을 사비를 털어 구해 주지만, 그는 최후의 순간까지 동생과의 결혼을 반대하며 캉디드에게 모진 말을 퍼부었지. 캉디드의 신분이 하찮다는 게 이유였어.

모든 일이 최선을 위해 이루어진다는 건 또 얼마나 부조리한 이야기니? 합리적인 이성을 가진 사람이라면 수만 명의 주민이 지진해일로 쓸려 내려가는 것, 순진무구한 아이들이 군대의 총칼 앞에 도륙되는 것, 그 누구도 그런 게 세계가 최선으로 되어 있다는 증거라고 생각하지는 않을 거야.

그렇다면 마르탱의 비관주의를 좇는 것이 바람직할까? 그래도 그건 아닐 거야. 마르탱식으로 세상을 어둡게만 바라본다면 우리에겐 회의와 절망밖에는 없을 것이거든. 마르탱은 캉디드에게 인간은 '서로가 서로를 잡아먹으려는 이기적 존재'임을 보여주고자 해. 그렇지만 볼테르가 이 책에서 그런 끔찍한 결론을 내리고자 한 것 같지는 않아. 인간은 전쟁을 일으키고 사람을 죽일 수 있는 존재이면서, 자신의 오류를 반성하고 시정할 수 있는 존재이기도 하니까. 그래, 인간이란 이중적이지. 주인공 캉디드만 보더라도 그래. 그는 한때 스승의 학설을 무비판적으로 수용했어. 그러나 자기 잘못을 인정하고 견해를 바꾸게 되잖아. 어쨌든 캉디드가 마르탱의 해결책을 고스란히 따르지 않았다는 점만큼은 분명해.

매일 조금씩 나아지자

그러므로 『캉디드 혹은 낙관주의』가 우리에게 주는 교훈은 이런 거야. 캉디드의 말처럼 "우리의 정원은 우리가 가꾸자"라는 것. 여기서 정원은 일종의 공동체로 생각하면 되겠고, "우리가 가꾸자"라는 건 낙담하지 말고 현실에 충실하자는 것으로 볼 수 있겠구나. 그러면 우리는 매일 조금씩 달라지고 나아질 수 있다고 작가는 말하고 있어. 그런 게 볼테르가 생각하는 진보이지. 인간이 터무니없이 큰 목표를 갖게 되면, 절대적인 하나의 가치에 집착하게 되면, 필연적으로 강제성이 생기기 마련이야. 그게 극단으로 가면 타자에 대한 폭력으로 이어지게 되겠지. 역사가 증명해 왔어.

그렇다면 우리는 어떻게 살아가야 할까? 이때 등장하는 게 관용이란다. 나와는 생각이 다른 사람들과의 차이를 인정하는 것, 우리는 틀릴 수 있으므로 각자의 결함을 용서하고 이해해 주는 것. 그런 게 관용의 정신이 아닐까 해. 볼테르는 큰 공동체 안에서는 그것이 쉽지 않으므로, 작은 공동체인 정원 안에서 관용의 가치를 실천하고자 하는 것이지. 그가 서로 대척점에 서 있는 팡글로스와 마르탱까지 공동체의 구성원으로 받아들인 것은, 캉디드의 공동체가 다양성을 존중하고 있음을 확인시키는 대목이라 할 수 있을 거야.

소설가 김중혁의 단편 중에 「엇박자 D」(2008)라는 게 있어. 학창 시절 음치로 낙인찍혀 선생으로부터 합창에서 배제되었던 '엇박자 D'가, 그로부터 20년이 흐른 뒤 '22명의 음치들이 부르는 합창 공연'을 무대에 올린다는 내용이란다. 결국 음치들은 멋진 하모니가 이뤄지는 공연을 멋지게 성사시키지. 이 소설의 주제는 '주류에서 소외된 사람들이 조화를 이루는 이야기'일 텐데, 이 역시 관용 정신에 바탕을 두고 있다는 걸 따로 말할 필요는 없을 것 같아. 볼테르의 메시지는 지금까지도 민주주의의 핵심 원리라는 걸 알아두면 좋겠구나.

오늘도 아빠와 같이 공부하느라 고생 많았다, 딸아.

사랑하는 아빠가

어떤 책으로 읽을까

문학동네(이병애 역), 열린책들(이봉지 역) 판본이 서점에서 구할 수 있는 괜찮은 번역본이라 생각되는구나. 오랜 시간 사람들이 읽어 온 고전이니만큼 다른 출판사 것들 중에서도 좋은 책이 있을 수 있겠다. 아빠가 다 확인해 보지는 못했어.

대화

아, 너는 주인공 캉디드가 가장 마음에 들었구나. 어떤 상황에서도 굴하지 않고 퀴네공드만 바라보는 게 멋있었다고? 그렇게까지 둘의 결혼을 반대하는 오빠가 있었음에도, 끝까지 연인을 지키려 했다는 것 말이지? 그래, 맞아. 세상에 그런 고집스러운 사람 하나쯤은 필요한 법이야.

스물다섯 번째 편지

_____
_____
_____
_____
_____
_____
_____
_____
_____
_____
_____
_____

6호 병동

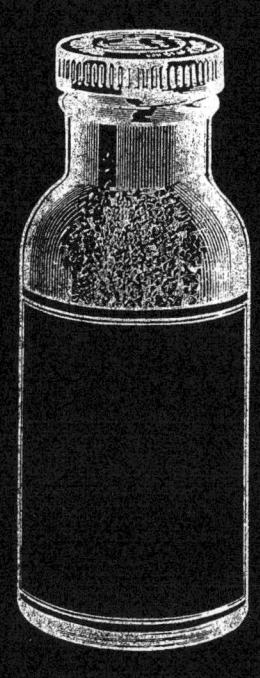

왜 병원 특유의 냄새와
분위기가 오싹하게 느껴지는
걸까요?

2025년 1월 5일 일요일
안톤 체호프 「6호 병동」
(1892)

소율에게

이번 소설은 어떤 '폭력'에 관한 이야기야. 폭력만큼 일상에 깊숙이 뿌리 내리고 있지만 자주 논의되지 않는 주제는 흔치 않아. 그만큼 무시되거나 정당화되는 경우가 잦다는 거지. 그러면 의문이 생길 거야. 우리는 학교에서 모든 형태의 폭력을 혐오하고 그에 반대해야 한다고 배우는데, 어째서 삶에선 폭력이 되풀이되는 걸까. 뭔가 모순적이지 않니?

날카로운 예술가들이 그 모순을 관찰하고 작품에 반영한 건 어떻게 보면 필연이지. 체호프도 그랬단다. 관료제가 불러온 비극 「어느 관리의 죽음」(1883), 하층 계급에 강요된 가혹한 삶의 무게 「자고 싶다」

(1888)에 소상하게 그려져 있지. 오늘 우리가 읽을 소설은 「6호 병동」이야.

정신병동

러시아의 어느 시골, 흉물스러운 병원이 있어. 마당엔 매트리스와 환자복, 각종 쓰레기가 겹겹이 쌓여 혐오스러운 인상을 주었지. 그 누구도 안으로 들어가고 싶지 않았던 저 건물은 흔히 정신병 환자로 분류된 사람들의 치료를 위한 감금 시설 '6호 병동'이었어. 암모니아 지린내가 코를 찌르는 병실엔 총 다섯 사람의 환자가 있었단다. 퇴역한 군인 문지기 니키타가 환자들을 감시하며 병동의 질서를 지켰지. 말보다는 주먹으로 말이야.

이 소설에서 중요하게 취급되는 캐릭터는 두 명이야. 먼저 환자 이반 드미트리치. 그는 법원 집행관과 관청 서기를 지낸 남자로 지독한 피해망상에 시달리고 있지. 환자 중 유일하게 부유한 귀족 가문의 자식인 드미트리치는 부모에게 풍족한 용돈을 받으면서 행복한 캠퍼스 생활을 만끽했어. 하지만 갑작스레 휘몰아친 일련의 사건들이 그의 운명을 영원히 바꿔버리지. 형이 급성 결핵으로 사망한 직후, 중죄를 범한 아버지가 법정에 소환되자 집안 재산이 경매에 넘어가고 말거든. 이후 변변치 못한 직업을 전전하게 된 이반이 싸구려 음식으로 연명하는 동안, 유일한 핏줄이었던 어머니마저 세상을 떠나. 엎친 데 덮친 격이었지.

그런 일을 연속으로 겪게 된 사람이라면, 그 누구나 세상에 대한 경멸감으로 가득 차게 될 거야. 술을 마시면 기분이 격해졌던 그는, 걸핏하면 사람들에게 신경질을 내고는 했어. 그와 가까이 지내려는 사람들이 없을 정도였으니까. 어느덧 불안이 이반의 정신을 집어삼켰단다. 이반은 혹 자신이 살인을 저지른 것은 아닐까 두려워 해. 그는 집에 찾아온 벽난로 수리공을 경찰로 오인했어. 그리고 공포에 휩싸인 채 내달리기 시작했지. 누가 봐도 그건 이상 행동이었어. 사람들이 겨우 그를 붙들어 병원에 데려갔단다. 이반은 곧 6호 병동으로 옮겨졌지.

두 번째 핵심 인물은 병원의 담당 의사 안드레이 에피미치야. 안드레이는 벽촌의 정신병원에 매여 있는 현실이 만족스럽지 않아. 그렇다고 그가 도시의 호화스러운 소비와 사치를 부러워했다는 건 아니야. 그는 오히려 검소하게 살아가는 유형이었고, 맨발 환자를 위해 부츠를 따로 요청할 만큼 따뜻한 심성의 소유자였지. 다만 안드레이는 교양과 지성이 결핍된 자들에 대한 불만이 있었어. 사리사욕만 채우던 권력자들도 그들만큼 싫어했지만 말이야.

그러던 어느 날, 안드레이는 환자 이반과 만나게 돼. 그는 오랜 정신병동 생활로 인해 판단력이 붕괴된 여타 환자들과는 달라 보였어. 그는 꽤 또렷한 정신을 유지하고 있었지. 이반은 안드레이에게 자신이 왜 이런 곳에 '미치광이'로 분류되어 입원하고 있는지 물어. 그의 질문엔 날이 바짝 서 있었지. "당신을 포함한 저 병원의 권력층이 우리보다 더 나쁜 놈들인데, 왜 당신들은 거기 있고 우리만 여기 갇혀 있는 거죠?"

환자와 친해지다

그런데 안드레이는 저 당돌하고 당당한 환자가 마음에 들었던 것 같아. 곁에 누군가를 두기 꺼리던 의사는 그날 이후 이반과 친해지고 싶어 했거든. 물론 두 사람의 사고방식이 같진 않았어. "고통은 바깥에서 주입되는 것이 아니라 인간의 내면에 의해 만들어진다"라고 생각한 안드레이와는 달리, 이반은 "인간은 외부의 자극에 반응하는 예민한 존재다"라는 견해가 있었으니까. 이반은 이에 대해 자신은 "어렸을 때 아버지로부터 채찍을 맞으며 자랐고, 곱게 자라난 당신은 고통을 이해할 수 없다"라는 견해를 피력하기도 해. 어쨌든, 두 사람은 조금 이상한 친구 사이로 발전해 갔어.

하지만 사회는 그들의 우정을 승인하지 않았단다. 어느 순간, 안드레이는 사람들의 태도가 한순간에 달라졌음을 느끼게 되었지. 공무원들과 동료들은 특별위원회를 소집했어. 저 의사에게 면박을 주기 위해서였지. 위원회는 그에게 휴직 처분을 내렸어. 그건 의사직을 그만두라는 압력이었을 거야.

그러자 주변엔 그의 자리를 노리는 늑대들만 남게 되었어. 결국 그의 자리는 위원회 일원이자 하급자였던 호보토프에게 돌아갔단다. 탐욕스러운 우체국장 미하일 아베랴니치는 얼마 남지 않았던 그의 쌈짓돈마저 탈탈 털어 가지. 이제 안드레이에겐 더 내려갈 곳이 없어 보이지만, 작가 체호프는 「개를 데리고 다니는 여인」(1899)을 통해 얼마든지 그렇지 않을 수 있음을 보여줬어. 소설의 문장을 그대로 적어 보마. "그들 앞에 길고 긴 길이 남아 있으며, 이제 복잡하고 어려운 일이 막 시작되었다는 것을." 맞아, 1층이 끝이라고 생각한 곳 밑엔 지하실이 있었지.

정신병 환자와 말을 섞었다는 이유로 안드레이는 기어이 6호 병동에 처넣어졌어. 한때 이 병원의 의사였던 그가 환자복을 입은 채 환자들과 뒤섞이게 된 장면과, 이반이 "다른 사람들의 고혈을 빨아먹었으니, 이제 당신 차례"라며 냉소하는 장면은 기막힌 아이러니야. 바깥에 나가게 해 달라며 고래고래 소리치다 니키타에게 흠씬 두들겨 맞은 다음 날, 안드레이는 뇌출혈로 숨을 거두고 말았단다. 그의 장례식에는 단 두 사람만 참석했어. 아버지와 친구 하나만 얼굴을 비추었던 개츠비의 장례식처럼 말이야.

체호프라는 작가

이 이야기를 지은 체호프 또한 모스크바 대학 의학부를 졸업한 의사 출신 작가였어. 병동 묘사의 디테일함에는 다 이유가 있었던 거지. 식품 잡화상이었던 아버지의 사업이 기울어지면서 가정 교사로 생계를 벌어야 했던 것도 소설 속 등장인물 이반을 연상케 하는 지점이 있어. 체호프는 단편 소설과 희곡이라는 문학의 두 분야에서 정점에 오른 흔치 않은 작가라는 점에서 독보적인 인물이란다. 그가 쓴 작품들을 읽지 않았더라도 어디선가 제목들은 한 번쯤 들어 봤을 거야. 「갈매기」(1895), 「바냐 아저씨」(1897), 「벚꽃 동산」(1903) 같은 작품 말이지. 셋 모두 세계 희곡사에 남을 걸작으로 공인되고 있거든. 체호프의 작품들은 무수한 후배 문인들에게 영감을 주었고, 그를 넘어서겠다는 야심을 불태우게 만들었어.

아빠가 「6호 병동」이 포함된 체호프의 소설집을

처음 읽게 된 건, 20대가 끝나가던 어느 겨울이었을 거야. 서점을 돌아다니며 닥치는 대로 책을 샀고, 가장 많이 책을 읽었던 시기였어. 열린책들에서 문고판으로 나온 미스터 노(Mr. Know) 시리즈는 너무 좋아했던 세계문학 전집이었는데, 「6호 병동」이 수록된 책도 그 시리즈 중 한 권이었단다. 판형이 작고 가볍게 제본되어 있어 대중교통 안에서 읽기에도 그만이었지. 작품 하나하나가 각기 다른 매력을 전달했지만, 유독 기억에 남은 건 이 소설이었어. 아마 '감옥'으로 그려진 폐쇄병동의 갑갑함과 음산함이 강렬한 인상을 풍겨서 그랬을 거야.

그러면 작품으로 들어가 보자꾸나. 아까 이 소설이 폭력을 다루고 있다고 말했어. 그런데 그건 가시적인 폭력만을 말하는 건 아니야. 그래, 당연히 눈에 잘 뜨이는 폭력도 있지. 환자들에게 거친 주먹을 휘두르며, '규율'을 일깨우는 니키타의 폭력이 그에 해당해. 이런 폭력은 가해자를 특정하기 쉽고, '물리적인 힘'을 동원하여 상대의 신체에 위해를 가한다는 특징을 가지고 있어.

그런데 「6호 병동」에서 작가가 살피고자 하는 건 그보다 더 모호하고 잘 드러나지 않는 폭력 유형이야. 그것은 가시적인 폭력보다 은폐된 형태로 나타나지만, 더 조직적이고 체계적으로 행해지는 폭력이지. 노르웨이인 사회학자 요한 갈퉁은 그걸 '구조적 폭력'이라고 했어. 지배 집단이나 기득권 세력에 의해 아주 은밀하고 조용하게 행해지는 폭력이지.

6호 병동에 있던 저 환자들을 생각해 봐. 이반은 논리 정연하게 철학을 논할 수 있는 지성인이야. 유대인 노인은 "말썽을 부리지 않는 온순한" 사람이었지. 주인공 안드레이 역시 타인에게 해를 끼치는 사람이 아니었어. 그들이 정신병동에 끌려간 이유는 주류 사회에 적응하지 못했거나, 사회에 효율적이지 않았기 때문이었지. 혹은 누군가의 이익 추구에 방해물이 되었기 때문이었어. 하지만 누가 가해자인지는 명확하지 않아. 가해자들은 병원, 자본, 제도의 저편에 숨어 존재하기 때문이야.

한국의 소설가 최인훈의 『구운몽』(1962)을 보면 이러한 폭력의 단면이 더 냉소적으로 스케치되어 있어. 소시민 독고민은 감옥에서 시인, 제도(製圖)를 하는 자, 헤어진 연인의 사진을 들고 울고 있는 사람을 봐. 그들은 각각 "투시하려 한 죄, 결론을 내려고 한 죄, 잊어버리지 않는 죄"로 감방에 갇히게 되었지. 이 나라에서는 뭔가를 뚫어져라 보아서도 안 되고, 학문을 종합해 결론을 도출해서도 안 되고, 배신한 연인을 되새겨서도 안 되었던 거야. 도무지 이해되지 않는 죄목으로 붙잡혀 들어온 세 사람. 국가 권력은 어떻게든 저들에게 '죄인'이라는 멍에를 씌워 감금시켜 놓았어. 김만중의 원작을 재창작한 최인훈의 저 소설은 인간에게 구조적 폭력이 어떤 메커니즘*으로 행사되는지를 잘 보여준 작품이 아닐까 해.

세상을 몰랐던 도련님

다시 「6호 병동」으로 가 볼게. 의사 집안에서 태어나 온실 속 화초처럼 곱게 자란 안드레이는 고통이 실재한다고 보지 않았어. 그랬던 그가 "검은 그림자로 묘사된 죄수들이 매일마다 겪었을" 고통을 피부로, 몸속 깊이 느끼게 된 건, 의사의 지위를 박탈당하고 정신과 병동에 들어가게 된 후였지. 안드레이는 폐병 환자를 같이 보자는 후임자의 거짓말에 속아 넘어갔고, 병동에 갇히게 되었어. 그의 후임자는 '서류상의 진단'을 빌미로 안드레이를 정신병자로 진단했을 터이기에, 안드레이의 감금은 절차상으로 전혀 문제가 없을 것이었지. 이게 구조적 폭력의 무시무시한 점이란다. 가해자들의 행동은 그런 식으로 철저히 정당화될 것이기 때문이야.

* 어떤 현상이나 물체의 작동 원리를 말해.

그렇다면 이제 누가 정상이고, 누가 비정상일까? 어떻게 보더라도, 얼토당토않은 병명을 들이대며, 치료와 교정이라는 명목으로 멀쩡한 사람을 가두는 행위를 정상이라고 말할 수는 없을 거야. 소설을 다 읽고 나면, 더 이상 우리는 저 6호 병동을 소설 속 가상 공간이라 치부할 수 없을 거란다. 6호 병동은 은연중에 타자를 자신만의 기준으로 재단하고 평가하며 배척해 온, 우리의 폭력적 사고 그 어딘가에 자리하고 있을 것이기 때문이지.

부쩍 추워진 저녁에 쓴다.

사랑하는 아빠가

어떤 책으로 읽을까

「6호 병동」은 더 클래식, 신원문화사, 동서문화사 등 여러 출판사에서 펴낸 체호프 단편선집에 수록되어 있어. 그만큼 체호프를 대표하는 단편으로 꼽히는 작품이야. 달섬이라는 출판사에서 내놓은 문석우 선생의 번역본에서는 「6호실」이라는 제목을 달고 나왔단다. 아빠는 오종우 선생이 번역한 열린책들 판본을 추천해. 『개를 데리고 다니는 부인』이라는 책에 수록되어 있지.

대화

—— 병원 얘기가 나와서 말인데 저는 왜 병원 특유의 냄새와 분위기가 오싹하게 느껴지는 걸까요? 주사기 바늘도 너무 싫고요.

—— 아빠도 그래. 솔직한 말로 병원 가는 걸 좋아하는 사람이 세상에 몇이나 되겠니? 병원공포증(nosocomephobia)이라고 병원 자체에 대한 극심한 두려움을 가리키는 용어도 따로 있더구나. 유명인 중에선 리처드 닉슨 전 미국 대통령이 이 공포증에 시달렸

다고 해. 병원에서 살아 나오지 못할까 봐 그렇게 두려워했다고.

스물여섯 번째 편지

오리엔트 특급 살인

저는 용서가 인간의 삶에서
꽤 중요한 가치라고 봐요.

2025년 1월 10일 금요일
애거사 크리스티『오리엔트 특급 살인』
(1934)

소율에게

한겨울이 되면 떠오르는 책이 있단다. 별다른 이유는 없어. 소파에 앉아 커피 한 잔 마시며 여유 있게 읽고 싶은 소설 말이야. 아빠에겐 크리스티 여사의 『오리엔트 특급 살인』이 그렇단다. 이 책을 펼쳐 읽을 때마다 마치 작중 인물이라도 된 것 같은 착각에 빠져들곤 해. 미스터리를 좋아하는 너라면 아빠의 마음을 잘 알 거다. 완벽한 밀실, 난항에 빠져버린 수사, 논리적인 추리, 뜻밖의 반전, 끝내 범인을 밝혀내는 명탐정.『오리엔트 특급 살인』엔 우리가 추리소설에 바라는 모든 게 들어 있어. 그것도 모범적인 형태로.

이 소설은 빼어난 작품성 때문에 여러 차례 영화

와 드라마로 만들어졌어. 지난 2023년 잡지 『에스콰이어』는 이 작품을 '역사상 최고 추리소설 50선' 중 1위로 올려놓기도 했단다. "지금도 그렇지만, 왜 영원히 크리스티가 범죄의 여왕일 것인지를 보여주는 걸작"이라는 게 선정의 변이었지. 크리스티의 충직한 독자로서 동의하지 않을 수 없는 평이야.

눈사태에 갇힌 열차

그러면 책을 들여다볼까? 이스탄불에서 칼레로 향하는 열차 안, 탐정 에르퀼 푸아로는 한 60대 노인을 관찰하고 있어. 그는 래칫이야. 래칫은 푸아로에게 다가와 생명의 위협을 받고 있다며 자신의 신변을 보호해 달라고 요청하지. 하지만 푸아로는 단칼에 그의 제안을 거절해. 그의 외양으로부터 범접할 수 없는 악의 기운을 느꼈기 때문이었어. 물론 과학적인 추론은 아니었지만, 추리소설에선 그런 직감이 옳을 때가 많단다. 퇴짜를 맞은 래칫은 툴툴거리며 자리를 떴지.

유고슬라비아 부근에서 열차가 눈사태에 갇혀 옴짝달싹하지 못하게 된 날 밤, 열차에선 살인사건이 벌어졌어. 희생자는 래칫. 그의 시신은 12군데나 칼에 찔린 채 발견되었지.

침대차에는 푸아로와 피해자를 제외하고 총 12사

람의 승객이 탑승 중이었어. 그 명단을 적어 볼게. 래칫의 비서 헥터 매퀸, 하인 에드워드 매스터맨, 수다스러운 부인 허버드, 간호부장 그레타 올슨, 드라고미로프 공작 부인, 헝가리 외교관 안드레니 백작 부부, 육군 대령 아르버스넛, 사립 탐정 사이러스 하드맨, 자동차 중개상 안토니오 포스카렐리, 가정 교사 메리 데번햄, 공작 부인의 하녀 힐데가르테 슈미트. 그 밖에 열차 차장 피에르 미셸, 푸아로에게 1등실을 양보한 침대차 회사 중역 부크, 의사 콘스탄틴도 타고 있었어.

시리아 부대 내부의 어떤 문제를 해결한 뒤 런던으로 가던 푸아로는 예상치 못한 사건에 휘말리게 되었단다. 그는 장기인 '회색 뇌세포'를 활용한 추리에 들어갔어. 그 과정에서 래칫이 예전 미국에서 세간을 놀라게 했던 암스트롱 유괴 살인의 주모자 카세티라는 사실이 밝혀졌지. 누가 보더라도 암스트롱 사건의 진범은 카세티였지만, 그는 막대한 자금력을 동원해 사람들의 약점을 잡아 석방될 수 있었어. 분개한 사람들이 들고 일어날 조짐이 보이자, 눈치 빠른 카세티는 미국을 떠나 신분을 위장하고 살아갔지. 래칫의 어두운 과거가 파헤쳐지면서 승객들 사이에선 꼴좋다는 반응이 나왔지만, 그와는 별개로 탐정 푸아로는 래칫의 살인범을 붙잡아야 했어. 살인 동기도 알아내야 했고.

대체 왜 래칫은 폭설에 파묻힌 열차 안에서 살해되어야만 했던 걸까?

살인사건 현장엔 증거가 남기 마련이지. 아무리 치밀하게 계획된 범죄라도 범행의 흔적을 모조리 지울 수는 없는 법이니까. 래칫의 객실에선 'H'라는 글자가 박힌 여자용 손수건, 파이프 소제기가 나왔어. 살인이 벌어지던 밤, 푸아로는 복도를 걸어가는 주황색 잠옷을 입은 여자를 목격하기도 했지.

하지만 그런 것만으로는 범인을 특정할 수 없었어. 이름에 H가 들어간 여성이 몇 사람 있었지만, 그들에겐 동기가 없었거든. 유일하게 파이프 담배를 피우는 대령도 마찬가지였어. 저들에게 이해관계나 치정관계도 없는 모르는 사람을 죽여야 할 이유가 있었을까? 그것도 보는 눈이 많은 열차 안에서? 더구나 모든 승객에겐 알리바이가 있었지. 그렇다면 래칫 살해범은 어떻게 범행을 저질렀던 걸까? 어떻게 마술처럼 객실로부터 빠져나갔던 것일까? 여러모로 평범하지 않은 사건이었어. 제아무리 푸아로라도 이번만큼은 쉽지 않아 보였지.

그러나 푸아로는 굴복하지 않았어. 그는 승객들과의 일대일 면담을 통해 그날 밤, 열차 안에서 어떤 일이 일어났는지 머릿속으로 재구성해 나갔지. 아무리 복잡하기 그지없는 사건이라도 자연스럽지 못한 눈속임을 걷어 내면, "세상에 없을 만큼 간단명료한 것"이었거든. 작가 G. K. 체스터턴이 빚은 위대한 탐정 브라운 신부의 말이지. 대개 범행 동기란 곡선보다는 직선에 가까운 법이란다.

범인이 한 사람으로 특정되지 않는다면, 이것은 애초에 그럴 수 없도록 연출된 건 아니었을까? 결론을 내린 푸아로는 승객들을 한곳에 불러 모아. 그리고 너도 추리 애니메이션을 통해 많이 보았을 장면이 등장해. "범인은 이 안에 있습니다!" 클리셰 그대로, 푸아로는 범인을 지목하게 돼. 그런데 살인범의 정체는 여사의 걸작 『애크로이드 살인사건』(1926), 『그리고 아무도 없었다』(1939)만큼이나 충격적이었지.

추리소설

추리소설이라는 장르는 에드거 앨런 포에 의해 고안되었어. 코난 도일은 세계에서 가장 유명한 탐정 셜록 홈스를 창조해 냈지. 아빠 생각에 애거사 크리스티는 추리소설을 완성했다고 볼 수 있어. 이건 과장이 아니야. 뛰어난 인물 묘사, 지극히 현실적인 살해 동기, 끝까지 집중력을 잃지 않는 구성, 모든 세대에 호소할 수 있는 이야기의 재미 등, 여러 기준을 대입해 봐도 그렇지. 그렇게 많은 책을 쓰면서도 어떻게 늘 일정한 작품 수준을 유지했는지 신기할 뿐이야. 1926년 8월, 남편과 다툰 뒤 실종되었다가 다시 아무렇지도 않게 대중 앞에 나타난 건 너무나 유명한 사건이었단다. 자신의 삶을 추리소설처럼 만들어 버린 사건이었지. 전 세계적으로 10억 부 이상의 책을 팔아치운 애거사 크리스티는 1971년엔 영국 여왕으로부터 기사 작위에 해당하는 '데임' 작위를 받기도 했어.

『오리엔트 특급 살인』은 아빠에겐 잊을 수 없는 소설이야. 언제 네게 아빠의 먼 친척 할아버지가 소설가셨다는 이야기를 했던가? 10대 소년의 눈에 할아버지 댁의 서재는 도서관이나 다름없었어. 거기엔 큼직한 백과사전은 물론이고, 각종 소설과 산문집이 가득 정렬되어 있었지. 동서추리문고와 자유추리문고는 아빠의 어린 시절을 심심하지 않게 해 주었던 양식이었단다. 언젠가 그곳에서 눈길을 끄는 책 하나를 보게 되었는데, 그게 바로 『오리엔트 특급 살인』이었지. 집에 돌아오는데 뒷부분이 궁금해서 도저히 참을 수가 없었어. 당장 서점으로 달려가 책을 샀지. 1500원이라는 가격도 생생히 기억나는구나. 아빠 세대에 해문출판사 크리스티 시리즈를 읽었던 동년배들은 '에르퀼 푸아로'보다는 '에르큘 포와로'라는 표기가 더 익숙할 거야.

그렇다면 이 소설은 우리에게 무엇을 시사하고 있을까? 여기서 미리 전제하고 가야 할 것은, 범인의 행위는 틀림없는 '범죄'였다는 점이야. 그건 변하지 않아. 범인은 자신이 저지른 일로 평생을 고통 속에서 회개해야 하겠지. 안타깝게 목숨을 잃은 아이에 대한 분노야 이해할 수 있지만, 그렇다고 사적 제재가 용납된다는 말은 아니야. 법보다 감정이 앞서는 사회가 되어서는 곤란할 될 테니까.

가해자들이 웃는 세상

그런데 말이다. 우리는 이렇게도 생각해 볼 수 있어. 법이 제대로 작동하지 않는, 몇몇 사람들에게만 유리하게 해석되고 적용되는 상황이라면 어떨까? 진실이 은폐되고, 피해를 본 사람들이 더욱 비참해지게 되는 사회라면? 가해자들이 대놓고 웃으며 돌아다닐 수 있는 사회라면 어떨까? 크리스티가 주목하고자 했던 건 이 지점이란다. 유괴된 아이는 잔인하게 살해되었고, 아이를 돌보던 하녀는 죄책감에 자살하고 말았어.

우리는 상상해 볼 수 있어. 졸지에 외동딸을 잃게 된 하녀의 아버지의 심정은 어땠을까? 세상 누구보다 귀엽고 착했던 아이, 데이지와 작별한 사람들의 마음은 어땠을까? 한 생명을 빼앗고도 교묘한 술책으로 법망을 회피한 살인자 래칫. 그가 벌어 둔 재산을 바탕으로 호화롭게 살아가는 세상은 합리적인 것이었을까? 그런 세상 안에서 "법에 그렇게 적혀 있기 때문에 그것이 정의요"라고 읊조리는 건 얼마나 무의미하고 무책임한 것인지를 크리스티는 우리에게 알리고자 했던 것이지.

살인자들에게 자살을 권하곤 했던 푸아로가 이번에는 이례적으로 다른 태도를 보인 것도 그와 연관되어 있지. (그 시대 살인을 저지른 사람들은 대부분 사형을 선고받았어.) 사전을 보면 '용서'란 '사람이 지은 죄나 잘못한 일에 대해 꾸짖거나 벌하지 않고 덮어 둔다'는 뜻을 담고 있어. 푸아로가 범인을 용서하게 된 것은, 그의 입장에 공감한다는 것이었지. 크리스티 여사는 푸아로의 입을 통해 정상적인 사회가 이런 일을 묵인해서는 안 된다고, 법은 범죄자의 편에 서서는 안 된다고 목소리를 높이고 있는 거야. 이 책이 출판된 게 무려 90년 전이지. 꽤 급진적이고도 진보적인 메시지이지 않니?

너의 강력한 추천으로 아빠는 얼마 전 「목소리의 형태」(2016)라는 일본 애니메이션을 봤어. 참 좋은 작품이더구나. 인간은 모두 굳건하지 않고, 위태롭기만 한 존재라는 걸 내내 느낄 수 있었단다. 나약하고 자기 중심적이며, 기만적이기까지 한 인간은 타인을 온전히 이해하거나 포용할 수 없을 거야. 그럼에도 우리는 타인과 소통하는 행위를 포기하거나 이해하려는 시도를 멈춰서는 안 된다고 생각한다. 세상을 떠나는 그날까지 우리가 정답을 구할 수 있을지는 미지수이지만 말이야.

사랑하는 아빠가

어떤 책으로 읽을까

현재 판매중인 『오리엔트 특급 살인』에는 황금가지에서 나온 애거사 크리스티 정식 한국어 판(신영희 역)과 예전 해문출판사에서 나온 책의 개정판(유명우 역), 두 가지가 있어. 개인적인 추억을 더 소중하게 여기는 아빠는 해문판 번역을 선호하긴 하지만, 황금가지에서 나온 책으로 봐도 큰 문제는 없어 보인단다. 그래서 결론은? 둘 다 추천한다는 거야.

대화

—— 책에서 가장 감정 이입이 되었던 캐릭터는 누구야?
—— 허버드 부인이요. 딸 부부와 외손녀가 그 사건으로 모두 죽었잖아요. 래칫에게 가장 복수를 하고 싶었을 거예요. 현실적인 캐릭터 설정도 인상적이었고요. 그래서 공감이 많이 되었어요.
—— 그러면 범인이 래칫을 직접 처단한 것에 대해선 어떻게 생각해?
—— 물론 살인은 잘한 일이라고 볼 수 없고, 악인

을 죽였다고 해서 칭찬을 받을 일은 더더욱 아니죠. 그렇지만 제가 그의 입장이었어도 그렇게 했을지 몰라요. 한 가정과 주변인들을 파탄으로 몰고 간 악당이 멀쩡하게 잘 살아가는 모습을 보고 사람들은 어떤 생각을 했을까요? 래칫이 저지른 일은 상상 이상으로 끔찍한 일이라고 생각해요. 하지만 그렇다고 범죄가 미화될 수 있다는 말은 아니랍니다. 범죄는 법으로 다스려야죠. 이걸 꼭 적어 주세요.

—— 탐정 에르퀼 푸아로에 대한 인상은 어때?

—— 탐정이 승객들의 감정을 고려해서 결론을 냈다는 점이 놀라웠어요. 푸아로는 바늘 하나 들어갈 것 같지 않은 완벽주의자이지만 그런 면에서 인간적인 탐정이기도 한 것 같아요. 알고 보면 감수성 풍부한 할아버지라고 할까요.

—— 미스터리를 좋아하는 사람으로서 이 소설을 평가해 볼래? 점수를 주어도 좋고.

—— 5점 만점이라면 4.9점을 부여하고 싶어요. 스토리, 캐릭터, 의외성 그 모든 면에서 완벽한 소설입니다.

—— 아빠가 보기에 이 책과 「목소리의 형태」의 공통 주제는 '용서'인 것 같아. 용서가 인간의 삶에서 중요한 가치인 것 같아?

―― 그렇죠. 「목소리의 형태」는 학교 폭력을 다루고 있고, 『오리엔트 특급 살인』은 유괴 살해 사건을 다루고 있다는 점에서 차이는 있지만요. 아, 질문에 답하자면, 네, 저는 용서가 인간의 삶에서 꽤 중요한 가치라고 봐요. 인간에게 감정이 존재하는 한 증오나 미움이 들지 않을 수는 없겠죠. 하지만 그게 없다면 결국 자기 자신이 무너져 버리게 되는 것 같아요. 자신을 지키기 위해서라도 용서는 꼭 있어야 해요. 물론 가해자의 진심 어린 사과가 먼저겠지만요.

스물일곱 번째 편지

오이디푸스 왕
콜로노스의 오이디푸스

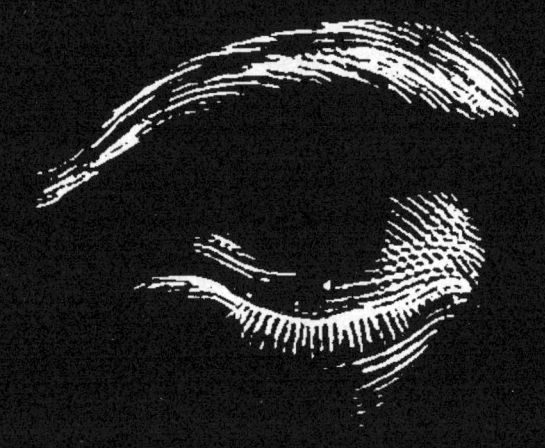

그는 인간성에 대해 고민했던
최초의 인간일지도 몰라.

2025년 1월 13일 월요일
소포클레스
『오이디푸스 왕』과 『콜로노스의 오이디푸스』
(기원전 5세기)

소율에게

오늘은 어느 왕 이야기를 해 보려고 해. 원하지 않았던 끔찍한 사건에 휘말린 그는 왕좌에서 내려와야 했고, 사람들로부터 손가락질을 받았단다. 마침내 그는 아무것도 가지지 않은 자가 되어 먼 타향에서 생을 마감해야만 했어. 그는 어쩌면 가장 유명한 비극의 주인공일지도 모르겠구나. 작년 어느 때쯤인가 그 왕이 나오는 책을 너와 읽었던 기억이 있네. 그래, 그 왕의 이름은 오이디푸스란다.

코린토스의 왕자로 성장한 청년이 테베의 권좌를 차지하게 된 건 우연한 계기였어. 테베의 입구를 지키던 스핑크스가 수수께끼를 냈는데, 그걸 풀었던 거지. 몸은 사자, 얼굴은 여성의 모습인 스핑크스는 지나가는 사람에게 수수께끼를 내어 맞추지 못하면 잡아먹곤 했던 괴물이야. 그런데 그 수수께끼가 원체 난해했던 탓에, 그 누구도 살아남지 못했어. 스핑크스는 그 모두를 잡아먹었지. 그날 괴물의 질문을 받은 오이디푸스가 "아침엔 네 발, 점심엔 두 발, 저녁엔 세 발로 걷는 존재가 누구냐"는 물음에 "인간"이라고 정답을 말하기 전까지는 말이야.

오이디푸스의 거침없는 대답을 듣고 수치심에 사로잡힌 괴물은 그대로 절벽에서 몸을 던졌어. 공포에 떨던 테베 시민들은 환호했고, 오이디푸스를 자신들의 왕으로 추대했지. 오이디푸스는 선왕(先王) 라이오스의 아내 이오카스테까지 왕비로 맞이했어. 그는 현명하고도 너그러운 테베의 왕이 되었단다. 모두가 그를 사랑했지.

하지만 평화롭던 테베에 무시무시한 역병이 돌면서, 왕은 다시 한번 시험대에 오르게 되고 말아. 사람들은 자신들의 왕이 이번에도 도시를 구원해 주기를 바랐지. 백성들을 끔찍하게 아꼈던 오이디푸스는 처남 크레온으로부터 도시에 라이오스 왕의 저주가 걸려 있다는 말을 듣게 돼. 저주의 내용인즉 라이오스가 살해되었고 살인범을 벌하기 전까지 이 불행은 끝나지 않을 거라는 것이었지. 마침내 오이디푸스는 자신의 손으로 범인을 붙잡아 복수하겠다고 결심하게 돼. 말하자면 왕이 스스로 탐정 역할을 자청한 셈이었어. 그래서 오이디푸스를 서양 문학의 첫 추리물이라고 보는 견해도 있단다.

진실을 추구하는 오이디푸스

오이디푸스는 사건의 진상을 밝히겠다는 의지로 불타올랐어. 그런데 눈먼 예언자 테이레시아스와 대면하면서 이 기묘한 수사극엔 파국이 휘몰아치게 된단다. 예언자는 절대로 범인을 알려줄 수 없다고 입을 다물었지. 화가 잔뜩 난 오이디푸스는 혹시 네가 공모자라서 그렇게 나오는 거 아니냐고 호통을 쳐. 어쩔 수 없이 테이레시아스는 라이오스 살해자의 이름을 말하게 되는데, 그의 입에서 흘러나온 말은 "오이디푸스, (살인범은) 당신이야"였어.

도저히 이를 인정할 수 없었던 왕은 점점 사건의 핵심으로 다가가게 되는데, 이번만큼은 그의 지혜도 소용이 없었어. 아무리 증거를 모아도 아버지 라이오스를 살해하고 어머니 이오카스테와 동침해 아이를 넷이나 둔 패륜아는 다름 아닌 오이디푸스 자신임이 명확해지고 있었으니까.

어느 시점, 사건의 진상을 깨닫게 된 아내 이오카스테는 남편에게 그쯤에서 수사를 멈출 것을 요청하지만 그는 말을 듣지 않았어. 오이디푸스는 결국 파국을 향해 뚜벅뚜벅 걸어갔지. 그러자 이오카스테는 목을 매 스스로 목숨을 끊었어. 그 광경을 목격한 오이디푸스는 왕비의 옷에 꽂힌 브로치를 뽑아 자신의 두 눈을 마구 찔러댔단다. 그것은 아버지를 죽이고, 어머니를 범한 죄를 저지른 자신에게 가한 형벌이었어.

앞을 볼 수 없게 된 오이디푸스가 스스로 추방자의 길을 택하게 되면서 이 긴장감 넘치는 비극은 막을 내리게 된단다. 한때 그는 테베의 지배자였지만, 이제는 세상에서 가장 비참한 형상이 되어 테베를 떠나게 되었지. 영웅의 몰락이라는 예시는 꼭 그러한 모습이었을 거야.

딸아, 저 남자가 가련하다고 생각하니? 가혹한 운명 앞에 무릎 꿇고 말았다고 생각하니? 그렇게 보일 수도 있을 것 같구나. 그러나 소포클레스 비극의 진가를 알기 위해서는 그 뒷이야기까지 읽어야 한단다. '테베 3부작'의 2부에 해당하는 『콜로노스의 오이디푸스』 말이다.

『콜로노스의 오이디푸스』의 페이지를 열면 자신의 운명을 받아들인 오이디푸스는 죽을 자리를 찾고 있어. 오이디푸스가 위험을 무릅쓰고 구한 테베는 자신들의 은인을 매몰차게 버렸지만, 아테네의 관대한 통치자 테세우스가 그를 품어준 것이지. 그 자신도 이방인으로 온갖 고생을 한 바 있던 테세우스는 오이디푸스의 처지를 누구보다 잘 알고 있었어. 그는 저 노인을 끝까지 보호하는 한편, 오이디푸스의 유언에 따라 유일한 죽음의 목격자로 남게 되었단다.

어느 날, 신의 명령에 따라 지하 세계로 내려간 오이디푸스. 그는 그곳에서 숨을 거두게 되는데, 슬픔에 잠긴 두 딸 안티고네와 이스메네만이 외로운 아비의 곁을 지키게 돼. 그게 『콜로노스의 오이디푸스』의 결말부란다. 그로부터 이어지는 3부이자 대단원인 『안티고네』도 있다만, 이 책 이야기는 잠시 아껴 두도록 할게. 언젠가 읽게 될 때가 있을 거야.

소포클레스라는 작가

그렇다면 이 방대한 비극을 완성한 작가 소포클레스는 어떤 사람이었을까? 그는 기원전 496년 아테네 외곽 콜로노스에서 부유한 제조업자의 아들로 태어났어. 좋은 교육까지 받았다고 하니 그야말로 남부러울 것 없이 자랐다고 해야겠구나. 글쓰기에 뛰어난 재능을 발휘했던 소포클레스는 생애 통산 123편에 달하는 작품을 썼다고 알려졌어. 아쉽게도 지금까지 전해지는 건 단 7편에 불과하지만 말이야. 대부분 디오니소스 연극 축제에 출품하기 위해 쓴 작품들이었지. 디오니소스 축제에서 작품이 1등으로 뽑히면 유명한 작가가 될 수 있었단다.

그런데 소포클레스가 그 대회에서 총 몇 차례 우승했는지 알아? 자그마치 24번이야. 라이벌들의 우승 횟수 총합보다 더 많았지. 우승 횟수가 꼭 문학성과 비례한다고 말하기는 어렵겠지만, 그럼에도 소포클레스가 그리스 비극의 정점에 있다는 데 이의를 제기할 사람은 많지 않을 것 같구나. 테베 3부작은 그의 대표작이란다.

이 책을 제대로 읽었던 건 대학생 때였던 것 같아. 전공 시간에 요약본을 읽기도 했고, 제목이야 진작부터 알고 있었는데도 쉽사리 손이 가질 않더구나. 그러다 방학 기간에 책상에 앉아 3부작을 휘리릭 읽어 내려갔던 추억이 있어. 그렇게라도 읽지 않으면 기약 없이 미뤄지겠더라고. 다행스럽게도 그날의 독서에선 얻은 게 많았단다. 고전의 힘에 대해서도 알게 되었고.

그렇다면 소포클레스가 이 희곡을 통해 우리에게 전하고자 한 메시지는 뭘까? 무엇보다 주인공 오이디푸스의 선택에 대해 말하고 싶구나. 만일 그가 두 눈을 브로치로 찌르고 도피하느니, 차라리 자결을 택했다면 어땠을까? 자신도 운명의 희생자였다고 항변했다면 어땠을까?

자기 운명은 자기가 짊어져야 한다

테베 비극의 핵심은 이거야. 인간에게 주어진 운명이란 번복될 수 없다는 것, 그리고 자신의 운명은 자신이 오롯이 짊어져야 한다는 것. 우리의 오이디푸스는 그건 자기 잘못이 아니라고 변명을 늘어놓거나 상황으로부터 도망가려 애쓰지 않았어. 그는 자신의 행동과는 무관하게 따라붙은 저주(아버지 라이오스의 악행 때문에 내려진)에 굴복하지 않았던 거지. 그는 차라리 살아남아 자신을 향한 모든 비난을 견뎌 냈어. 운명과 맞서 인간의 존엄성을 수호하는 쪽을 택한 거야.

어차피 나락으로 떨어진 마당에 그런 게 다 무슨 소용이냐고 할지 모르지만, 우리가 인간으로 태어난 이상 지켜야 할 건 있다고 생각한단다. 책임과 윤리 말이다. 아빠가 「사람은 무엇으로 사는가」에 관한 편지(이 책 25쪽)에 적었던 걸 기억하고 있겠지? 운명의 실타래가 풀리면서 오이디푸스는 자신의 모든 걸 잃었지만, 그것과 당당히 맞섰기에 인간의 품격을 지킬 수 있었어. 그는 인간성에 대해 고민했던 최초의 인간일지도 몰라.

정확히 대비를 이루는 두 인간형에 대해서도 덧붙이고 싶다. 우선 콜로노스까지 그를 찾아온 크레온과 오이디푸스의 아들 폴뤼네이케스를 첫 번째 유형으로 묶어 볼게. 사건 발생 직후 오이디푸스를 철저히 외면했던 두 사람이 굳이 먼 타국까지 온 이유를 뭐라고 생각하니? 그것은 뒤늦은 참회였을까? 갑자기 인간애가 생겨서였을까?

세상에서 피해야 할 사람들

애석하지만 둘 다 아니었어. 그들이 그를 찾아온 이유는 "오이디푸스의 지원을 얻는 자가 권세를 얻는다"라는 아폴론 신의 새로운 신탁 때문이었거든. 오이디푸스가 위기에 몰렸을 때는 고개를 돌린 채 방관하다가, 이익이 될 것 같으니 속내를 드러냈던 거지. 정말이지 속이 뻔히 보이는 짓이 아니겠니? 세상에 자기 이익이 중요하지 않은 사람은 없을 거야. 다만 자신의 이익을 위해서라면 무슨 짓이든 할 수 있는 사람들은 피해야 한단다. 처남과 친아들, 그러니까 오이디푸스와 가장 가까워야 할 저들이 그런 자들이었다는 게 소름 끼치지 않니?

오히려 오이디푸스를 도왔던 사람은 그와 피 한 방울 섞이지 않았던 외부인 테세우스였어. 그러니까 그는 정 반대편에 놓인 유형이지. 자, 오이디푸스를 돌본 보상으로 테세우스에게 돌아간 이익이 아예 없었던 건 아니야. 오이디푸스의 무덤만 잘 살피게 되면, 망자의 뜻대로 아테네는 안전하게 유지될 테니까.

하지만, 그가 오이디푸스에게 손을 내민 게 꼭 그 이유 때문이었을까? 아마 그렇지는 않을 거야. 사람들이 욕하고 침을 뱉는 대상에게 먼저 손을 내민다는 건 쉬운 일이 아니니까. 한 국가를 다스리던 정치가 테세우스는 그런 작은 행동 하나 때문에 자신의 평판이 흔들릴 수 있는 존재였지. (기실 정치인이란 이미지가 중요한 사람 아니겠니.)

그렇지만 그는 그런 것 따위엔 신경 쓰지 않았단다. 그는 오이디푸스를 아테네에서 편히 쉬게 했을뿐더러, 크레온에게 납치당할 뻔했던 그의 딸을 구해주기도 했지. 자기 시민도 아닌 외국인, 길손, 부랑자, 타자를 위해서 말이야. 테세우스는 민주정치를 행하는 아테네의 이상과 자신의 행동을 일치시킬 줄 알았던 정의로운 사람이었던 거지. 그러니까 인간에게 중요한 건 배려하는 마음, 그리고 환대하는 마음이 아닐까 싶어. 늘 사람들을 먼저 배려하곤 하는 너도 충분히 그만큼 훌륭한 인간이라고 아빠는 생각하고 있단다.
 자, 오늘의 편지는 여기까지야.

사랑하는 아빠가

어떤 책으로 읽을까

고전 그리스, 라틴 문학 전문가인 천병희 선생이 번역한 문예출판사 판본이 최고라고 생각되는구나. 하지만 그 책엔 『콜로노스의 오이디푸스』가 빠져 있기 때문에, 한 권에 3부작이 통합된 책을 원한다면 열린책들 장시은 선생 번역본을 추천해 줄게. 아빠가 처음 샀던 범우사 번역본은 지금 읽으면 매끄럽지 못한 문장이 군데군데 보인단다. 그 책은 집에 있지만 그 점을 감안해서 읽도록 하렴.

대화

── 예전에 어딘가에서 오이디푸스라는 이름에 뜻이 있다고 본 것 같아요.
── 라이오스와 이오카스테는 장차 태어날 아들이 아버지를 죽이고, 어머니를 범하게 된다는 무시무시한 신탁을 받았어. 그래서 그들은 화를 피하고자 아이의 복사뼈에 못을 박은 채 그를 산속에 버렸지. 아이는 지나가던 목동에게 발견되었는데, 못 박힌 자리가 퉁퉁 부어 있었다는구나. 그래서 그의 이름은 '오이

디푸스(부은 발)'가 되었다고 해. 모든 이름에는 사연이 있는 법이지.

스물여덟 번째 편지

명상록

그럴싸하게도, 인생이라는
연극은 3막으로도 완결된다.

2025년 1월 15일 수요일
마르쿠스 아우렐리우스 『명상록』
(161~180)

소율에게

 오늘은 조금 독특한 책을 골라 봤어. 『자성록』, 오랫동안 『명상록』이라고 번역되어 온 책이야. 영어로는 『명상(Meditations)』이라 표기되기 때문에, 아빠는 『명상록』으로 적도록 할게. 일기 형식으로 되어 있기도 하고, 곳곳에 박힌 경구들 때문에 그간 읽었던 소설이나 희곡과는 다르게 느껴질 거야. 그렇지만 평범한 일기는 아니란다. 로마 황제 마르쿠스 아우렐리우스가 치열한 전쟁터에서 남긴 기록이기 때문이지. 말 그대로 오늘 죽을 수도 있지만, 황제는 손을 멈추지 않았어. 소란이 잠시 잦아든 시점. 하루를 마감하는 시간이면 그는 일기를 써 내려갔단다. 그러니까 『명상록』은

화살 비 쏟아지는 전장 한가운데에서 탄생한 책이야.

마르쿠스 아우렐리우스 황제는 사색할 줄 아는 사람이었다. 더 나은 삶은 무엇인지, 더 가치 있는 건 무엇인지, 더 행복하게 살아간다는 건 무엇인지 고민하고 또 고민했지. 딸아. 많은 사람들이 진지한 질문과 거리를 둔 채 생을 마감한다는 건 슬픈 일이야. 혹자는 그런 질문 따윈 쓸모없는 것으로 여기기도 하지. 그러한 사람들은 혼자만의 시간을 갖기보다는 끼리끼리 모여 시시콜콜한 대화를 주고받는 데서 편안함을 느낀단다. 그런 삶이란 남들의 시선으로부터 자유로울 수 없는 삶이야.

인생을 허비하지 말라

하지만 우리의 마르쿠스 아우렐리우스는 "다른 사람을 생각하며 인생을 허비하지 말라"라고 충고한단다. 물론 황제가 타인과 거리를 두고 외톨이처럼 살라고 말한 건 아니야. 중요한 건 내 삶의 목표라는 거지. 목표가 확실한 사람이라면 어떤 상황에 부딪친다 해도 흔들리지 않을 테니까. 두 발로 단단하게 땅을 디딘 채 자신의 삶을 살아가는 주체는 만인의 인정을 갈구하지 않아. 그는 "결코 삶의 목표에 이르는 길에서 벗어나지 않는" 삶을 살아갈 테니까 말이지. 모쪼록 그럴 수 있는 사람이 되라고 황제는 조언하지.

　　마르쿠스 아우렐리우스는 우리네 인생을 한 편의 연극에 비유해. 사람들은 세상이라는 무대의 연극배우라는 설정이지. 그들에겐 각각의 역할이 있고, 그 역할은 신이 부여하며, 그 비중은 각본에 따라 달라진다고 그는 말한다. 그렇다면, 비중이 적은 사람들도 있지 않을까? 모두가 주인공을 맡을 수는 없으니까 당연히 그럴 거다. 그러나 그런 것으로 남을 시기하거나 헐뜯으며 아까운 시간을 흘려보내지 말라고 그는 말할 거야. 맡겨진 역할을 겸허하게 받아들이며 살아가는 게 가치 있는 삶이기 때문이란다.

　　불평불만으로 보내기엔 "현생은 너무나 짧다!"라고 마르쿠스 아우렐리우스는 거듭 강조해. 게다가 그 배역이라는 녀석은 마음먹기에 따라 얼마든지 다르게 받아들일 수 있는 것 아니겠니. 각자의 배에 탑승한 우리는 각자의 바다를 건너, 각자의 항구로 향하는 존재들이니, 배에서 내린 다음에도 우리 앞에 펼쳐진 길은 다양할 테지. 네게도 너만의 배와 항구가 있을 거란다. 애니메이션 「귀를 기울이면」(1995)에서 결국 하고 싶은 일을 발견하고야 만 시즈쿠를 떠올려 보렴. 누구에게나 그런 발견의 순간은 다가오는 법이란다. 아직 오지 않았다면 언젠간 온다.

그런데 우리가 항구에 무사히 정박해, 자신만의 지도를 그려 나가려면 어떤 원칙이 있어야 할 거야. 마르쿠스 아우렐리우스는 "불필요한 상상에서 벗어날 것"을, "공동체에 해를 끼치지 말 것"을, "언행일치를 할 것"을, "자책하지 말 것"을 원칙으로 정해 두고 있구나. 우리가 사람들과 더불어 공동체 속에서 살아가야 한다는 건 수업 시간에 잘 배웠을 거다. 안전하고도 기분 좋은 항해를 하려면 타인에게 피해를 주어선 곤란하겠지. 유용한 가르침이나 조언은 받아들여야겠지만, 남의 말에 생각 없이 휩쓸려서도 안 될 거야. 위선자가 되거나 이중사고(조지 오웰이 『1984』에서 말했던 거야. 모순되는 두 사고가 한 개인 안에 있는 것)에 빠져서도 안 되겠지. 그의 말마따나 자신에 대한 책망으로 에너지를 낭비하는 건 좋지 않아. 말하자면 부정적 기운에 사로잡혀서는 안 된다는 거지.

마르쿠스 아우렐리우스라는 황제

마르쿠스 아우렐리우스. 그는 121년 "황제 철학자" 하드리아누스가 통치하던 로마에서 태어났단다. 할아버지가 세 차례나 로마의 최고 행정관인 집정관을 지냈던 명문가에서 자라난 그는 명석한 두뇌의 소유자였고, 높은 신분의 사람만이 누릴 수 있는 고급 교육을 받았지.『명상록』의 제1권에는, 아폴로니우스, 섹스투스, 프론토, 알렉산드로스 등 당대를 풍미했던 학자들로부터 자신이 배운 것과 그들에 대한 감사 인사가 담겨 있는데, 그것은 곧 핏줄에 대한 자부심 표출이라고 봐도 좋을 것 같구나.

하드리아누스 황제는 고모부 안토니누스를 자신의 후계자로 지명하고는 사망해. 그는 후계자에게 소년 루키우스 베루스와 마르쿠스 아우렐리우스를 양자로 삼으라는 말을 남겼어. 마르쿠스의 뛰어난 재능을 아꼈던 황제는 고령이었던 고모부가 머지않아 죽게 되면, 그가 루키우스와 함께 로마를 이끌 통치자가 될 것이라 보았던 것 같아.

그런데 세상일이란 인간의 예측을 종종 비껴가곤 한단다. 늙은 고모부가 긴 시간 황제 자리를 지키게 되었으니 말이다. 이런 상황에서라면 대개 유혈사태가 발생하고는 한단다. 권력을 두고 말이지. 그렇지만 다행스럽게도 그런 일은 벌어지지 않았구나. 마르쿠스는 주변인들과 두루두루 잘 지냈단다. 야망을 앞세우지 않고, 주어진 일에 집중했을 뿐이었어. 참고 기다리면 때가 온다는 걸 잘 알고 있었던 거지.

마르쿠스 아우렐리우스가 동생 루키우스와 로마 황제로 즉위한 건 나이 40살 때였어. 고대 로마인의 평균 수명이 20살에서 30살 정도였다고 하니, 자칫하면 하드리아누스의 계획은 실행되지 못할 뻔했지. 어디까지나 '공동'이라는 꼬리표가 붙긴 했지만, 그렇게 마르쿠스는 황제가 되었어. 또 한 명의 황제 루키우스가 국사를 돌보는 데에는 도통 관심이 없었기 때문에 중대한 일은 죄다 마르쿠스가 처리해야 했단다. 정말이지 쉴 틈이라곤 없었어. 파르티아 왕국과 게르만족이 끊임없이 로마의 뒤를 노렸기 때문이었지. 마르쿠스는 친히 침략자들에 맞서 군대를 지휘하며 싸웠어. 재위 기간의 대부분을 전장에서 보내야 했지. 불철주야 국사를 돌보았던 마르쿠스 아우렐리우스는 그만 천연두에 걸리고 말았고, 도나우 국경에서 숨을 거두었단다.

아빠가 『명상록』을 읽은 건 고등학생 때, 홍신문화사에서 나온 책을 통해서였어. 여러 동서양 고전들을 이 출판사의 책으로 접하게 되었지. 실존주의 철학자 장폴 사르트르의 『구토』(1938), 사회심리학자 에리히 프롬의 『자유로부터의 도피』(1941)도 같은 시리즈에 있어서 읽게 되었단다. 책값이 비싸지 않아서 좋았어. 이제는 이것보다 괜찮은 번역들이 넘쳐나는 세상이지만, 저렴한 가격에 양서를 한글로 볼 수 있다는 것에 그저 감사해야 했단다. 참으로 오래된 이야기다.

그러면 아빠가 밑줄 치며 읽었던 몇 구절들을 소개해 줄게.

"육신의 모든 것은 강물이요, 영혼에 속하는 모든 것은 꿈과 연기 같음이니. 우리네 삶은 전쟁터요 그저 순례길에 불과하니라."(2권 17절)

자, 네가 걱정하는 것만큼 복잡하고 어려운 내용은 아니란다. 마르쿠스 아우렐리우스는 육체, 영혼, 이성을 구분해. 그에 따르면 육체는 유한하기에 필연적으로 썩어 없어지는 것이고, 영혼은 쾌락이나 고통에 좌우되는 나약한 것이야. 인간은 쾌락이나 고통이 아닌 이성의 인도를 받아 주어진 삶을 살아 나가야 하지.

지혜롭고 겸손하게

그래서 마르쿠스 아우렐리우스는 갈팡질팡 헤매지 말고, 이성을 따라 올바른 일을 하는 것이 바람직한 삶이라고 역설한단다. 정념을 극복하고 평정심을 유지하라는 것이지. 주어진 일상에 만족하고, 그에 불만을 갖지 않으며, 지혜롭고 겸손하게 살아가는 삶 말이야. 현재의 문맥에서 보더라도 충분히 그 메시지가 전달되지 않니?

매일 흘러나오는 뉴스를 보렴. 지금도 어딘가에서 사람들은 파멸하거나, 서로를 적으로 규정한 채 전쟁을 일으키고 있어. 그건 과도한 욕망이 저들을 조종하고 있기 때문이야. 그런 사람들은 평정심을 찾지 못한 나약한 영혼에 지나지 않는단다. 생명의 시간은 찰나처럼 짧다는 걸 모르는, 명예가 영구히 타오를 수 있다고 착각하는 사람들이지.

우리는 망각된다

그렇지만 빛을 발하는 것은 예외 없이 꺼지기 마련이야. 황제도, 집정관도, 권세가도, 비극 작가와 시인도 화려한 시기가 영원할 수는 없단다. 그걸 마르쿠스 아우렐리우스는 '망각'이라는 단어로 표현했어. 우주의 관점에서, 신의 관점에서 본다면 우리 인간의 삶이란 얼마나 먼지와 같은 것이겠니.

다음으로 살피고 싶은 대목은 이것이란다.

"죽음을 경멸하지 말고 그것에 기뻐하라. 죽음도 자연이 정해 놓은 것 중 하나일 뿐이니."(9권 3절)

책을 읽었을 때 가장 당혹스러웠던 문장이었어. 죽음에 기뻐하라니! 사실 누가 기쁘게 죽음을 맞이할 수 있겠니. 인간은 최대한 죽음을 피하려 하고, 어떻게든 그로부터 멀어지려고 애쓰는 존재잖아. 인위적 생명 연장 장치 같은 기술이 대표적이라 할 수 있겠지. 사실 인간이 죽음에 대해 두려움을 느끼는 게 이상한 건 아니란다. 죽음이 두려운 이유는 우리가 그에 대해 직접 경험한 바 없기 때문이야. 죽음이란 미리 체험하거나 연습해 볼 수 있는 게 아니지. 죽음이 두려운 또 다른 이유는 내 소중한 생이 여기서 끝나야 한다는 허망함 때문일 거야. 황제는 그런 것도 우리를 옭아매는 정념이니, 어서 족쇄를 풀어 버려야 한다고 말하겠지만 말이야.

이쯤에서 우리가 몇 번이나 보았던 애니메이션 「옷코는 초등학생 사장님!」(2018)을 떠올려 보자꾸나. 주인공 옷코의 죽음을 대하는 태도가 어떻게 달라지는지를 말이야. 옷코의 부모님은 불의의 교통사고로 세상을 떠나고 말지. 어린 옷코에게 그건 거대한 충격이었을 거야. 부모님이 죽는다는 건 도저히 받아들일 수 없는 일이니까.

하지만 계속 그런 상태로 살아갈 수는 없지. 옷코는 친구들의 도움으로 상처를 치유해 가며 여관의 차기 주인으로 차근차근 성장하게 돼. 하늘로 올라가도록 운명 지어진 혼백 우리보, 미요와 카구라 춤을 추며 작별하는 마지막 장면이 잊히질 않는구나. 옷코는 슬펐지만, 눈물은 흘리지 않아. 친구들이 언젠가 다시 이곳으로 내려오게 된다는 걸 알고 있었던 거지. 자세히 보면 부모님의 유령도 군중 속에서 옷코를 응원하고 있어. 옷코가 죽음과 삶이라는 자연의 순환을 깨우친 순간이야.

그렇다면 저 "죽음에 기뻐하라"라는 말은 자연의 법칙에 순응하라는 말쯤으로 새겨두는 게 좋겠구나. 삶은 죽음의 시작, 죽음이란 삶의 끝. 프랑스 작가 알퐁스 도데식으로 말하자면 그 깨달음을 통해 우리는 '꼬마 철학자'가 되어가는 걸지도 몰라.『명상록』으로 돌아가면, 황제는 철학이란 우리가 삶과 죽음을 대하는 하나의 방식일 수 있다고 전하고 있단다.

자, 오늘도 한 권의 책을 읽었다. 어떤 책이든 그렇겠지만, 작가의 메시지에 전적으로 동의할 필요는 없다는 걸 명심해 두렴. 저자들도 그렇게 고분고분하기만 한 독자를 바라지는 않을 거야. 그럼에도 곱씹어 볼 내용이 있다면, 그 책이 네게 큰 울림을 주었다는 게 아니겠니. 마르쿠스 아우렐리우스의『명상록』은 충분히 그럴 수 있는 책이라고 아빠는 생각해. 다 떠나서, 자기 자신과 오롯이 대면할 수 있는 시간. 명상의 가치를 우리에게 환기했다는 점만으로도 그렇단다. 너도 혼자만의 시간을 소중히 간직할 수 있기를 바라마.

그러면 오늘도 너의 항해가 순조로웠기를.

사랑하는 아빠가

어떤 책으로 읽을까

『자성록』으로 출간된 열린책들(박민수 역) 판본, 그리스어 원전을 완역한 현대지성(박문재 역) 판본 모두 추천한다. 두 책 모두 번역이 훌륭해서 어느 게 더 나은지는 개인의 취향일 것 같구나.

대화

딸이 고른 문장: "그럴싸하게도, 인생이라는 연극은 3막으로도 완결된다."

스물아홉 번째 편지

빌러비드

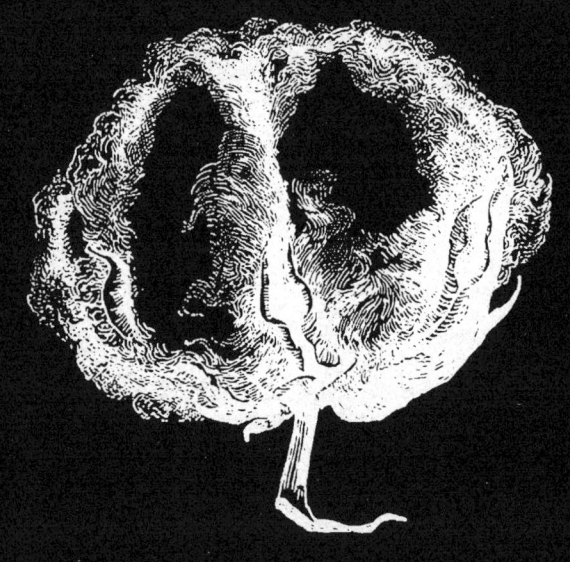

단지 그 말밖에는 새길 수 없었지

2025년 1월 19일 일요일
토니 모리슨 『빌러비드』
(1987)

소율에게

애니메이션 「코코」(2017)에 따르면 멕시코 사람들은 인간이 세 번 죽을 수 있다고 믿는대. 첫 번째 죽음은 심장이 멈출 때, 두 번째 죽음은 그가 매장될 때, 세 번째 죽음은 사람들에게 잊힐 때 말이야. 맞는 것 같아. 인간이 궁극적으로 죽음을 맞이하는 건 잊히는 순간이니까. 애석하게도 우리의 기억이란 생각보다 쉽게 소멸해 버리고 말지.

하지만 어떤 기억은 없어지지 않는단다. 그런 기억은 대부분 입에 올리기에도 끔찍한 것이지. 그 기억은 특정 장소나 공간에 머물러 있어. 그래서 그 공간과 연루된 사람들에게 집단적인 상처로 남아 있는 거야.

다시는 상기하기 싫지만 반드시 되새겨야 할 기억으로, 절대로 망각해서는 안 될 기억으로 말이야.

토니 모리슨의 대표작 『빌러비드』에 나오는 기억이 그래. 책을 읽다 보면 우리는 등장인물들에 트라우마를 안겨 준 잔혹한 기억과 만나게 되지. 그러나 모리슨은 감정에 지배되지 않은 채 냉정하고 차분하게 글을 써 내려가. 그래야 고통의 근원과 제대로 마주할 수 있다는 걸 잘 알고 있었으니까. 억압된 서사를 끄집어내는 행위. 그걸 책에서 모리슨은 '재기억(rememory)'이라고 불렀어.

『빌러비드』의 시대적 배경은 미국사에서는 '재건시대(Reconstruction Era)'로 불리던 시기야. 1865년 노예제를 금하는 수정헌법 13조가 의회에서 통과되면서 미국에선 법적으로 노예제도가 폐지되었어. 하지만 그것만으로는 아무것도 바뀌지 않았지. 남부지방에선 피부 색깔에 의한 차별이 공공연하게 이뤄졌어. 백인우월주의자 단체 쿠 클럭스 클랜은 흑인에 대한 테러 행위를 일삼았지. 사법 절차를 거치지 않고 사적인 수단을 동원해 흑인을 폭행하고 죽이는 일도 공공연히 벌어졌어. 그래, 인간에게 가장 두려운 존재는 인간이었단다.

오하이오주 신시내티 124번지. 누비이불의 오렌

지색 네모 외에는 죄다 흑백이었던 이 집엔 엄마 세서와 딸 덴버, 단 두 식구만 살고 있었어. 시어머니 베이비 석스가 숨을 거두고, 두 아들이 가출해 더욱 황량해진 이곳에 뜻밖의 손님 폴 디가 찾아오면서 소설은 시작돼. 폴 디는 자신을 반기지 않는 덴버의 태도에 사뭇 당황했단다. 그런데 그에게 불편하게 느껴진 건 덴버만이 아니었어. 오래 집터를 지키고 있던 혼령 하나가 그와 식구들을 괴롭히고 있었거든. 하지만 폴 디는 그 기세에 눌리지 않았어. 그는 혼령을 집 밖으로 쫓아 버렸지.

폴 디가 원했던 건 오랫동안 가슴에 품었던 세서와 평화로운 가정을 일구는 것이었어. 그가 세서, 덴버와 함께 흑인 카니발에 놀러 갔던 건, 아픈 과거를 묻어둔 채 새로운 출발을 하기 위해서였지. 카니발 구경을 마치고 집으로 돌아오는 길, 세 사람의 분위기는 괜찮았어. 덴버는 너무나 즐거워했고, 세서의 얼굴에도 미소가 흘렀지. 전부 폴 디의 구상대로였어. 집 앞에서 한 낯선 여인과 우연히 만나기 전까지는 말이야.

낯선 여자

그녀의 이름은 빌러비드. 빌러비드는 그대로 124번지에 눌러앉게 되는데, 이후 그녀가 벌인 행각은 도무지 이해하기 힘들었어. 세서에게 애정을 갈구하다가, 돌연 그녀의 목을 졸라 죽이려고도 했으니까. 그렇게 빌러비드는 조금씩 집을 장악하고 있었어.

대체 그녀의 정체는 뭐였을까? 놀라지 마. 사실 빌러비드는 어렸을 때 죽었던 세서의 딸이었단다.

여기서 작가는 '스위트 홈'이라는 켄터키 농장으로 독자를 인도해. 그 농장은 흑인을 비교적 '인간적'으로 대해 주던 가너 씨 부부가 경영하던 곳이었지. 폴 에이, 폴 디, 폴 에프, 핼리, 식소, 세서. 모두 가너 씨 농장의 노예였단다. 그곳에서라면 백인 농장주의 허가 하에 총기도 보유할 수 있었고 결혼도 할 수 있었어. 서로 사랑하던 세서와 핼리도 가너 씨 부부의 도움으로 부부가 되었지.

그러나 농장의 운영이 어려워지고 새 주인인 '학교 선생'이 오면서 상황은 달라졌어. 흑인들을 인간으로 취급하지 않았던 그는, 흑인에게 '동물적 특성'을 부여하려 했던 악인이었지. 가만히 있다가는 죽게 될 것이 뻔했어.

노예들에겐 탈출밖엔 답이 없었단다. 하지만 농장주 일당은 가만히 있지 않았지. 그들에게 붙들리고 만 세서는 다른 도망 노예들 앞에서 강간을 당했어. 아내가 능욕당하는 모습을 본 남편 핼리는 미쳐 버리고 말았지. 식소는 백인이 지른 불에 타 죽었고. 폴 디는 입에 재갈이 물린 채 묶인 채 그 모든 장면을 지켜봐야 했어. 다섯 형제 중 유일하게 그만이 참극의 현장에서 벗어날 수 있었지만 흑인 수용소로 보내져 벌레만도 못한 취급을 받았지. 그는 홍수가 닥친 틈을 타 겨우 수용소를 벗어날 수 있었어. 여기저기 떠돌던 폴 디가 세서와 만나게 된 건 그로부터 18년 만의 일이었다.

엄마의 결단

그러면 폴 디가 사지(死地)를 벗어나는 사이, 124번지로 피신했던 세서는 어떤 일을 겪었을까? 끈질긴 백인 추적자들은 끝내 그녀를 찾아냈어. 그들에게 끌려가기 직전, 헛간으로 아이들을 데려간 세서는 중대한 결정을 내렸지. 그것은 아이들을 백인의 손에 넘기느니 자기 손으로 죽여 버리겠다는 거였어. 두 살배기 빌러비드는 그때 목숨을 잃고 말았던 거란다. 톱날에 잘린 목에선 피가 분수처럼 뿜어져 나왔어. 아무것도 모르는 덴버는 피로 물든 어미의 젖을 빨고 있었지. 농장주가 자식에게 먹이려 약탈했던 탓에 쭈글쭈글해진 젖을 말이야. 슬픔조차 억눌러야 했던 세서는 죽은 아이의 비석에 이렇게 적었어.

빌러비드(Beloved, 사랑받은 사람).

단지 그 말밖에는 새길 수 없었지. 그게 비명도 지르지 못한 채 죽어간 자식을 위해 그녀가 해 줄 수 있었던 유일한 글귀였어. 석공과 10분간 성관계를 하는 대가로 새겼던 한 단어 말이야. 이 대목을 읽으면서 전율하지 않을 독자는 없을 거야.

세서는 빌러비드의 환영에 의해 점점 쇠약해지고 있었어. 그녀는 외부와의 연락도 끊어 버린 채 스스로를 고립시키게 되었지. 그때 덴버가 마을 사람들에게 도움을 청해. 부디 엄마를 도와 달라고. 우리를 외면하지 말라고. 베이비 석스 할머니의 이웃들은 과거 백인의 도움으로 집을 얻었던 그녀를 질투하고 시기했었지. 하지만 이번에 흑인 여성들은 세서 가족을 돕기 위해 움직였어. 빌러비드의 유령을 몰아내기 위해서.

그러나 세서는 집주인이자 자신을 감옥에서 꺼내 주었던 민권 운동가 보드윈 씨를 '노예주'로 오인하고 말았어. 그녀는 뾰족한 얼음송곳으로 그를 찌르려 했지. 다행히 그날, 유혈 사태는 벌어지지 않았단다. 몰려든 이웃들이 세서를 제지한 탓이었지. 그날 이후 빌러비드는 종적을 감추었단다. 유령이 떠나간 자리, 세서와 폴 디는 손을 맞잡은 채 미래를 약속해. "세서, 우리에겐 그 누구보다 많은 어제가 있어. 이젠 내일이 필요해."

토니 모리슨이라는 작가

사실과 상상력이 함께 빚어 낸 슬픈 소설 『빌러비드』. 작가 토니 모리슨은 노예무역을 통해 낯선 땅으로 팔려 가야만 했던 흑인의 삶을 특유의 시적이고도 섬세한 언어로 직조했다는 평가를 받았어. 특히 흑인의 정체성과 커뮤니티에 대한 묘사와 분석은 독보적이라 할 만하지. 모리슨이 1993년 백인이 아닌 여성으로는 처음으로 노벨문학상을 수상한 것도 크게 놀라운 일은 아니었고 말이야. 그녀는 『가장 푸른 눈』(1970), 『술라』(1973), 『재즈』(1992) 등 걸작들을 써내며 우리 시대의 거장으로 입지를 굳혔단다. 모리슨이 2019년에 세상을 떠났을 땐, 『뉴욕 타임스』까지 회고 영상을 올릴 정도였어.

아빠는 대학생 시절, 이 책을 영어로 읽었어. 미국 소수 민족 작가들의 작품을 강독하는 수업에서 말야. 처음엔 뭐가 뭔지 당최 감이 잡히지 않았단다. 시간 순서대로 쓰인 책도 아니었고, 흑인의 역사를 모르면 파악할 수 없는 내용도 많았기 때문이었지. 한 번으론 어림없었기 때문에, 여러 번 읽어야 했어. 돌이켜 보면 고생의 연속이었지만, 그럴 가치가 충분했던 경험이었구나.

제사에 토니 모리슨은 "6천만 명, 그리고 그 이상"이라고 썼어. 저 숫자는 노예무역의 결과로 희생된 흑인의 수를 추정한 거란다. 그들은 노예선에 실린 채 대서양을 건너야 했지. 갑판 아래 꽁꽁 묶인 사람들은 다닥다닥 붙어 있었어. 많게는 수백 명이 밀집된 그곳은 환기조차 되지 않는 지옥의 감옥이었지. 배 안에선 이질과 천연두가 창궐했어. 백인들은 깔때기로 흑인의 목구멍에 음식을 쑤셔 넣었지. 연민이나 동정 때문이 아니라, 상품의 '가치'가 떨어지면 안 되기 때문이었어.

수많은 흑인이 아메리카에 발을 디디기도 전에 죽었는데, 시신은 그대로 바다에 던져지곤 했다고 해. 채찍질은 일상이었고, 여성 노예들은 선원들로부터 성적 착취를 당했어. 흑인 노예들은 신대륙으로 배송되던 상품이었던 거야. 언제든지 버릴 수 있는 상품.

그래서 그들의 기억은 사라질 수 없었던 거란다. 국가도, 민족도, 언어도 달랐지만, 한 배에 탔던 그들에겐 생존해야 한다는 강력한 연대감이 생겨났지. 노예들은 곳곳으로 흩어지게 되었지만, 그들의 기억만은 저 광막한 바다에, 플랜테이션 농장에, 육체에 고스란히 남았어.

그러므로 '빌러비드'는 세서의 딸이자, 바다를 건

넌 흑인 모두를 상징하는 이름이지. 헛간에서 목이 썰려 죽은 두 살배기 아이이면서, 화물선을 개조한 노예선에 실린 채 고향을 등져야만 했던 이들 모두를 가리키는 이름. 2장 끝에 모리슨이 세서, 덴버, 빌러비드의 시점으로 글을 전개하는 건, 그런 이유 때문이야. 이것이 앞서 말했던 '재기억'의 방식이야. 그것은 단수이자 복수의 언어야. 기억되어야 하기에 마침표가 찍힐 수 없는 언어야. 백인의 시각으로는 포착될 수 없는 언어야. 그건 소수자의 문학으로 되살아나야 했지.

『빌러비드』는 토니 모리슨이 실제 사건으로부터 영감을 얻어 집필한 소설이야. 1856년 1월, 마거릿 가너라는 이름의 한 여성 노예가 남편, 시부모, 네 자녀와 켄터키 농장에서 도망치고 있었어. 그녀는 임신 중이었지. 정신없이 달아나던 마거릿과 가족을 꽁꽁 얼어붙은 한겨울의 강이 막아섰어. 지하철도를 이용해 죽을 고비를 넘긴 그들은 사촌 집에 겨우 몸을 숨겼지. 하지만 집요한 노예 사냥꾼들을 따돌리기엔 역부족이었어. 집은 총잡이들에게 포위되고 말았지. 자, 마거릿에겐 잔인한 '양자택일'이 강제되었어. 죽음이냐, 더 비참한 죽음이냐. 결국 마거릿은 정육점 칼을 들어 딸 메리를 살해하고 말았단다. 마거릿과 메리가『빌러비드』에서 어떤 이름으로 등장하는지 따로 설명하지 않아도 될 거야.

흔적을 기억하다

그렇다고 토니 모리슨이 섣불리 세서를 동정하지는 않아. 자식은 부모의 소유물이 아니니까. 아무리 극한 상황이었더라도 부모에게 자식을 죽일 권리는 없으니까. 딸을 살해한 세서의 죄는 막중한 것이었지. 내내 죄책감에 시달리던 그녀는 빌러비드를 위해 평생 저축한 38달러를 써 버려. 그녀는 딸(의 혼령)에게 비싼 리본과 드레스를 선물했고, 맛있는 음식을 사줬어. 살아 있는 딸 덴버와 멀어지면서까지 죽은 딸에게 집착했지. 그러나 그럴수록 가족의 균열은 커져만 갈 뿐이었어. 만약 어머니를 살리려는 덴버의 노력이 없었다면, 이웃을 방관하지 않겠다는 주민들이 없었다면, 그 균열은 영원히 봉합될 수 없었을 거란다.

하지만 그날 이후, 마을 사람들은 빌러비드의 존재를 잊고 말았어. 모리슨의 문장을 가져와 볼게. "모든 흔적이 없어지고 나면, 잊히는 건 발자국만이 아니다. 물과 물 아래 가라앉은 모든 것들도 사라진다." 모리슨이 전하고자 한 메시지는 이런 거야. 상처받은 사람들의 자취는 사라진 것처럼 보일지라도, 누군가는 그 흔적을 놓치지 않고 있다고. 뼛속 깊이 각인하고 있다고. 그래서 이렇게 소설이 되고, 노래가 된다고(빌리 홀리데이의 "Strange Fruit"*처럼). 모리슨이 언급한 이 "퍼뜨릴 만하지 않은 이야기"는 그렇게 살아남았단다. 물로도, 불로도 다 지우지 못할 잠들지 않는 이야기로 말이지.

사랑하는 아빠가

---

* 백인들로부터 무자비한 구타를 당한 뒤 나무에 내걸린 흑인에 대한 노래야. 1939년에 나왔지.

어떤 책으로 읽을까

2000년대 초반에는 들녘(김선형 역)에서 낸 번역본이 있었는데 지금은 절판되었어. 아빠가 읽었던 번역본도 이거였지. 서점에서 구입할 수 있는 건 문학동네 판(최인자 역)이 유일한 것 같네. 사람들의 평가도 좋으니 이것을 보면 될 것 같아.

대화

── 저는 예전에 읽었던 『천둥아, 내 외침을 들어라』(1976)도 떠올랐어요.
── 그래. 밀드레드 테일러의 소설도 흑인들의 애달픈 삶을 다루고 있지. 그 책을 읽을 때 네가 학교 버스 운전기사가 차를 몰아 흑인 아이들을 향해 흙탕물을 튀기던 장면에 격분하던 기억이 있구나. 딸아, 인간의 존엄이 무참히 짓밟히던 시기는 생각보다 그리 오래전이 아니었단다.

서른 번째 편지

노부인의 방문

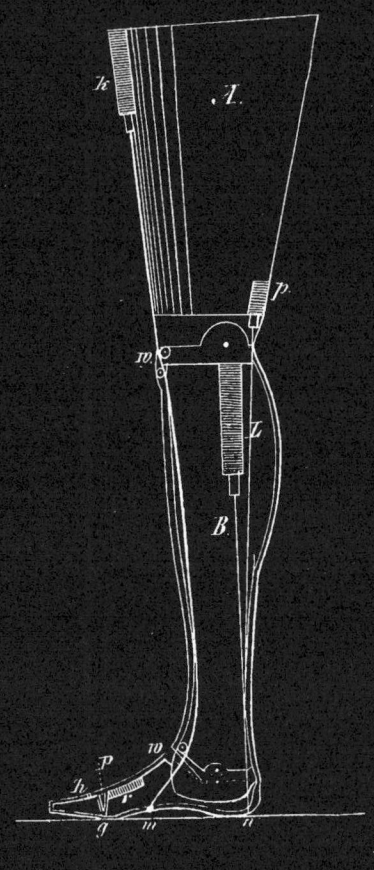

퀼렌 시민들은 내내
행복했을까?

2025년 1월 25일 토요일
프리드리히 뒤렌마트 『노부인의 방문』
(1956)

소율에게

오늘 읽을 책은 『노부인의 방문』이란다. 가상의 도시 귈렌을 배경으로 한 3막 희곡이지. 예전에 아빠는 귈렌이 실제로 있는 도시라 착각하기도 했었어. 작가가 스위스 사람이니 스위스 도시 중 하나가 아닐까 추측했던 거지.

아무튼 저 귈렌에 대한 묘사는 작품을 이해하기 위한 핵심이란다. 귈렌은 몰락한 도시야. 과거에는 특급 열차가 정차하고는 했던 부유하고 발전한 문화 중심지였지만, 언제부턴가 아무도 찾지 않는 도시가 되었지. 역사(驛舍)는 무너진 채 방치되었고, 기업들은 도산했으며, 시민들은 실업 연금과 무료 급식에 의존해야 했단다. 도시 전체가 빚더미에 올랐기 때문에, 시에서 운영하는 박물관조차 미국의 손에 넘어가야 했어. 시청의 잔고는 텅 비었고, 사람들의 눈에선 생기가 사라졌지. 귈렌은 그야말로 유령 도시였단다.

그러던 어느 날 클레어라는 대부호 노부인이 고향 귈렌을 방문하면서 이 아무것도 일어나지 않을 것 같았던 도시는 동요하게 돼. 노부인은 원래대로라면 도시를 그냥 통과하는 열차를 강제로 정차시킨 후, 마을 사람들에게 거액을 선사하겠다고 제안해. 단, 하나의 조건을 걸고서. 그건 그녀의 옛 애인이자 귈렌의 차기 시장 후보로 거론되던 상점 주인 '일'의 목숨이었어.

조건은 하나뿐

우리가 노부인의 사연을 알기 위해서는 그로부터 45년 전으로 거슬러 올라가야 해. 당시 열일곱이었던 클레어는 일의 아이를 밴 상태였는데, 일은 두 증인을 매수해 자신이 아이 아버지가 아니라는 위증을 하게 시켰어. 결과적으로 아이는 죽었고, 그녀는 거리에서 몸을 팔아 생계를 이어 나가야 했지.

그로부터 시간이 흘러, 클레어는 재계를 뒤흔드는 거물 실업가 자하나시안의 아내가 되었어. 그가 죽자 클레어는 엄청난 부자가 되었지. 자본의 힘을 등에 업은 노부인은 하나씩 하나씩 복수의 퍼즐을 맞춰가게 돼. 그녀는 법정에서 위증했던 증인들의 눈을 멀게 만들었고, 재판을 담당했던 판사를 자신의 집사로 들였지. 이제 퍼즐이 완성되기 위해서는 단 하나의 조각만이 남게 되었어. 자신과 아이를 버렸던 일의 목숨 말이야. 그게 관을 든 그녀가 귈렌에 온 유일한 이유였단다.

사적 복수와 거액의 기부금을 맞바꾸자는 노부인의 제안에 마을 사람들은 돈으로는 정의를 살 수 없다며 버럭 화를 냈어. 격분한 귈렌 시장은 손에 피를 묻히느니 가난하게 살겠다며 자신들에겐 인간성이 남아 있음을, 이곳은 인문주의 정신이 살아 있는 유럽임을 강조하기도 했지.

그렇지만 처음에 완강하게 돈을 거부했던 사람들은 조금씩 태도를 바꾸기 시작했어. 일은 그걸 피부로 느꼈지. 상점 손님들의 주문 내역이 달라지고 있었거든. 싸구려 담배와 술을 주문하던 사람들이 갑자기 최고급 담배와 코냑을 달라는 게 아니겠어? 그들은 우유와 초콜릿도 값비싼 것만 찾게 되었단다. 그게 끝이 아니었지. 그들은 가게 물건을 외상으로 가져가고 있었어. 외상값 같은 건 안중에도 없는 것 같았지.

귈렌에는 대체 무슨 일이 일어난 것이었을까? 고민하던 일은 마을 사람들이 자신의 목숨을 원하고 있다는 결론에 이르게 되었어. 심지어 시민의 안전을 지켜야 할 경찰, 휴머니즘을 외치던 시장, 신을 모시는 신부조차도 과도한 지출을 하고 있었거든. 그 누구도 그를 보호하려 들지 않았어. 일은 몰래 이민을 떠나려 했지만, 그조차 마을 사람들의 방해로 무위로 돌아가고 말아. 끝내 노부인이 승리한 것이었지.

일의 재판 당일, 마을엔 특별 무대가 마련되고 기자까지 파견되었단다. 온 도시가 시끌벅적한 가운데, 교장 선생은 "클레어 여사는 정의를 원하는 것"이라는 연설로 군중을 선동하기 시작해. 그의 말이 끝나기가 무섭게 객석에선 우레와 같은 박수갈채가 터져 나오지. 사형 선고가 만장일치로 내려지는 대목은 섬뜩하기까지 해.

그렇게 일의 죽음으로 귈렌은 옛 영화를 찾는 듯 보여. 잿빛이었던 건물은 총천연색으로 바뀌었고, 도로엔 스포츠카가 굉음을 울려대며 질주하게 되었거든. 귈렌은 사업가들이 바삐 움직이는 도시로 변모했어. 그리고 복수를 달성한 클레어는 휴양지 카프리로 향하게 돼. 일의 시신이 담긴 관을 가지고 말이야.

뒤렌마트라는 작가

자, 이 암울한 작품을 쓴 작가 프리드리히 뒤렌마트에 대해 알아보자꾸나. 뒤렌마트는 그 작품의 수준에 비해 요즘 한국에선 상대적으로 덜 유명한 작가일 거야. 그렇지만 유럽은 물론 영미권에서는 엄청난 명성을 획득한 작가라 할 수 있지.『노부인의 방문』,『미시시피 씨의 결혼』(1952),『천사 바빌론에 오다』(1953),『물리학자들』(1961) 등이 그의 대표작이란다. 모두 극작가로서의 명성을 탄탄하게 다지게 해 준 작품들이지. 한데 소설가로서의 재능도 간과되어서는 안 될 거야.『판사와 형리』(1950),『법』(1985) 같은 숨은 보석들 말이다. 그의 소설은 미스터리 기법을 따르면서도, 아이러니를 적극적으로 활용해 색다른 맛을 주고 있단다. 굵직한 문학상을 받으며 평론가들의 찬사를 받았던 뒤렌마트는 1990년 69세로 세상을 떠났어.

아빠는『노부인의 방문』을 1992년 책이 아니라 연극으로 접했어. 중학교 2학년 때 담임 선생님이 연극 연출가 겸 배우이시기도 했는데, 마침 이 작품을 소극장에서 공연하셨단다. 선생님께서는 반 아이들을 빠짐없이 그 자리에 초대해 주셨어. (감사할 따름이지.) 아빠는 그날 친구들과 함께 선생님이 연출한 저 연극을 관람하고는, 다 같이 사진도 찍었단다. 그 사진은 비록 사라지고 말았지만, 그날의 추억만큼은 지금도 소중히 간직하고 있구나.

저 희곡과 다시 만나게 된 건 대학생 때 학교 앞에 있던 한 서점에서였어. 책은 먼지 자욱한 저 구석에 꽂혀 있었지. 예상치 못했던 장소에서 가물가물했던 중학교 시절의 추억을 떠올리게 되었다는 건, 모두가 경험할 수는 없는 행운이 아니었을까? 한동안 잊고 지낸 친구를 만난 느낌이었지. 그러다 민음사 세계문학전집으로 출간된 새 번역본을 구입하게 된 건 서른이 훌쩍 넘어서였단다.

이때 당신이라면?

『노부인의 방문』은 '공리주의 딜레마'로 분석되기도 해. 공리주의 딜레마란 윤리학의 가상 실험 중 하나를 가리키지. 가령 이런 거야. 브레이크가 고장 난 열차가 철길을 달리는데 선로 위에는 사람들이 모여 있어. 선로를 돌려놓지 않으면 그들이 죽게 돼. 그게 싫어 선로를 바꾼다면(선로는 너만 바꿀 수 있어), 바뀐 선로 위에 놓인 한 사람이 죽게 되겠지. 자, 이 딜레마에 따라오는 질문은 이래.

이때 당신이라면 어떻게 하겠는가?

누군가는 이런 실험이 너무 극단적인 상황을 가정하고 설계되었다고 비판했어. 하지만 현실에서 가끔 더한 일이 벌어지기도 하니, 이를 꼭 있을 수 없는 일이라 치부하기는 영 그렇구나.

어쨌든 그가 공리주의자라면 공동체의 이익이나 쾌락을 높이는 쪽을 고를 거야. 여러 명을 죽게 하는 대신 레버를 당겨 1명을 희생시키는 게 맞다고 주장할 거라는 말이지. 좀 더 파고 들어간다면 논의는 더 복잡해질 수 있지만, 일단 공리주의 윤리를 걸렌 사람들의 선택에 대입할 수 있다는 것만큼은 틀림없어 보이는구나. 도시의 경기가 회복되고 일자리가 창출되었기 때문에 소수의 희생은 불가피하다는 의견이야. 일은 도시 부흥을 위해 희생되었으며, 마을 사람들의 선택은 옳았다는 거지. 그렇다면 이 경우, 정의는 공동체의 편에 놓여 있는 걸까? 판단하기 쉬운 문제는 아니야.

사실 이 책에서 공리주의만큼, 어쩌면 그보다 먼저 언급되어야 되는 주제는 따로 있어. 그것은 '인간성이란 무엇인가?'라는 질문이야. 선택의 문턱에서 인간이란 대개 자신에게 이익이 되는 쪽을 따르게 되어 있어. 설령 그렇다고 해서 누가 그를 비난할 수 있겠니?

그런데 사람의 생명이 걸린 상황에서도 우리는 그런 선택을 옹호할 수 있을까? 막대한 돈 앞에서 걸렌 사람들의 양심은 도미노처럼 우르르 무너져 내리고 말아. 사람들이 범죄를 허용하고는 살 수 없다고 입을 모아 부르짖는 장면 말이야. 겉으로는 악을 심판하겠다는 명분을 내세우고 있지만, 위정자의 발언을 그대로 따라 하기 바쁜 저들에게 이미 진실 같은 건 중요하지 않아. 사람들의 양심은 휴지 조각처럼 나뒹굴고 있지. '민주적인 절차'인 다수결에 따라 일의 사형이 선고되는 대목에선 오싹하기까지 해. 그러니까 귈렌에서 법치 같은 건 이제 아무런 의미가 없어진 거야.

예전에 봤던 애니메이션 「동물 농장」(1954)이 기억나니? 조지 오웰의 소설을 바탕으로 존 핼러스 감독이 연출한 애니메이션 말이야. 돼지들이 마음대로 정한 규칙을 전혀 의심하지 않고 살아가는 양들을 봐. 양들에게 비판 의식이나 시스템을 교정하려는 의지 같은 건 보이지 않아. 돼지의 규율에 순응하기만 하면, 보상으로 맛있는 당근이 주어질 테니 굳이 그럴 필요가 없지.

자, 일의 재판이 끝난 귈렌으로 돌아가 보도록 할게. 드디어 원하는 바를 거머쥔 클레어가 가마를 타고 등장하는 순간, 그녀의 몸은 "신상(神像)"처럼 보인다고 작가 뒤렌마트는 적고 있어. 그녀의 신도가 된 사람들은 신 앞에 머리를 조아리며 "우리의 재산을 지켜

주소서"라고 읊조리지.

오직 재산을 위해

여기서 광휘에 감싸인 노부인의 몸은 우리 시대 자본의 위상이라고 할 수 있어. 귈렌 시민들이 신에게 보호를 요청하는 건 '인간성'이나, '인간의 생명' 같은 게 아니야. 자신들의 재산이거든. 귈렌은 이제 그 누구라도 쉽게 희생시킬 수 있는 공동체가 되었어. 어떻게 시장이나 교장, 신부가 다음 순번이 아니라고 확신할 수 있겠니? 그들은 모두 '넥스트 일'이야. 일을 죽이게 되면서 가장 힘들었던 구간을 돌파한 저들은 이제 그 누구라도 쉽게 죽일 수 있었으니까. 원래 처음이 어렵지, 그다음부터는 그렇게까지 어렵지는 않은 법이지. 아우슈비츠 수용소에서 기적적으로 살아난 작가 프리모 레비라면 저 장면에서 "이것이 인간인가!"라고 절규했을지도 모르겠구나.

그렇다면 노부인에게 일의 시신을 인도한 귈렌 시민들은 내내 행복했을까? 아마 한동안은 그랬을 거야. 돈의 무게는 다른 것들을 압도하기에 충분하니까. 하지만 그들이 영원히 진실을 묻어 둔 채, 영원히 침묵할 수는 없을 거야. 어떻게 그걸 자신하냐고? 우리가 양이 아닌 인간이라는 점을 기억하렴. 앞서도 말했지만 아빠는 되도록 우리가 비관론에 빠지지 않는 게 좋다고 생각한다. 이 책을 쓴 뒤렌마트 역시 다르지 않았을 거란다.

1,500명이 넘는 유대인을 죽음의 수용소로 보냈던 모리스 파퐁이라는 자가 있었어. 희대의 나치 부역자에 대한 재판은 1999년 열렸지. 90세 가까운 고령이었음에도 파퐁은 강제 압송되어 투옥되었어. 온 프랑스가 그의 재판으로 떠들썩했지. 파퐁의 재판 장면으로 시작되는 미셸 캥의 자전적 소설 『처절한 정원』(2000)의 첫 장은 이렇게 마무리된단다. 어떻게든 인간은 뿌연 안개를 걷어내고, 밝음을 향해 나아가게 된다고 말야. "이 세상에 진실이 없다면 어떻게 희망을 품겠는가?"

사랑하는 아빠가

어떤 책으로 읽을까

1999년 아빠가 구입했던 책은 '뒤렌마트 대표 희곡 선집'이라는 시리즈로 예니(최병준 역)에서 발간된 것이란다. 전에도 몇 번 번역된 바 있지만 이제 그런 책들은 구하기 힘들 테니, 굳이 찾아볼 필요는 없어 보이는구나. 고민할 것 없이 독문학 전공자이자 전문 번역가가 작업한 민음사(김혜숙 역) 판본을 선택하렴. 번역이 매끄럽기도 하거니와, 다른 번역본에는 없는 작가의 주해가 실렸다는 점에서 비교우위가 있으니까.

대화

—— 그러면 다른 공리주의 딜레마를 하나 소개해 볼게. 샴쌍둥이 A와 B가 있어. B는 심장 없이 태어난 관계로 A에게 자신의 생명을 완전히 의존하고 있는 상황이야. 의료진들은 내버려두면 곧 둘 다 죽을 수 있다는 이유로, 분리 수술을 통해 A를 살려야 한다(그렇게 되면 B는 죽게 되겠지)고 주장하고 있어. 이에 대해 쌍둥이의 부모는 이에 대해 절대 그럴 수 없다며 반대하는 상황이야. 자, 너라면 이 경우에 어떤 결정을

내릴래?

—— 음 …… 사실 둘 다 살릴 수 있도록 하고 싶은데, 그러면 문제 회피가 되니 어떻게든 결정해야만 하겠네요. (고민고민) 저는 한 사람을 살릴 수 있도록 분리 수술을 하는 게 옳다고 생각해요. 아, 결국 의료진과 같은 입장에 서게 되네요. 그런데 자식이 둘 다 죽게 되면 부모의 마음이 어떨지. 그런데 이 경우는 사태의 긴박함에 초점을 맞춰야 한다고 봐요. 물론 B를 죽이게 되는 선택도 쉬운 건 아닐 테지만, 이런 극단적인 상황이라면 하나를 살리기 위해 빠른 결정을 내리는 게 옳아요. 전, 공리주의자였나 봐요.

서른한 번째 편지

장크리스토프

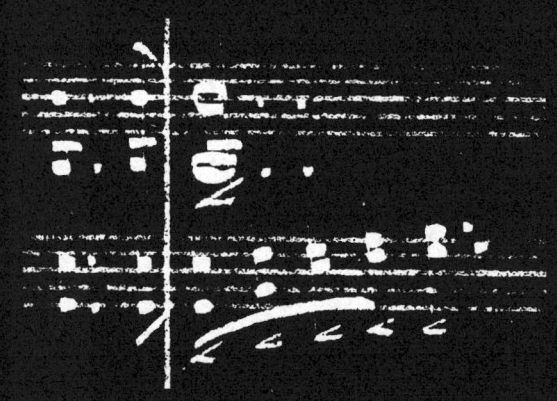

어떤 의미에선 하나의
연애 소설.

2025년 2월 1일 토요일
로맹 롤랑 『장크리스토프』
(1904~1912)

소율에게

 자, 오늘 읽을 책은 『장크리스토프』야. 언젠가 네게 이 책의 줄거리(주인공의 연애 이야기를 중심으로 말이지)를 들려줬던 생각이 나. 그때 너는 멜키오르라는 캐릭터에 분개했었지. 할 이야기가 많고도 많은 책이야. 너무나 긴 소설이기 때문이란다. 아빠가 갖고 있는 번역본으로는 1,700페이지가 넘는데, 이만하면 대하소설이라고 불러도 틀리지 않을 거야. 대하소설이란 프랑스어로 로망-플뢰브(Roman-fleuve)라고 부르는 소설 형식을 가리켜. 말 그대로 강처럼 흘러가는 긴 호흡의 책이라고 보면 될 거다. 그만큼 엄청난 분량 압박이 있어서 책장을 넘기려면 마음의 준비가 필요한

게 사실이지.

장크리스토프 크라프트는 독일 라인강변의 한 음악가 집안에서 태어났어. 장크리스토프까지가 이름이고 성이 크라프트야. 할아버지 장미셸은 대공(大公)의 연주회 지휘자였고, 아버지 멜키오르는 궁정 극장 바이올리니스트였지. 장미셸 집의 하녀였던 어머니 루이자는 조용하지만 생활력 강한 여성이었어. 비록 부자라 할 수는 없지만 장크리스토프 가족은 동네 사람의 존경을 한 몸에 받으며 살아갔단다.

그런데 문제는 장크리스토프의 아버지 멜키오르였어. 그는 행실 불량한 친구들과 어울리며 술집을 전전하는 불성실한 인물이었거든. 사람이야 언제든 바뀔 수 있다고 하지만 그럴 수 있는 사람이 아니었다는 게 문제였어. 작가 로맹 롤랑은 그를 "남이 기대하거나 자신이 기대하거나 하는 것과는 언제나 반대되는 짓을 하던 사내"로 묘사한단다. 멜키오르는 매일 밤 잔뜩 취해 귀가하기 일쑤였고 집안 돈에 손대기까지 했어. 장크리스토프의 음악적 천재성을 보고 나선, 아들을 작곡가로 키우기보다는 피아니스트 훈련을 시켜 돈을 벌 궁리부터 했지. 자기 뜻을 거부하는 아들을 마구 때리기까지 했어. 누가 보더라도 아동 학대였지. 지금 시대였다면 법으로 처벌받았을 거야.

그런 음악은 거짓

대공이 개최한 음악회에서 본인이 쓴 곡을 연주한 장크리스토프는 대공으로부터 "모차르트의 환생"이라는 극찬을 듣게 돼. 하지만 우쭐함의 순간은 길지 않았어. 외삼촌 고트프리트로부터 "훌륭한 음악가가 되기 위해서, 혹은 다른 사람에게 칭찬을 받으려고 쓴 음악은 거짓이자 신에 대한 모독"이라는 일침을 들었기 때문이었지. 고트프리트는 학식이 풍부한 사람도, 예술에 대한 조예가 깊은 사람도 아닌 일개 행상에 불과했지만, 그 누구보다도 자연을 사랑하는 사람이었단다. 그는 인위적으로 만들어진 소리보다 바람의 흔들림과 휘파람새의 지저귐에 진정한 음악이 깃들어 있다고 믿었어. 고트프리트는 소년 장크리스토프의 인격과 예술관 형성에 결정적인 영향을 끼쳤지.

할아버지와 아버지가 돌아가시고 나자, 열네 살 장크리스토프는 졸지에 가장이 되고 말았어. 세간을 정리한 장크리스토프 가족은 할아버지 장미셸의 친구였던 오일러 노인의 집에 머물게 되었지. 아버지가 남긴 빚 청산이 끝나자, 장크리스토프는 우둔한 귀족 자제들에게 피아노를 가르치며 생활비를 벌어야 했단다. 노동이 고단했던 탓에 창작에 쓸 시간은 극히 제한적이었는데, 이에 대해 롤랑은 "예술을 위해서라면 비참한 생활도 좋은 훈련"이라고 적고 있구나. 넌 어떠니? 작가의 생각에 동의할 수 있니?

청춘의 바람이 장크리스토프를 어루만지자 먹고 살기 바빴던 그에게도 로맨틱한 감정이 생겨났어. 하지만 술술 풀려나간 건 없었지. 민나와의 사랑은 신분 차이 때문에 어그러졌고, 불꽃처럼 피어났던 자비네와의 로맨스 또한 상대방의 갑작스러운 죽음으로 끝나버렸거든. 정열적인 아다와는 잠시나마 사귀는 사이가 되었어. 그녀의 배신으로 인해 비참하게 종결되고 말았지만.

쫓기는 장크리스토프

청춘의 호르몬을 다스리지 못했던 장크리스토프. 이리저리 방황하던 그에게 어느 날 큰 사건이 일어나게 돼. 마을 축제에서 군인들에게 희롱을 당하던 여성을 구하려다, 한 군인을 의자로 때려눕히고 말았거든. 곧바로 그에 대한 체포령이 내려졌단다. 그러자 장크리스토프는 독일을 벗어나 파리로 향했지. 파리라고 하면 당시 문화 예술의 중심지였어. 앞으로 그가 활동하게 될 무대였고. 그렇지만 대도시 안에서 철저한 무명이었던 장크리스토프에게 손을 내미는 사람은 많지 않았어. 게다가 파리의 예술은 지나치게 퇴폐적이고

향락적이었지. 형식적으론 참신해 보였지만, 내용이라곤 없었어.

파리에서의 어느 날, 장크리스토프는 우연히 앙투아네트라는 여인과 함께 연극을 관람했어. 그런데 그 일로 인해 그녀는 입방아에 휘말리게 되었고 그만 일자리를 잃고 말아. (예나 지금이나 사람들은 다른 사람 이야기를 할 때 귀가 쫑긋 세워지고 눈빛이 초롱초롱해지는 법이란다.) 이후 앙투아네트는 장크리스토프를 진심으로 사랑하게 되지만, 그만 급성 폐결핵으로 세상을 떠났지. 그런 누나의 본심을 알아챘던 유일한 사람은 남동생 올리비에뿐이었어. 개인적으로 장크리스토프의 팬이기도 했던 올리비에는 누나가 사랑했던 남자와 영혼까지 교감할 수 있는 친구 사이로 발전하게 된단다.

올리비에는 이 책의 두 번째 주인공이라고 해도 좋을 거야. 시를 쓰는 올리비에와 함께 장크리스토프는 프랑스 민중의 비참한 삶에 눈을 떴고, 노동절 시위에 참여하게 돼. 그런데 그만 올리비에가 시위 도중에 사망하는 일이 발생했어. 분노에 찬 장크리스토프는 자신을 향해 덤벼드는 경관과 대치하다 그를 죽이고 말았지. 졸지에 살인자가 된 장크리스토프는 스위스로 망명해 어느 의사의 도움으로 시골에 숨어 살았어. 이제 대작곡가가 된 장크리스토프를 모르는 사람은 없었지만, 그는 자신의 인기 같은 것엔 무관심했지. 여전히 그보다 더 큰 것들을 악보에 담아 내고 싶었으니까.

로맹 롤랑이라는 작가

이 책의 작가 로맹 롤랑은 다재다능한 인물이었어. 그는 소설가 겸 에세이 작가였지. 또한 미술사학자이면서 음악학자이기도 했어. 여러 분야에서 능력을 발휘했던 대단한 인물이었다고 할 수 있지. 평소 '악성(樂聖)' 베토벤을 동경했던 롤랑은 『베토벤의 생애』(1903)라는 전기를 쓰기도 했고, 『장크리스토프』로 기어코 1915년 노벨문학상을 수상했어. 『장크리스토프』를 베토벤을 모델로 해서 썼다고 아는 사람도 있지만, 이건 반만 맞는 말이야. 장크리스토프는 베토벤만이 아니라 작가 자신의 모습도 반영된 인물이기 때문이야.

할아버지의 서재에 대해서는 예전 편지에 언급했던 기억이 있구나. 온갖 신기한 책으로 넘쳐났던 아빠만의 보물 창고였지. 괴테가 '괴에테'로, 파스칼이 '빠스깔'로 적혀 있던 아주 오래된 문학 전집에 이 책도 함께 있었어. 그것은 깨알 같은 세로쓰기로 인쇄된 전집이었는데, 이런 편집이 예전에는 흔했단다. 그래서 아빠가 그 책을 읽었냐고? 그렇지 않았어. 한참 후 출판된 가로쓰기 책으로 읽었지. 딸아, 아빠도 가로쓰기가 더 좋단다. 세로쓰기는 영 적응이 되질 않아.

편지를 시작하며 강 이야기를 하지 않았니? 강은 겉보기처럼 잔잔하게 흘러가는 것만은 아니란다. 흘러가던 물길은 무언가에 가로막히기도 하고, 한동안 비가 내리지 않으면 물이 말라 바닥이 드러날 때도 있지. 장크리스토프의 인생도 강물과 같았어. 당최 편안한 날이라고는 없었거든. 믿었던 친구는 그를 배반했어. 약삭빠른 동생들은 세상 물정에 어두운 형을 이용해 먹었지. 마지막 사랑이라 여겼던 연인 그라치아와는 이어지지 못했단다. 장크리스토프를 질투했던 그라치아 아들의 계략 때문이었지. 게다가 자신의 '나르치스(헤르만 헤세의 책 『나르치스와 골드문트』(1930)의 주인공)'에 해당될 올리비에와도 영원한 작별을 해야만 했어.

증오는 필요없다

그럼에도 장크리스토프는 주저앉지 않았어. 거대한 사랑이 그를 인도하고 있었으니까. 그것은 예술에 대한 사랑이었고, 가족과 연인에 대한 사랑이었으며, 조국 독일과 이웃 국가 프랑스, 그리고 세상에 대한 사랑이기도 했어. 증오로 가득 채워질 만했지만, 놀랍게도 그는 적의(敵意)를 충전하지 않았단다. 오히려 내면을 사랑으로 채웠지. 그러니 죽음을 맞이하기 직전, 그가 "운명에 축복 있으라!"라고 읊조린 건 당연한 일이었어.

장크리스토프의 예술은 삶의 예찬을 위한 거름이 되었고, 삶의 긍정을 위한 장작이 되었단다. 장크리스토프의 말처럼 그의 작품은 수백 년 후에는 영속함을 누리지 못하고 폐허가 되어버릴지도 몰라. 그렇지만 그런 건 그다지 중요한 게 아니었어. 대지의 황홀함을, 정신의 고매함을 알게 된 순간, 그는 진짜 예술이 무엇인지 알게 되었으니까 말이야.

이제 너는 이렇게 물을지도 몰라. 모두가 장크리스토프의 경지에 이를 수 있는 건 아니잖아요? 그리고 그와 다르게 살아가도 괜찮지 않을까요?

그것도 맞는 말이다. 모든 예술가가 장크리스토프처럼 살아갈 수도 없고, 그럴 필요도 없겠지. 예술의 영토에 정답이란 없으니까 말이다. 서머싯 몸의 장편소설 『달과 6펜스』에는 스스로를 세상과 격리한 화가 찰스 스트릭랜드 이야기가 나온다. 그에게 세상은 방해가 될 뿐이었어. 아빠는 스트릭랜드라는 사람이 누군가와 소통한다는 건 상상도 할 수 없구나. 그는 가족과 친구를 포함한 모든 것을 버리고 타히티로 떠나게 돼. 그는 남태평양의 섬에서 필생의 작품을 위해 여생을 바쳐. 그 그림이 다 그려진 후엔 미련 없이 그걸 불태워 버렸지. 예술 작품이란 세상에 딱 한 번 존재했던 걸로 족하다는 뜻이었을까? 비록 그가 벌인 모든 기행을 옹호할 수는 없다고 하더라도, 도덕적 잣대로 그를 평가하는 건 가능하지도 바람직하지도 않을 것 같구나. 그런 '불화형 인간'도 얼마든지 좋은 예술가일 수 있다고 아빠는 생각하거든.

그럼에도 스트릭랜드보다 장크리스토프에게 정이 가는 건, 그가 천재형이 아닌 성장형 캐릭터이기 때문일 거야. 어떻게 봐도 장크리스토프는 처음부터 완성형 음악가는 아니었어. 만일 그의 곁에 사람들이 없었다면, 틀림없이 장크리스토프라는 인간은 무너져 내렸을 거야. 그걸 하나씩 짚어볼까? 외삼촌 고트프리트는 공명심의 허망함을 알려주었어. 파리의 예술인들은 더 보편적인 예술을 탐구하도록 했지. 친구 올리비에는 지성의 힘을 일깨웠어. 그를 스쳐 지나갔던 연인들은 생에 대한 열정을 불어넣었지. 그러니까 장크리스토프 역시 여러 스승을 거치며 자신의 알을 깨고 바깥으로 나가야 했던 거란다. 『데미안』의 싱클레어처럼 말이지.

예술은 죽지 않는다

마지막 장면이 주는 울림이란! 생의 긴 강을 건너간 장크리스토프는 높은 절벽을 올라, 한 천진한 어린아이와 만나게 돼. 오랜 여행으로 탈진해 버린 그는 아이에게 이름을 물어. 그러자 그 아이는 "나는 곧 태어날 날"이라고 대답하지. 그건 대체 무슨 뜻이었을까? 인생이란 하나의 순환이기에 삶과 죽음은 단절된 것이 아니라는 의미였을까? 어쩌면 롤랑은 아이의 입을 통해 예술가는 죽을지언정 그의 예술은 죽지 않는다는 것을 전달하고 싶었던 것 같아.

길게 쓰인 모든 책이 명작인 것은 아니란다. 장황하기만 하고 핵심은 놓치고 만 안타까운 작품이 적지 않지. 그럼에도 이 책만큼은 예외로 놓아야 할 거다.

이 긴 책을 다 읽으려면 틀림없이 방학이어야 할 거야. 방학 기간엔 이보다 더 의미 있고 재미있는 일이 많다는 걸 알지만, 언젠가 꼭 『장크리스토프』 완독에 도전해 보길 바란다. 책을 다 읽고 나면, 뭔가 달라져 있을 거야. 세상을 보는 눈이 조금은 넓어져 있을 거란다. 그것만큼은 보장하도록 할게.

오늘 편지는 이걸로 줄이마.

사랑하는 아빠가

어떤 책으로 읽을까

몇몇 출판사에서 이 책을 펴냈지만, 아빠가 갖고 있는 동서문화사(손석린 역) 판본이 가장 잘 번역되었다는 이야기가 있어. 비록 다른 번역본을 읽어본 것은 아니지만, 아빠가 보기에도 선생의 번역은 괜찮은 것 같구나. 동서문화사 책의 후반부에는 로맹 롤랑의 생애와 작품에 대한 긴 해제가 달려 있는데, 이 역시 손석린 선생의 번역본을 권할 수 있는 하나의 이유가 될 것 같네.

대화

── 불쌍한 장크리스토프. 결국 그 누구와도 이어지지 못했군요.
── 응. 수많은 여성과 인연이 될 뻔했지만 결국 그렇게 되었구나. 그래도 연애 파트가 엄청나게 길기 때문에 흥미로울 거야. 아빠는 어떤 의미에선 『장크리스토프』를 하나의 연애 소설로 읽어도 좋다고 봐.

서른두 번째 편지

빵과 포도주

찾아온 손님껜 최소한
식사는 권해야죠.

2025년 2월 3일 월요일
이냐치오 실로네 『빵과 포도주』
(1936)

소율에게

"언제나 궁핍한 이들과 빵을 나눌 수 있기를."
 교황청 공식 뉴스 포털 『바티칸 뉴스』에 의하면, 지난 2021년 이탈리아 아시시를 방문한 프란치스코 교황은 이런 메시지를 남기셨다고 해. 종교를 떠나, 틀림없이 그해에 가장 곱씹어 보아야 할 말 중 하나였을 거야. 이 땅에 신의 무한한 자비를 실천하라는 저 메시지는 추상적인 사랑과는 먼, 구체적이고 실질적인 사랑이겠지. 가난한 이웃에게 손을 내밀어 신에게 받은 그대로를 타인과 나누라는 것을 말이다. 그래서 교황께선 빵은 늘 "식탁에 공유되어야 한다"라고 당부하셨단다.

그런데 난데없이 '빵' 이야기를 하는 이유가 뭐냐고? 오늘 편지엔 이탈리아 작가 이냐치오 실로네의 소설 『빵과 포도주』를 쓰기로 결정했기 때문이야. 이 소설은 넓게 보면 종교 소설의 범주에 들어갈 책이야. 그렇지만 엔도 슈사쿠의 『깊은 강』(1993)이 그러했듯 비종교인에게도 큰 울림을 줄 수 있는 책이라 할 수 있어. 그러면 책을 읽으며 "이삭의 낱알로 이루어진" 빵과 "많은 포도알로 만들어진" 포도주의 의미를 되새겨 보도록 하자꾸나.

이탈리아의 한 시골 마을, 늙은 신부 돈 베네데토는 75세 생일을 맞아 손님들을 초대했어. 그가 목 빠지게 기다리던 '손님들'이란 그가 고등학교 교사일 때 가르쳤던 제자들이었지. 초대된 사람은 열둘(어쩐지 다빈치의 「최후의 만찬」(1495~1497)이 연상되지 않니?)이었지만, 그날 스승을 찾은 사람은 장교 콘체티노와 의사 눈치오, 단 둘뿐이었어. 스승은 그들을 너무나 반가이 맞으면서도 아직 오지 못한 제자들의 근황을 묻는데, 돌아온 답변은 썩 유쾌하지 못했어. 어떤 제자는 병으로 죽었고, 또 어떤 제자는 큰 빚을 지고 파산해버렸거든. 라틴어를 잘하던 제자 하나는 알코올 중독자가 되었다고 하는구나.

얼마 후 동급생 중 유일하게 신부가 된 돈 피치릴

리가 마지막으로 도착해 참석자는 총 셋이 되었어. 스승은 그들에게 자신이 가장 아꼈던 제자 피에트로 스피나의 소식을 물었지. 그런데 모두 입을 열려 하지 않았어. 하지만 베네데토는 계속해서 스피나에 대한 애정을 털어놓았어. 집요할 만큼 말이야. (어서 제자의 소식을 알려 달란 거였지.)

공산주의자가 된 피에트로

마침내 답답함을 이기지 못한 돈 피치릴리가 공산주의 그룹에 가입한 스피나 이야기를 전했어. 그가 당국에 체포되어 섬으로 추방당한 뒤 전 유럽을 떠돌이처럼 옮겨 가며 생활하고 있다고 말이야. 그러자 의사 눈치오가 한 마디 덧붙여. "피에트로는 지금 이탈리아에 있고, 경찰이 그를 추적 중입니다."

어느 날, 눈치오는 죽어 가는 환자를 보러 와 달라는 전갈을 받았지. 농가 마구간에 숨은 그 남자의 실루엣은 피에트로 스피나가 분명했지. 둘은 각각 현실에 안주하며 출세를 원하는 기득권층과 현실을 변혁하고자 하는 행동주의자를 대표해 언쟁을 벌여. 그러나 언쟁의 뒤끝은 오래가진 않았어. 눈치오는 스피나가 은신할 여인숙을 하나 구해 주게 되지. 그날부로 돈 파올로라는 가명을 쓰게 된 피에트로. 그는 그곳에서 병을 치료할 목적으로 요양을 온 교구 신부로 통하게 되었어.

신부가 된 피에트로

임박한 공산주의 지하 투쟁을 준비하며, 되도록 외부에 자신을 노출하길 꺼렸던 돈 파올로 신부, 즉 피에트로에게 피에트라세카라는 마을은 점점 적절치 않은 은신처처럼 느껴졌어. 멍청한 지주와 농민들은 정세 같은 것엔 무관심했거든. 또 가족의 건강 같은 것을 핑계로 그를 귀찮게 굴었지. 말하자면 이곳의 신앙이란 자신의 개인적인 복을 비는 도구 이상도 이하도 아니었어. 그들을 바라보며 "파리 떼에 뒤덮인 시체" 같은 기분이 든 돈 파올로는 어쩌면 그대로 마을을 떠나고 말았을지도 몰라. 수녀가 되기를 꿈꾸던 여성 크리스티나를 만나지 못했다면 말이야. 두 사람은 자석과 금속처럼 서로에게 끌리기 시작하지.

마을 사람들의 무지몽매함을 참을 수 없었던 돈 파올로. 그는 공산주의 비밀조직과 연락하기 위해 비앙키나를 로마로 파견하게 돼. 그녀는 신부의 기도 덕분에 살아났다고 굳게 믿었던, 자신의 충성스러운 신도였거든. 과거에 돈 파올로는, 인민을 구하기는커녕 그들의 적으로 전락한 교회에 대한 반감으로 마르크스주의에 빠져들었어. 아주 도식적으로 말하자면, 마르크스주의란 물질적 조건이 모든 것에 앞선다고 보는 이론이야. 자본주의는 필연적으로 몰락할 것이고, 노동자 계급이 새로운 사회의 주역이 되어야 한다는 것이지. 돈 파올로는 마르크스주의 안에 공동체를 이끌어 나갈 새로운 동력이 있다고 보았단다. 하지만 곧 그렇지 않았다는 게 밝혀졌어. 공산주의는 경직성과 독재자의 출현을 극복하지 못한 채 자신의 적과 닮아가고 있었으니까.

로마로 향한 돈 파올로는 공산주의 그룹 시절 알게 된 옛 동지 울리바와 해후했어. 그러나 그는 이미 진보에 대한 믿음을 포기한 테러리스트가 되어 있었지. 그는 그곳에서 만난 다른 동지들과도 견해차를 좁히지 못했단다. 여전히 당의 강령을 맹종하기만 하는 동지들을 그는 이해할 수 없었던 거야.

당시 이탈리아는 전쟁의 광풍에 휩쓸리고 있었어. 여기서 잠시 세계사의 한 대목을 짚고 넘어가자꾸나. 무솔리니의 파시스트 정권은 제2차 에티오피아 전쟁을 준비하며 이탈리아 국민을 대상으로 선전전을 벌이고 있었어.* 기득권을 지키기에만 급급했던 마을

---

* 제1차 이탈리아-에티오피아 전쟁은 1896년 발발했는데, 이 전쟁에서 에티오피아는 아프리카 국가로서는 처음으로 서구 군대를 격파

유지들은 일제히 정부에 힘을 실어 주었지. 그들은 자기 아들을 포함한 젊은이들을 사지로 내몰았단다. 이것은 성전(聖戰)이라면서!

이에 분개한 돈 파올로는 열차 매표소에, 성당 담벼락에, 우체국 벽면에 이렇게 적었단다. 손에 쥔 목탄에 꾹꾹 힘을 주어서 말이지.

"전쟁 중단! 자유 만세!"

하지만 피에트로를 검거하기 위해 경찰이 바쁘게 움직였어. 그를 체포하기 위한 포위망이 빠르게 구축되었지. 그때 피에트로는 스승으로부터 뒤늦은 초대장을 받게 되었단다. 둘은 눈물의 재회를 했어. 그날 돈 베네데토는 "'전쟁을 멈추라'라는 낙서 뒤에, 신은 반드시 존재한다"라고 말하며, 제자에게 힘을 실어 주었어. 스승은 정부의 스파이로 전락해 버린 공산주의자 청년 무리카의 고해성사도 그에게 맡겼지.

그렇게 공허한 '사상'을 떠나 '사람' 속으로 돌아오게 된 피에트로. 그는 조금씩 마음을 열어 갔어. 과거 자신이 버렸던 신에 대해, 무시했던 마을 주민에 대해 말이지. 그렇게 그는 신부로 변장한 도망자가 아닌,

했어. 자존심이 상한 이탈리아는 1935년 두 번째로 에티오피아를 침공했고, 1936년 수도 아디스아바바를 점령했지. 에티오피아 황제는 영국으로의 망명길에 올랐고, 서구 사회의 외면 속에 에티오피아는 1941년까지 이탈리아의 강제 점령기에 들어가게 되었단다.

진짜 신부로 변해 가고 있었던 거야.

무리카는 당국에 붙잡힌 뒤 모진 고문을 당하고 죽게 돼. 무리카의 집으로 향한 피에트로는 테이블 앞에 모인 사람들이 다 함께 빵과 포도주를 먹고 마시는 모습을 보았어. 그는 그 장면에서 깊은 인상을 받았지. 그때 급히 몸을 피하라는 비앙키나의 말에, 그는 '염소 안장'이라는 계곡으로 몸을 숨기게 된단다. 크리스티나도 채 마음을 전하지 못한 연인을 따라 험준한 계곡에 발을 내딛게 되지. 하지만 남자의 발자국은 보이지 않았어. 그리고 크리스티나는 늑대 떼에 포위된 채 최후를 맞게 돼.

실로네라는 작가

『빵과 포도주』의 작가 이냐치오 실로네. 그는 1962년 이 책의 개정판 서문에서 자신은 "모든 형태의 프로파간다를 혐오한다"라고 쓰고 있어. 이탈리아 공산당의 창립 멤버였던 실로네는 그 누구보다 이탈리아 파시스트 정권에 격렬하게 반대했던 인물이었지. 그랬던 그가 공산주의를 버리게 된 건, 스탈린 정권의 패악을 두 눈으로 보았기 때문이었어. 권력 유지를 위해 사람들을 학살하고 정치범 교화소(굴라크)에 감금했던 스탈린의 행보를 용인할 수 없었기 때문이었어.

그 결과, 실로네는 좌파와 우파 모두로부터 외면 당하는 신세가 되었어. 그 어디에도 설 곳 없었던 그가 본격적으로 글을 쓰게 된 건, 스위스에 정착하면서부터라고 해. 정치 일선에선 물러났지만 조지 오웰과 알베르 카뮈 등 시대의 문인들은 실로네의 글을 누구보다 높게 평가했지. 실로네의 다른 대표작으로는 『폰타마라』(1930), 『눈 밑의 씨앗』(1941)이 있어.

아빠가 이 책을 알게 된 건 전적으로 우연이었단다. 대학 시절 호기심에서 '철학과 문학'이라는 과목을 신청했는데, 주교재가 철학자 박이문의 저서 『문학 속의 철학』(1975)이었어. 보르헤스, 카뮈 같은 거장들의 소설이 언급되는 가운데, 『빵과 포도주』에 관한 글도 한 장을 차지하고 있었지. 그러니까 선생의 글이 없었다면, 이 소설을 알지 못했을 공산이 커. '빵과 포도주'라니, 꽤 흥미로운 제목 아니니? 물론 이름만 알게 된 저 책을 구입해 읽게 된 건, 그로부터 한참 후의 일이었지만 말이야.

이 책을 읽을 때 아빠는 어렸을 때 보았던 이청준 원작, 이장호 감독의 영화 「낮은 데로 임하소서」(1982)가 오버랩되었다. 실화를 소재로 한 영화의 줄거리는 이러해. 대학을 졸업한 뒤, 미국 군사학교 한국인 교관으로 선발된 안요한이라는 청년이 있었어. 앞날이 창창해 보였던 그였지만 갑자기 앞이 보이지 않게 되었지. 처지를 비관했던 그는 자살까지 생각했어. 그러던 어느 날, 신의 음성을 듣고 목회자가 되었지. 그걸 계시로 느낀 그는 이후 약자들을 위한 교회를 세웠단다.

피에트로와 요한은 모두 민중의 삶에 깊숙하게 들어가, 그들을 위해 살았다는 공통점을 갖고 있어. 피에트로는 자식 열여섯을 잃어야 했던 마을 사람을 따뜻하게 품어주었단다. 그리고 요한은 시각장애인, 고아, 걸인들을 돕는 인생을 택했지. 그렇다면 두 사람의 삶이란 혹 실로네 자신이 말했던 "겸손한 기독교인(humble Christian)"의 궤적은 아니었을까?

빵을 삼키다

『빵과 포도주』를 보면 내적 갈등을 겪던 돈 파올로가 사람으로부터 멀어진 이념과 완전히 결별하는 대목이 있어. 수화로만 소통할 수 있었던 청각장애인이자 언어장애인이었던 젊은 농부의 집을 찾아간 장면이야. 고약한 냄새를 풍기는 데다 당장에라도 쓰러질 것 같았던 농부의 거처는 집이라기보다는 차라리 가축우리와도 같았어. 메스꺼움을 견디지 못한 돈 파올로는 일부러 출구 가까이에 앉았지. 그나마 그곳이 나았기 때문이었어.

신부는 당장에라도 집을 나가고 싶었지만 농부는 어떻게든 그를 접대하고자 했단다. 농부는 더러운 손으로 검은 빵을 잘라 야채와 함께 내놓았어. 그것은 손님을 배고픈 채로 보내지 않는다는 마을의 유구한 전통이었지. 그것에 마음이 움직인 돈 파올로는 빵을 꿀꺽 삼켰어. 아무것도 가진 게 없지만, 자신의 모든 것을 기꺼이 내어 주는 저 청년 농부의 모습은 거룩했으니까.

이 가슴 충만해지는 환대는 정확히 책의 끝부분에 나오는 상가(喪家)에서의 식사 장면과 겹쳐. 아들을 잃은 무리카의 아버지는 손님들에게 아들과 만든 포도주를 따라주고, 아들과 수확한 곡식으로 빚은 빵을 나눠주지. 무리카의 아버지는 음식은 공유되어야 함을, 우리는 그렇게 서로 연결된 존재임을 알려 주었던 거란다. 놀랍게도 신은 아무도 주목하지 않았던 곳에, 더러운 농가에, 비참한 상가에 계셨던 거야. 그것도 아주 구체적인 모습으로 말이지.

올해도 복 많이 받고 건강하자.

사랑하는 아빠가

어떤 책으로 읽을까

아쉽게도 『빵과 포도주』를 새 책으로 구할 방법은 없구나. 한길사에서 초판을 찍은 뒤 고래의노래(두 책 모두 최승자 시인 역)라는 출판사에서 발간된 적이 있는데 이후 중쇄로 이어지지는 못한 것 같아. 그래서 현재 이 책은 절판 상태란다. 중고 책이라면 쉽게 구할 수 있지만, 어서 다른 출판사를 통해 다시 나왔으면 해. 그만큼 훌륭한 책이니까.

대화

딸이 고른 문장: "찾아온 손님껜 최소한 식사는 권해야죠."

덧: 2025년 4월 21일, 프란치스코 교황이 영면에 드셨다. 항상 약자를 위해 헌신하셨던 그분께 사랑과 감사를.

서른세 번째 편지

바베트의 만찬

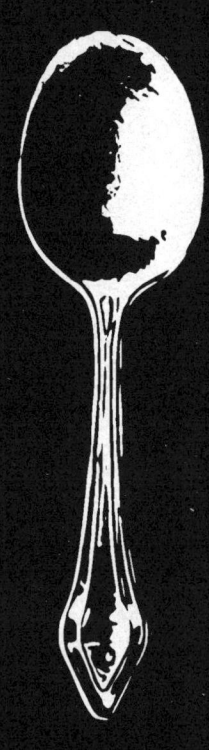

세 명이서 네 개는
먹어야 해요.

2025년 2월 6일 목요일

이자크 디네센 『바베트의 만찬』

(1950)

소율에게

며칠 전엔 아주 예전에 봤던 덴마크 영화 「바베트의 만찬」(1996)을 감상했단다. 세상에 이렇게 흥미로운 작품이었다니. 100분 내내 화면에서 눈을 떼지 못하겠더라. 영화를 재미있게 보는 가장 좋은 방법은, 내용을 잊어버렸을 때 보는 거였더구나.

오늘은 원작인 책 이야기를 해 보려고 해. 영화나 책이나 내용은 거의 같다고 할 수 있어. 배경이 덴마크와 노르웨이로 차이가 난다는 걸 빼면 말이야. 어쨌든 우리는 머나먼 땅 북유럽으로 떠날 거야. 자, 준비는 됐니?

빙하로 침식된 산골짜기에 바닷물이 들어와 형

성된 기다란 U자형 만을 '피오르'라고 불러. 노르웨이에선 아주 흔한 지형이지. 노르웨이 어딘가에 베를레보그라는 자그마한 피오르 마을이 있었어. 검소함과 엄격함을 강조했던 한 루터교 목사가 그곳에 자신의 교단을 일구었단다. 어느덧 사람들은 그의 가르침대로 소박하게 살아갔어.

하지만 목사가 죽고 나자 상황이 달라졌지. 평화로웠던 사람들 사이엔 갈등과 다툼이 잦아졌어. 그로 인해 신자의 수도 확 줄어들었지. 그나마 남은 사람들도 대부분 노인이었단다.

죽은 목사에게는 마르티네와 필리파라는 두 딸이 있었어. 둘은 아버지의 가르침대로 검약한 생활을 했는데, 얼마 되지 않는 수입도 전부 다른 이들을 위해 쓰고 있었지. 그들은 돈이 떨어졌을 때도, 이웃 돌보기를 멈추지 않았어. 그래. 두 자매는 희생의 가치를 알았던 사람들이야. 베를레보그 주민들이 마르티네와 필리파를 믿고 따랐던 건 그들의 한결같은 태도 때문이었지. 마르티네와 필리파에겐 말수 없고 어딘지 모르게 신비스러운 분위기를 풍기는 가정부 바베트가 있었어. 왜 프랑스 여자가 춥고 척박한 북쪽 땅까지 오게 되었는지, 먼저 그 사연에 대해 말해야겠구나.

파리의 가수 파팽은 타고난 목소리를 가진 필리

파를 보고 한눈에 반하게 되었어. 그는 그녀를 오페라 무대에 올리고자 했지. 하지만 그렇게 일이 풀리진 못했어. 끝내 두 사람은 이별을 맞았고, 이후 15년이라는 긴 시간이 흘러가게 되었지.

낯선 여인의 도착

그리고 비가 세차게 내리던 어느 날, 짐 꾸러미를 든 여인 하나가 자매의 집 앞에 쓰러졌어. 그녀가 바로 바베트였지. 여인의 손엔 그녀를 잘 부탁한다고 적힌 파팽의 편지가 쥐어져 있었어. 알고 보니 바베트는 파리 코뮌 당원으로, 정부군과의 총격전 속에서 가족을 잃고 갈 곳 없는 신세가 되었단다. 바베트의 처지를 안타깝게 여긴 파팽이 그녀를 옛 연인에게 보낸 것이었지.

그러고 보니 파리 코뮌에 대한 설명을 하지 않았구나. 파리 코뮌이란 1871년 3월 18일부터 5월 28일까지 프랑스 수도 파리에 존재했던 사회주의 자치 정부였단다. 프로이센-프랑스 전쟁에서 처참한 패배를 당한 프랑스 왕당파는 민의를 거슬러 왕정을 부활시키려고 시도했는데, 이에 반발한 사람들은 공화주의 정부를 건설하자고 목소리를 높였어. 가까스로 제3공화국이 세워지는 듯했지만, 왕당파가 이끄는 공화주의 정부는 독일에게 알자스-로렌 지역을 넘겨주고 말았지. 독일에게 거액의 배상금을 지급하겠다는 종전 협약도 체결되었어. 말도 안 되는 협약 내용에 파리 시민들은 굴욕감을 느꼈지. 도저히 이런 결과를 용납할 수 없었어. 뭔가가 곧 일어날 것만 같았던 분위기였지.

일촉즉발의 상황에서 독일군이 승전 행사라는 명목으로 파리에 입성한 사건이 방아쇠를 당기고 말았단다. 분노로 활활 타오른 사람들은 국민방위대를 조직해 정부군에 맞섰어. 시민들은 선거를 통해 자신들만의 자치 정부를 수립하게 되는데, 그게 파리 코뮌이야. 이제 정부군과의 전투는 불가피했지.

처음엔 코뮌 측이 우세했어. 하지만 외세가 지지하는 정부군의 진압을 막아 내기엔 역부족이었지. 마침내 정부군의 막강한 화력 앞에 코뮌 측은 패배하고 말았단다. 그렇게 '70일간의 해방구'는 파괴되고 말아. 독이 오른 정부군은 혁명 지도자들을 무차별적으로 살해했지. 바베트의 남편과 아들도 그때 정부군의 총에 죽게 된 거야.

베를레보그 주민들은 자신들의 세계로 들어온 저 낯선 여인을 의심에 찬 눈으로 지켜보았어. 그러나 바베트가 자매의 계율을 잘 따를 뿐 아니라 마을의 문화와 습속에 빠르게 동화되는 걸 보곤 생각이 달라졌지. 그녀를 진심으로 존경하게 된 거야. 마을 사람들은 바베트를 성경에 나오는 성녀 '마르타'로 부르기도 했어.

복권 당첨금을 다 쓰겠어요

목사의 백 번째 생일을 맞아 바베트는 마을 사람들을 위한 만찬을 손수 만들겠다고 자매에게 부탁하게 돼. 재료비는 복권 당첨금으로 받은 1만 프랑이었지. 마르티네와 필리파는 절대로 그럴 수 없다고 펄펄 뛰었어. 그렇지만 바베트의 완강함을 꺾지는 못했단다. (그간 바베트는 한 번도 자신들의 명을 거부하지 않던 사람이었어.)

결국 그녀의 뜻대로 최고급 식자재가 쓰인 만찬이 열리게 되지. 식사 자리엔 마르티네를 사모했던 장군 로벤히엘름도 초청받게 되었단다. 캐비어, 거북 수프, 비싼 셰리주가 나오는 호화로운 만찬, 범상치 않은 저 요리를 알아본 건 저 장군이 유일했어. 하지만 사실 그런 것보다 중요했던 게 있었지. 초대받은 사람들의 해묵은 갈등이 눈 녹듯 풀려 가고 있었거든. 앙숙이었던 여인들은 화해했어. 말도 섞지 않던 형제는 눈물을 흘리며 서로에게 용서를 구했지. 음식과 함께 뭔가 기적이 일어나고 있었어. 그건 바베트가 부린 마법이었을까? 대체 요리사는 음식에 뭘 넣었던 걸까?

사람들이 귀가한 후, 바베트는 두 자매에게 자신의 정체를 털어놓아. 과거 자신이 파리의 한 고급 레스토랑 셰프였다는 사실을 말이야. 바베트는 그 식당에선 한 끼 식사를 차리는 데 1만 프랑이 들어간다고 덧붙였지. 당첨금을 다 써 버렸다고 걱정하는 주인에게 그녀는 이렇게 말해. "위대한 예술가는 결코 가난하지 않아요." 이에 감격한 필리파는 바베트를 뜨겁게 안아 주었단다.

디네센이라는 작가

이 맛있는 소설을 지은 작가는 덴마크 여성인 이자크 디네센이야. 부유한 가정에서 태어나 경제적으로도, 예술적으로도 풍요롭게 자라난 그녀는 외사촌과 결혼했고 남아프리카에서 큰 커피 농장을 경영했어. 그때까지만 해도 그녀의 직업은 전업 작가라기보다는 사업가에 가까웠지. 하지만 이후 계속된 시련이 디네센의 삶을 강타하면서 사정은 달라졌단다. 잘 되던 농장 사업은 갑자기 어려워졌고, 남편이 옮긴 매독균은 여러 합병증을 일으켰어. 이혼 후 새로 만난 연인은 뜻하지 않은 비행기 사고로 죽고 말았지. 슬픔이란 인간에게 연이어 찾아온다지만, 그래도 어떻게 이럴 수 있었을까?

그러니 그녀가 세상에 남긴 글은 잔혹한 고통을 감내하며 써 낸 것이었어. 『바베트의 만찬』은 그녀가 노년인 72세에 지은 작품으로, 앞서 바베트가 언급한 예술가 이야기는 곧 자기 이야기라고 해도 과언이 아닐 듯해. 위대한 예술가란 모든 것을 잃어도 그 존엄성을 유지할 수 있는 존재라고. 그래서 결코 가난할 수 없다고.

아빠는 대학생 때 가브리엘 액셀 감독의 영화로 이 작품을 먼저 접했어. 아빠 어렸을 적엔 '예술 영화'라는 영화들이 여기저기서 상영되었던 것 같아. 예술 영화가 뭐냐고? 거칠게 말하자면 흥행을 겨냥하지 않고 제작된 작품성 중심의 영화란다. (네게 일탈을 권장하는 것은 아니다만) 어쩐지 수업을 듣기 싫었던 어느 날, 아빠는 혼자 DVD방에 가서 이걸 봤어. 솔직히 영화의 내용보다는 색감과 묘한 분위기에 매혹되었지. 책은 그로부터 몇 년 후 읽게 된 거야.

우리는 이 소설에서 몇 가지 것들을 끌어낼 수 있을 것 같아. 먼저 말하고 싶은 건 더불어 사는 삶의 가치야. 이익을 추구하며 살아가는 게 인간이라지만, 그게 우선순위가 아닌 사람들도 있어. 목사의 유지를 계승한 마르티네와 필리파의 삶이 그랬지. 북유럽의 시골구석에서 신의 말씀을 실천하며 모든 벌이를 주민들을 위해 쓰는 삶을 생각해 봐.

그들에게 다른 목적이라곤 없었어. 유명해지고 싶은 마음도, 교단을 확장하고 싶은 마음도 없었지. 시끌벅적한 삶은 그녀들이 원하는 바와 거리가 멀었거든. 그들은 대신 '거대한 침묵' 속으로 들어갔지. 날랜 새들만이 말동무가 되어주는 저 조용한 산골에서, 두 사람은 평생을 자신들의 작은 공동체에 헌신하고자 했으니까.

그렇게 살아가던 자매가 생김새도 언어도 다른 프랑스 여인을 아무 조건 없이 받아들일 수 있었던 건 당연한 일이었어. 그들의 공동체가 배타적이거나 폐쇄적이지 않았다는 걸 보여주는 장면이야. 성경에는 "나그네 대접하기를 잊지 말라"(히브리서 13장)라는 말이 있는데, 꼭 그와 부합하는 결정을 내렸다고 할 수 있었지. 파리 코뮌의 불길 속에서 사랑하는 남편과 자식을 떠나보내게 된 바베트. 그녀는 모든 가족을 잃었지만, 노르웨이 시골에서 새 식구들과 함께 새 삶을 시작할 수 있게 된 거란다. 혈연으로 이어지지 않은 사람들이 어엿한 가족을 이룬 아름다운 순간이었지.

다음으로는 바베트가 전 재산을 털어 만든 만찬에 대해 짚어 보도록 할게. 귓가에 네 목소리가 들리는 듯해. 음식의 가치도 모르는 저 사람들에게 호화스러운 요리들이 대체 어떤 의미가 있는 거냐고. 거북 수프며, 1860년산 샴페인이 다 뭐냐고. 심지어 저런 값비싼 요리는 공동체의 검약과 어긋나는 것 아니냐고.

그래, 틀린 말은 아니야. 그렇지만 바베트는 혁명가이기 이전에 예술가이지 않았겠니. 바베트가 파리의 일류 요리사였다는 걸 상기해 보렴. 그녀는 자신의 재능을 아낌없이 발휘해 사람들을 행복하게 해주고 싶었을 거야. 그러니 바베트가 두 자매에게 자신에겐 "손님들을 기쁘게 할 수 있는 힘이 있었다"라고 밝힌 건 빈말만은 아니었던 거지. 자신의 손으로 사람들을 기쁘게 만들 수 있다는 건 일류 셰프만이 가질 수 있는 긍지이자 자부심이었으니까.

순박한 사람들을 기쁘게 하다

그녀는 앞으로 다시는 만질 수 없을 큰돈을 저 순박한 사람들을 위해 아낌없이 썼어. 저들이 자신의 작품을 알아보지 못해도, 음식 맛을 몰라도 괜찮았을 거야. 그저 자신이 차린 음식을 맛있게 먹고, 한 번 더 웃는다면 그만이었거든. 그게 저 요리사가 바랐던 게 아니었을까?

태국 출신 현대 미술가 중 리크리트 티라바니자

라는 사람이 있어. 그녀는 갤러리에서 카레를 끓여 관객을 대접하곤 해. 곳곳에 어질러진 식기가 이곳이 전시장인지 식당인지 사람들을 헷갈리게 하지만 바로 그게 작가가 노린 점이라는구나. 자신의 공간을 찾아온 손님들을 그대로 보내지 않는 것 말이야. 베풂과 대접의 미학을 실천하는 전시인 거지.

    그날 바베트가 차린 정찬을 맛본 사람들은 어땠을까? 한결 따뜻해진 마음으로 집에 돌아가지 않았을까, 왜, 한 끼 든든하게 먹으면 기분이 좋아지잖아. 작가 디네센은 그런 소소하지만 소중한 것들에 대해 일깨우고 싶었던 것 같기도 해.

    그러면 딸아, 주말엔 우리 어떤 음식을 함께 먹을까?

사랑하는 아빠가

어떤 책으로 읽을까

이 책은 문학동네(추미옥 역)에서 몇 가지 다른 종류로 내놓았단다. 삽화가 있는 짧은 판본도 있고, 그녀의 다른 단편들과 엮인 판본도 있지. 2024년엔 세계문학 전집 시리즈로도 편입되었단다. 사실 아빠도 검색해 보고야 알았어.

대화

—— 그래서 이번 토요일엔 어떤 음식을 먹고 싶니?

—— 비빔면이요. 슈퍼에서 멀티팩 사오세요. 세 명이서 네 개는 먹어야 해요.

서른네 번째 편지

명작 읽기를 마치며

그게 고전이 독자에게 주는
선물이 아닐까.

2025년 6월 19일 목요일

소율에게

 안녕? 네게 보내는 서른네 번째 편지야. 이 편지는 아마도 책 말미에 붙게 되겠지. 날이 몹시 더워졌구나.
 돌이켜 보면, 편지가 오가는 동안 우린 꽤 많은 책을 가지고 대화했더구나. 『데미안』도 『파우스트』도 『목로주점』도 읽었어. 당초 고전을 함께 읽으면 좋겠다는 취지로 출발했지만, 가끔은 그게 고집 센 아빠의 일방적인 결정은 아니었을지 살짝 걱정되기도 했단다.
 하지만 무사히 우리는 완주했다. 그럴 수 있었던 건 순전히 네 덕분이다. 우린 서른두 권의 고전을 같이 읽어 내고야 말았구나. 책 읽기를 기업의 업무 일정표처럼 취급하고 싶진 않다만, 이렇게 말하고 보니 뭔가 해낸 것 같고, 뿌듯하다. 네가 무척이나 자랑스럽다.

언젠가 아빠는 안드레아 케르베이커라는 장서가가 쓴 『책의 자서전』(2003)을 읽은 적이 있어. 소설은 예전에는 널리 사랑받았지만, 대중으로부터 잊힌 뒤 고서점에 방치되어 긴 시간 먼지와 생존 투쟁을 벌였던 한 책의 1인칭 시점 일대기야. 몇몇 주인을 거치고 난 후에야, 재활용 폐지로 사라질 뻔했던 주인공 '나'는 마침내 한 독자의 손에 들린 채 서점을 떠나게 되지. 자신의 새 주인이 될 사람에게 책은 자신은 너무나 많은 걸 줄 수 있다고, 골뱅이(@)와 SNS의 시대라고 대체 뭐가 다르겠냐고 말해.

애석하게도 이런 발언은 SNS의 위력을 간과한 것이라 할 수 있어. 지금 우리가 살아가는 세상은 출간 시점인 2003년과 너무나 달라졌으니까. 쇼츠와 도파민의 시대에, 며칠을 갈아 넣어도 모자랄 책 읽기란 확실히 시대에 걸맞은 취미 같아 보이진 않으니까 말이지. 그런데도 아빠는 책의 저 말이 오랫동안 기억에 남았단다. 왜일까? 책이 우리에게 줄 수 있다고 한 건 뭘까?

열쇠가 아니라 흐릿함이

세계문학 고전 속에 삶의 비밀을 풀 열쇠라도 들어 있는 거냐고 누군가는 물을 수 있어. 당연히 그런 건 아니라고 답해야 할 거야. 인생의 지혜 주머니쯤으로 고전을 바라보는 게 요새 출판의 트렌드인 것 같다만, 아빠는 고전 안에 그런 명료함이 있는지에 대해서는 회의적이야. 오히려 모호함의 집결체로 보이거든.

그런데 그 모호함이란 기분 나쁜 맛이 아닌, 뭔가 곱씹어볼 만한 뒷맛을 남기는 모호함이란다. 예를 들면 이런 질문들이겠지. 저들은 왜 저런 선택을 했을까? 그 선택으로 인해 행복해졌을까? 물론 거기에 정답이란 존재하지 않고, 책을 읽더라도 그 비슷한 것조차 나오지 않을 거야. 그런 고민이 없더라도 세상살이엔 별문제가 없겠고. 정말 그래. 외젠과 리비에르의 고뇌를 모르더라도, 너의 월급 명세서엔 변화가 없을 테니까.

하지만, 그들이 고뇌한 바를 사유하고 등장인물에 동일시해 보는 과정을 겪으며 우리는 조금은 더 성장할 수 있다고 아빠는 믿고 있어. 그걸 해 본 사람과 해 보지 않은 사람 사이엔 큰 차이가 있다고 말이야. 그게 고전이 독자에게 주는 선물이 아닐까 싶어. 어쩌면 그런 게 아빠가 첫 편지에 적어 두었던 심미적, 윤리적,

언어적 가르침일 수도 있지 않을까?

너와 함께 읽지 못한 책들이 그럼에도, 눈앞에 어른거리는 건 어쩔 수 없구나. 조지 오웰과 이스마일 카다레, 제인 오스틴과 존 스타인벡의 책 말이야. 동양 소설가들의 작품을 적게 읽은 것도 아쉽게 느껴져. 박완서, 이청준, 양귀자, 최일남 등 국내 작가들을 다루지 못한 것도 마찬가지고.

그럼에도 여전히 책이 쌓여 있다는 건, 아이러니하게도 앞으로 같이 읽을 책이 많다는 말도 될 거야. 우리에게 주어진 시간은 아직 많으니까, 책 읽을 시간도 충분히 남아 있잖니.

그래서 아빠는 네루가 『세계사 편력』(1934)에서 적은 마지막 문장을 떠올리며 끝을 내려고 해. 우리의 대화는, 공부는 이제 다시 시작이라고. 편지들은 계속해서 이어질 거라고.

뭘 하든 항상 건강이 우선이란 잔소리만 하나 추가해 둘게. 우리 가족이 언제나 건강하고 행복하기를. 그리고 너의 미래가 찬란하기를 진심으로 바라며 펜을 놓는다.

사랑하는 아빠가

후기

집필 과정을 적는다.

딸과는 자주 대화를 나눴다. 특별한 주제란 없었다. 일본 애니메이션부터 초콜릿 아이스크림까지. 우린 하루하루의 일상을 묻고 답했다. 그건 누군가에겐 시시콜콜해 보였을 것이다. 그러나 내겐 더없이 소중했다. 다시는 반복되지 않을 것이고, 언젠가는 휘발되어 버리고 말 순간이었으니. 가끔 이런 상상을 했다. 어떻게든 이 순간을 더 지속시킬 수는 없을까? 조금이라도 더 붙들어 둘 수는 없을까? 아마도 그게 이 책을 쓰게 된 이유다.

그렇다면 '책'이 테마가 된 이유는 뭘까? 단순하다. 둘 다 책을 좋아하기 때문이었다. 이제는 누구도 이런 걸 원하지 않는 듯 보인다는 건 그다지 큰 고려 사항은 아니었다. 그럼 좋아하는 사람들끼리 모이면 되겠네! 그 말이 옳았다. 딸도 나도 그런 데 일일이 신경 쓰고 반응하는 사람들이 아니기 때문이다.

이 책의 대부분은 2023년과 2024년, 삼천포 죽계마을의 작업실 안에서 쓰였다. 서울에서 차로 4시간 30분을 달려간 뒤에도, 시내버스로 족히 10분은 더 들어가야 하는 외딴 시골 마을에서 나는 『킹 크림슨 평전』을 마무리하고 있었다. 가끔 서울에 올라오는 날을 제외하면, 온전히 그곳에 틀어박혀 평전을 작업했다.

대체로 이 편지들은 매일 아침 6시에 일어나 동네를 산책한 뒤 썼다. 인간이란 눈앞에 펼쳐진 환경에 민감한 동물. 글에 시골의 향취가 담뿍 묻어나게 된 건 당연했다. 물까치와 보리수, 산책로 언급은 모두 내가 직접 목격한 남도의 풍경이다. 때론 그런 묘사가 책 콘셉트와 불일치한다는 생각도 들었지만, 그렇다고 억지로 덜어 내진 않으려 노력했다. 그게 더 솔직하다는 판단에서였다. 이제는 떠나 와 추억의 부스러기가 된 죽계. 하지만 그곳이 내게 보여준 저 아름다운 정경은 영원히 잊지 못할 것이다.

원고가 쌓이던 사이, 몇몇 변화도 있었다. 계약 기간이 만료되어 가족은 정든 집을 옮겼다. 나는 독서와 글쓰기 교습소를 열었다. 딸은 중학생이 되었다. 성적이나 외모에 민감해진 딸의 하루는 확연히 바빠 보인다. 하지만 우리는 여전히 책을 읽고 대화한다. 정 시간이 없을 때면, 시간을 두고라도 천천히 같이 읽자고 한다. 승낙한다. 딸과 그런 사이로 지낼 수 있음을 행운으로 여겨야 한다는 걸 나는 안다.

인용에 관해서 적는다. 이 책에 나오는 거의 모든 작품을 국문 번역으로 읽었지만, 구절을 인용할 때는 원전, 주로 영어판을 찾아 직접 번역했다. 기존 번역에 불만이 있어서가 아니다. 여러 번역판 중 하나를 택하기가 어려운 점도 있고, 그 밖에 다른 고려도 있었다.

감사 인사를 드린다.

원고를 시작하면서 예전에 읽었던 책 하나를 떠올렸다. 내 동년배라면 어쩌면 『사랑하는 아빠가』(1985)라는 책을 기억할지 모른다. 은은한 미소를 머금은 중년 남자가 그려진 책 표지도 함께 말이다. 그가 바로 저자 패트릭 코닐리다. 기자였던 그는 매일 아침 일찍 집을 나서야 했다. 아이들과 보낼 수 있는 시간은 많지 않았다. 자식을 끔찍이 아꼈던 아빠에겐 가혹한 일이었다. 무한한 미안함을 담아, 코닐리는 매일 아침 둘에게 짧은 편지를 남겼다. 손수 그린 캐리커처를 담아. 마지막은 항상 같았다. "사랑하는 아빠가." 꾹꾹 눌러쓴 일곱 글자의 울림은 놀라웠다. 진한 감동이란 대개 그런 단출함에서 오지 않던가. 그가 보여준 부모의 사랑을 이번엔 내 아이에게도 건네주고 싶었다. 나만의 언어로, 내 손으로 쓴 단어로. 어쨌든 '영감 제공자' 코닐리에겐 감사 인사를 전해야 한다.

이 책은 세계 명작을 다룬 32편의 대화와 그것을 샌드위치처럼 감싸고 있는 여닫는 편지로 구성되어 있다. 단행본을 구상할 때 흔히들 그렇게 하듯, 10편 단위로 딱 떨어지지 않게 된 건 전적인 우연이다.

가끔 딸과 책을 가지고 대화한 얘기를 SNS에 올리고는 했다. 그게 3년 전이다. 원고나 책이 될 거라는 생각 같은 건 전혀 없었다. 그걸 보고 출판을 제안하고, 본격적 원고 집필을 격려해 준 우연한지식 출판사에 감사드린다.

남편을 지금껏 포기하지 않은 아내에게 감사하다. 만약 그녀가 늘 뭔가 빠뜨리고 다니고 덤벙대는 자를 방관하고 방치했다면 — 능히 그렇게 할 수 있었을 테지만 — 나는 조금도 성숙하지 못했을 것이다.

저 녀석은 왜 팔리지도 않고 사람들이 읽지도 않을 음악책을 쓰는 건지 늘 궁금해하셨지만, 한편으론 기특해하기도 하셨던 부모님껜 이번 책은 딸과 썼다고 말씀드릴 계획이다. 그전보다는 아무래도 좀 더 팔릴 거라는 흰소리도 덧붙이면서 말이다. 그 정도의 넉살은 귀엽게 봐주실 거라고 못난 아들은 속 편하게 생각하고 있다.

공동 저자로 올려야 할 딸 소율에겐 우리만의 뒤풀이를 하자고 제안해 두었다. 아마 나는 높은 확률로 마라탕집에 앉아 있게 될 테지. 꿔바로우도 시키고, 콜라로 자축의 건배를 할 것이다. 소율이가 기뻐하면 좋겠다.

2025년 10월
이경준

저자 이경준은 1978년 서울에서 태어났다. 서강대학교 영어영문학과를 졸업했다. 록음악 평론가이자 번역가이다. 한국대중음악상 선정위원을 지냈다. 지은 책으로는 『블러, 오아시스』(2020), 『딥 퍼플』(2022), 『주다스 프리스트』(2023), 『카펜터스』(2023), 『킹 크림슨: 소리에서 침묵으로』(2024)가 있고, 옮긴 책으로는 『Wish You Were Here: 핑크 플로이드의 빛과 그림자』(2017), 『조니 미첼: 삶을 노래하다』(2022), 『칠흑 같은 아침』(2023) 등이 있다.

딸과 함께한 세계문학 읽기

발행일	초판 1쇄 2025년 11월 30일
지은이	이경준
발행인	김영준
발행처	우연한지식
	서울특별시 성북구 장월로1길 28
전자우편	edgwarep@gmail.com

© 이경준, 2025, Printed in Korea.
ISBN 979-11-994908-1-9 03800

잘못 만들어진 책은 구입하신 서점에서 교환해 드립니다.